Thomas   Praxis des Autogenen Trainings

Dr. med. Dr. phil. Klaus Thomas D. D.

Praxis des Autogenen Trainings Selbsthypnose nach I. H. Schultz

Grundstufe / Formelhafte Vorsätze / Oberstufe

Geleitwort von I. H. Schultz

≡ **TRIAS** THIEME HIPPOKRATES ENKE

Autoren:

Dr. med. Dr. phil. Klaus Thomas D. D.
Arzt und Psychotherapeut
I. H. Schultz-Institut
Glockenstraße 17
D-1000 Berlin 37

Umschlaggestaltung und Konzeption
der Typographie:
B. und H. P. Willberg, Eppstein/Ts.

Umschlagzeichnung:
Friedrich Hartmann, Stuttgart

*CIP-Titelaufnahme
der Deutschen Bibliothek*

Thomas, Klaus:
Praxis des Autogenen Trainings:
Selbsthypnose nach I. H. Schultz;
Unterstufe, formelhafte Vorsätze,
Oberstufe / Klaus Thomas. Geleitw.
von I. H. Schultz. – 7. Aufl. –
Stuttgart: TRIAS – Thieme
Hippokrates Enke, 1989
   Bis 6. Aufl. im Verl. Thieme,
Stuttgart, New York

(Die vorausgegangenen Auflagen
erschienen unter dem Titel ›Praxis
der Selbsthypnose des Autogenen
Trainings‹ mit der ISBN 3-13-41006-1
im Georg Thieme Verlag innerhalb
der Reihe »Thieme Ärztlicher Rat«.)

Wichtiger Hinweis: Medizin als Wissenschaft ist ständig im Fluß. Forschung und klinische Erfahrung erweitern unsere Kenntnisse, insbesondere was Behandlung und medikamentöse Therapie anbelangt. Soweit in diesem Werk eine Dosierung oder eine Applikation erwähnt wird, darf der Leser zwar darauf vertrauen, daß Autoren, Herausgeber und Verlag größte Mühe darauf verwandt haben, daß diese Angabe genau dem **Wissensstand bei Fertigstellung des Werkes** entspricht. Dennoch ist jeder Benutzer aufgefordert, die Beipackzettel der verwendeten Präparate zu prüfen, um in eigener Verantwortung festzustellen, ob die dort gegebene Empfehlung für Dosierungen oder die Beachtung von Kontraindikationen gegenüber der Angabe in diesem Buch abweicht. Das gilt besonders bei selten verwendeten oder neu auf den Markt gebrachten Präparaten und bei denjenigen, die vom Bundesgesundheitsamt (BGA) in ihrer Anwendbarkeit eingeschränkt worden sind. Benutzer außerhalb der Bundesrepublik Deutschland müssen sich nach den Vorschriften der für sie zuständigen Behörde richten.

© 1967, 1989 Georg Thieme Verlag,
Rüdigerstraße 14,
D-7000 Stuttgart 30.
Printed in Germany
Satz: Gulde-Druck GmbH, Tübingen
Druck: Gutmann, Heilbronn

ISBN 3-89373-002-8   1 2 3 4 5 6

Inhaltsverzeichnis

≡ Zu diesem Buch

Über 6000 Bücher und Arbeiten zur Wissenschaft des Autogenen Trainings sind bislang erschienen. Aber kaum ein zweites Werk hat in der Geschichte der modernen Medizin die Beachtung und den Anklang gefunden wie das Buch über das Autogene Training von I. H. Schultz.

Ich hatte das Glück, den Nestor der deutschen Psychotherapie während der letzten 30 Jahre seiner insgesamt 60jährigen Forschungs- und Lehrtätigkeit als enger Mitarbeiter zu begleiten und die Mehrzahl seiner Kurse in diesem Zeitraum mitzuleiten, die sich mir auch im Wortlaut eingeprägt haben.

Das vorliegende Buch gibt also genau die Originalmethode des Autogenen Trainings von I. H. Schultz wieder. So setzt es das Lebenswerk des Berliner Gelehrten in seinem Geist fort. Darüber hinaus berücksichtigt es den gegenwärtigen Stand der Forschung auf diesem Gebiet.

Nahezu 100 000 Teilnehmer haben seit 1945 an fast täglich stattfindenden Kursen (u. a. am I. H. Schultz-Institut und der Lessing-Hochschule in Berlin, in Bad Bellingen und an der Universitätsklinik Ulm/Ravensburg-Weißenau) teilgenommen und ihre Erfahrungen und Ergebnisse größtenteils auf Fragebögen niedergelegt.

Diese Aufzeichnungen – zusammen mit genau dokumentierten Krankengeschichten – ergänzen die Erfahrungen, die I. H. Schultz und ich in der Anwendung des Autogenen Trainings gesammelt haben; sie bieten viele praktische Hinweise für die Durchführung der »konzentrativen Selbstentspannung«.

Dieses Buch – in mehreren Auflagen immer wieder um neue Erfahrungen ergänzt – unterstreicht das Wesen und den Wert des Autogenen Trainings als entspannende Lebensanleitung für Gesunde und als Genesungshilfe für Kranke.

KLAUS THOMAS

≡ Geleitwort

Das Werk »Praxis der Selbsthypnose des Autogenen Trainings« füllt eine Lücke im psychotherapeutischen Schrifttum. Aufgrund langjähriger, ausgedehnter eigener Erfahrung in Einzel- und Gruppen-Training wird hier eine Fülle von Anregungen ausgearbeitet, die für jeden autogen arbeitenden und jeden medizinisch-psychologisch oder psychotherapeutisch interessierten Arzt von großer theoretischer und namentlich auch praktischer Bedeutung sind. So werden zahlreiche Probleme näher geklärt, die in der unentbehrlichen allgemeinen Monographie nur kurze Anleuchtung finden konnten. Darüber hinaus wird auch der Psychologe viel für ihn Wesentliches entdecken. Möge das schöne Buch vielen aufgeschlossenen Lesern Gewinn bringen!

Berlin, im Sommer 1967   I. H. SCHULTZ

Grundstufe des Autogenen Trainings

≡ Geschichte der Entspannungsübungen

I. H. Schultz verfolgte seine Neigungen, sich mit dem Seelenleben zu beschäftigen, bis in sein Elternhaus zurück. Sein Vater verbreitete als Theologieprofessor jene Atmosphäre der Seelenheil-Kunde,
aus der später die Neigung des jungen Studenten zur Seelen-Heil-
kunde erwuchs.

Als ich 1955 den fast 90jährigen, noch jugendlich-rüstigen
Oskar Vogt, den Direktor des Hirnforschungsinstituts in Neustadt
(Schwarzwald) besuchte, erinnerte er sich noch genau, wie ein halbes
Jahrhundert zuvor ein damals junger Facharzt für Innere Krankheiten
bei ihm die Vorgänge der Hypnose als eine »selbsthypnotische Umschaltung« verstehen lernte. Dieser Arzt war I. H. Schultz. Ihm erlaubte
während der folgenden Jahre die Tätigkeit an der Medizinischen Fakul-
tät der Universität Breslau als Leiter der Haut-Poliklinik allabendlich
in einem »Hypnoseambulatorium« an 40 bis 50 Patienten ausgedehnte
Erfahrungen über die Erlebnisse im hypnotischen Zustand und über
dessen gesundheitliche Wirkungen zu sammeln.

Der Erste Weltkrieg unterbrach diese Forschungen nicht; denn
als Chefarzt des Nerven-Lazaretts in Namur mit zuletzt 2000 Betten
konnte I. H. Schultz nunmehr die Erfahrungen an zahlreichen Patienten mit kriegsbedingten Neurosen in seine Forschung einbeziehen. Eine
erste Veröffentlichung 1920 über die »Schichtbildung im hypnotischen
Seelenleben« enthält bereits die wichtigsten Grunderkenntnisse des
Autogenen Trainings.

Schultz wandte eine Technik an, die den Hypnotisierten er-
möglichte, während der gesamten Dauer der Versuche frei zu sprechen.
Die Protokolle über diese Erlebnisse von mehreren hundert gesunden
und kranken Versuchspersonen wiesen weitgehende Unterschiede auf.
Einige Beobachtungen jedoch kehrten regelmäßig wieder: vor allem
Schwere- und Wärmeerlebnisse in den Gliedmaßen, aber auch ein Ru-
heempfinden von Herz und Atmung, Wärme im Leib und eine besondere
Kühle an der Stirn.

Offenkundig waren diese hypnotischen Übungen geeignet, eine Umschaltung des Organismus einzuleiten, ähnlich wie schon EMIL KRAEPELIN mit seinem beruhigenden Dauerbad bei warmem Körper und kühlem Kopf beachtliche therapeutische Ergebnisse erzielt hatte.

Stark vergröbert darf der Ursprung des Autogenen Trainings in der genial-einfachen und einfach genialen doppelten Frage gesehen werden: Was würde geschehen, wenn nicht die bereits hypnotisierten Versuchspersonen die Wahrnehmungen über ihren körperlichen Zustand beschrieben (»Der rechte Arm ist schwer«), sondern wenn diese Körperempfindungen einer normalwachen Versuchsperson mit ruhiger und eindringlicher Stimme mitgeteilt würden? Das Ergebnis war eindeutig der nämliche körperlich-seelische Entspannungszustand der Hypnose. Von diesen Beobachtungen führte nur ein einfacher Schritt bis zu der zweiten Grunderkenntnis des Autogenen Trainings, diese Formel von den Versuchspersonen in vertiefter Konzentration selbst vergegenwärtigen zu lassen.

Damit war jene Selbsthypnose geboren, deren wesentliche Elemente in ihrem Namen zum Ausdruck kommen: Sie ist »autogen«, d. h. selbstgestaltet, der Begriff Training deutet auf die Notwendigkeit zu wiederholten, systematischen Übungen hin, die durch den Untertitel »Konzentrative Selbstentspannung« weitgehend gekennzeichnet sind.

In den Jahren 1920 bis 1924 führte SCHULTZ in dem Sanatorium von LAHMANN »Weißer Hirsch« in Dresden umfassende klinische Versuche mit dem Autogenen Training durch. Beobachtungen an gesunden Versuchspersonen in Kursen an der Lessing-Hochschule ergänzten diese Arbeiten, über die SCHULTZ erstmals 1926 vor der Berliner Medizinischen Gesellschaft berichtete, deren Ehrenpräsident er bis zu seinem Tode war.

Nach zwölf Jahren systematischer theoretischer und praktischer Forschung erschien dann 1932 erstmals die umfassende wissenschaftliche Darstellung im Georg Thieme Verlag unter dem Titel »Das autogene Training«, dessen 18. Auflage inzwischen erschienen ist.

☰ Vorbereitung der Entspannung

Ärztliche Kontrolle: »**Nur Ärzte sollen AT lehren**«

Das Autogene Training versetzt als (selbst-)hypnotische Methode den Übenden in einen besonderen (»außerwachen«) Bewußtseinszustand, der einzelne Körperfunktionen, aber auch die Wahrnehmungs- und die Reaktionsfähigkeit verändert.

Kreislauf und sonstige Funktionen des vegetativen Nervensystems (Herzbeschwerden, Krampfadern u. a.) können bei unsachgemäßem Lernen und Üben so nachteilig beeinflußt werden, daß sorgfältige ärztliche Anleitung eine unerläßliche Vorbedingung für das Erlernen darstellt. Das betonte auch SCHULTZ in sämtlichen Veröffentlichungen und Vorträgen über das Autogene Training.

Andererseits erscheinen Sorgen bei der Teilnahme an einem ärztlich geleiteten Kursus unbegründet. Bevor sich nachteilige Folgen einstellen, erleben die Übenden unangenehme Begleiterscheinungen (z. B. Kopfschmerzen, Kältegefühl usw.), die in den Übungsstunden besprochen und abgestellt werden können. Bei den 100 000 Teilnehmern an eigenen Kursen sind mir keinerlei Schäden bekannt geworden.

Ärztliche Kontrolle ist notwendig schon bei der Grundhaltung während der Übungen, die entweder in Rückenlage mit seitlich abgelegten, im Ellbogen leicht gebeugten Armen mit aufgelegten Handflächen erfolgt oder in einem bequemen Ruhesessel mit Kopfstütze und Seitenlehnen. Die »Droschkenkutscherstellung« (vgl. S. 7) läßt sich überall durchführen.

Zur *seelischen Vorbereitung* auf das Üben gehört ein Mindestmaß an Kenntnissen über Wesen und Verlauf des Trainings sowie über das Zurücknehmen und einige weitere technische Fragen über Zeit und Zahl der Übungen, wie sie unten zusammengestellt werden.

Zahlreiche Autoren betonen, wie notwendig *intellektuelle Voraussetzungen* für das Erlernen des Trainings seien. Systematisches Arbeiten mit Gruppen von geistig behinderten Kindern hat uns gelehrt, daß nur die Ausdrucksweise des Kursusleiters, nicht aber die geistige Begabung der Übenden über die Ergebnisse entscheidet.

Zu den Vorbereitungen zählt auch der eindrucksvolle »Pendelversuch« (vgl. S. 8–9).

Manche Übungsteilnehmer meinen, eine kritische Einstellung hindere die Erlebnisse, und nur wer an die »Wirkungen« glaube, könne sich dann die behaupteten Erfahrungen einbilden. Dieser Irrtum pflegt nur kurze Zeit zu dauern. Die objektiven Folgen der Schaltvorgänge des Trainings mit Muskelentspannung und verstärkter Durchblutung werden unabhängig von kritischer oder gutgläubiger Einstellung bald so eindrucksvoll erlebt, daß die Zweifel schwinden. Auch liegen inzwischen umfassende neurophysiologische Nachweise über objektive Änderungen vor.

Ratsam ist es, bequeme Kleidung zu tragen, eventuell die Brille abzulegen und Störungsreize auszuschalten: Deshalb sollte möglichst in einem ruhigen, etwas abgedunkelten Raum geübt werden.

Den Wortlaut der Übungsformeln hängen wir – in großen Buchstaben gedruckt – während der Kursusstunden an die Stirnwand des Raumes. So bleiben sie den Übenden auch optisch im Gedächtnis haften; oder, wesentlich häufiger, sie prägen sich mit dem Klang der Worte des Arztes dem akustischen Gedächtnis ein. Ein Mitsprechen stört den Verlauf mehr, als es ihn fördert. *Ein grundsätzliches Ablehnen jedes Tonträgers entspricht nicht den Überzeugungen von* I. H. Schultz, *der seinerseits eine Schallplatte empfahl, sofern die ärztliche Anleitung gewährleistet blieb.* Ein eigenes Kassettenband mit den Formeln von I. H. Schultz ist bei TRIAS – Thieme Hippokrates Enke, Stuttgart, erschienen. Es soll nur zusätzlich zur ärztlichen Anleitung angewendet werden.

≡ Ratschläge zum Einüben der Entspannung

Die folgenden acht Regeln und Ratschläge ersetzen die ärztliche Anweisung nicht. Sie dienen ausschließlich dem möglichst schnellen und zuverlässigen Lernen. Der Übende darf sämtliche Regeln außer acht lassen, sobald er das Training beherrscht.

Häufigkeit des Übens: Zwei- oder dreimal täglich; zweimal regelmäßig wirkt besser als dreimal unregelmäßig. Viermaliges Üben ergibt keine besseren Lernergebnisse.

Zeitpunkt: An der gleichen Stelle des Tagesrhythmus (z. B. im Anschluß an eine Mahlzeit, vor dem Einschlafen) oder zur selben Uhrzeit; denn der Organismus stellt sich auf solche Regelmäßigkeit ein.

Dauer: In den ersten Wochen sollen die Übungen vier Minuten nicht überschreiten. Dies lehrte auch I. H. SCHULTZ. Eine Zeitkontrolle durch die Uhr könnte stören und ist durch die Gewöhnung im Kursus und durch die »Kopfuhr« (nach CLAUSER) überflüssig.

Haltung: Der Lernende sollte wenigstens einmal täglich im Liegen üben (das erleichtert die Entspannung) und einmal im Sitzen (dazu ist überall Gelegenheit).

Protokolle: Über die Ergebnisse sollte kurz buchgeführt werden, z. B. in einem Oktavheft (»10. 1. abends nichts gemerkt. 11. 1. morgens Kribbeln im rechten Zeigefinger, mittags etwas Schwere im rechten Unterarm [?]«).

Protokolle halten zu regelmäßigem Üben an und lassen den Fachmann die Gründe etwaiger Störungen erkennen.

Zurücknehmen: Jedes Üben schließt mit dem energischen Kommando:
»Arme fest! Tief Luft holen! Augen auf!«
d. h., etwa zehnmal die Arme kräftig mit geballten Fäusten beugen und strecken (oder auch räkeln), danach einmal schnell und tief einatmen und schließlich die Augen weit öffnen. Dieses »Zurücknehmen« erfolgt

auch, wenn das Üben keine Wirkungen zeigte; es unterbleibt jedoch, wenn man nach dem Üben schlafen will. Bei einigen wenigen Teilnehmern reicht dieses einfache Zurücknehmen nicht aus, um wieder einen vollwachen Zustand herbeizuführen. Dann ist das »ausführliche Zurücknehmen« erforderlich, das auf Seite 150 beschrieben ist.

Fortschreiten zur nächsten Übung: Wenn an zwei aufeinanderfolgenden Tagen die bis dahin erworbenen Übungsformeln zuverlässig erlebt werden, so schließen sich in fortschreitender Generalisierung meist schon automatisch die folgenden Erlebnisse an, so daß die Formeln weithin eher den Erlebnissen folgen, als daß sie sie herbeiführen. Der Rhythmus von einer Woche, in dem die Kursusstunden jeweils eine neue Übung bringen, ist für die persönlichen Erfahrungen, die manchmal ein wenig »nachhinken«, optimal, aber nicht maßgeblich. Die Herzübung der dritten Stunde wird erst in allmählich fortschreitender innerer Ruhe meist nach Wochen deutlich erlebt. Auch die Wärme im Sonnengeflecht (Leib) stellt sich zunächst nur bei 20% der Übenden ein. Deshalb kann trotzdem jeder Teilnehmer zur nächsten Übung (Atem bzw. Stirnkühle) fortschreiten.

Störungen: Vielfältige innere Störungsreize können das Erleben des Trainings beeinträchtigen. Sie treten bisweilen spontan auf und verschwinden meist wieder von selbst (insbesondere Lidflattern, verstärkter Speichelfluß mit dem Zwang zu schlucken, Juckreiz u. a.). Auf Gegensuggestionen kann deshalb meistens verzichtet werden.

Wenn dies die Übungen längere Zeit beeinträchtigt, beseitigen Indifferenzformeln die Störung (z. B.: Lidflattern ist ganz gleichgültig). Kreislaufstörungen (besonders niedriger Blutdruck, Schwindel, Herzschmerzen), Angstzustände und andere ernste Schwierigkeiten lassen sich durch sofortiges, energisches Zurücknehmen abfangen und erfordern genaue ärztliche Beratung.

≡ Verlauf der Kurse

Autogenes Training läßt sich in Gruppen leichter erlernen als in Einzelunterweisung: es ist zugleich eine der ältesten Methoden der Gruppenpsychotherapie.

Ein Kursus für Autogenes Training, wie wir ihn seit 1946 in genauester Übereinstimmung mit den früheren Kursen von I. H. SCHULTZ durchschnittlich alle vier bis acht Wochen beginnen, umfaßt sechs Kursusstunden von je 90 Minuten. Jede Stunde ist in fünf Abschnitte zu je rund 15 bis 20 Minuten eingeteilt. Von der zweiten bis zur sechsten Stunde dient der erste Abschnitt einem Besprechen und dem Vermeiden etwaiger unangenehmer Erlebnisse beim Üben sowie dem Wortlaut und dem praktischen Durchführen der Anfangsübung. Der zweite Abschnitt ist den Erfahrungen und Fragen der Kursusteilnehmer vorbehalten. Der dritte Abschnitt gilt einem grundsätzlichen Kapitel des Autogenen Trainings, seiner Geschichte, seinem Verlauf und seinen Wirkungen, wie sie in der vorliegenden Arbeit besprochen sind. Der vierte Abschnitt erläutert die jeweilige Übung, die nochmals in der Mitte und am Ende der Kursusstunde praktisch durchgeführt wird (fünfter Abschnitt).

In jeder Stunde machen medizinische Wandtafeln und/oder ein (fast) lebensgroßes, zerlegbares Modell des menschlichen Körpers die Wirkungen des Trainings auf das Muskelsystem, den Kreislauf, die Organe, die Nerven usw. anschaulich.

Die erste Übungsstunde dient vornehmlich einer Besprechung des *Wesens und der Geschichte des Autogenen Trainings*. Sie begründet die oben aufgeführten Ratschläge und die erste, die Schwereübung. Der Übungsleiter führt die »Droschkenkutscherhaltung« vor und kontrolliert sie bei jedem genau.

Die Übenden sitzen zunächst aufrecht, mit dem Rücken angelehnt, rücken dann mindestens 10 cm auf dem Stuhl nach vorn, so daß mehr als eine Handbreit zwischen Lehne und Rücken bleibt. Sie knicken dann in der Lendenwirbelsäule (im Iliosakralgelenk) deutlich ein, wobei die Schultern weiterhin senkrecht über dem seitlichen Hüftknochen bleiben. Die Knie werden 40 cm voneinander entfernt (darum tragen Frauen Hosen, weite Röcke, oder sie breiten einen Mantel über die Knie; oder sie genieren sich nicht). Die Fersen bleiben senkrecht unter den Knien. Die Unterarme ruhen mit ihrem Schwerpunkt locker auf den Oberschenkeln. Menschen mit hohem Oberkörper, aber kurzen Armen tun gut, ein Kissen auf den Schoß zu legen. Der Kopf wird mit geschlossenen Augen nach vorn gebeugt, so daß das Kinn auf das Brustbein drückt. Die häufigen ziehenden Schmerzen im Nacken pflegen nach längstens zwei bis drei Wochen endgültig aufzuhören. Dann wird die »Droschkenkutscher«-Haltung meist als ausgesprochen bequem empfunden, so daß viele in dieser Stellung schlafen können.

Die ersten Übungsformeln werden genannt und besprochen:

»Ich bin ganz ruhig«
»Geräusche sind ganz gleichgültig«

(Diese Formel wirkt oft erst nach vielen Wochen, erleichtert dann aber das Konzentrieren zuverlässig.)

»Der rechte Arm ist schwer«
»Der linke Arm ist schwer«
»Beide Arme sind schwer«
»Die Beine sind ganz schwer«
»Alle Glieder sind schwer«

Anschließend folgt das Zurücknehmen (vgl. S. 150).

Notwendig ist dabei der Hinweis: Die Schwere in den Beinen wird erst (durchschnittlich zehn Tage) später als in den Armen erlebt. Die Beine sind weniger »ich-nahe« (I. H. SCHULTZ).

Sorgfältig muß der Kursusleiter auf *Änderungen der Gesichtsfarbe* achten: bei der – seltenen – Blässe ist gegebenenfalls der Blutdruck zu kontrollieren, bei gerötetem Gesicht (12% der Teilnehmer!) ist die sechste Übung vor die erste zu stellen (»Die Stirn ist und bleibt angenehm kühl«).

Sollte dieser Rat nicht ausreichen, so flüstert der Kursusleiter am Anfang des Übens dem Teilnehmer die Worte hypnotisierend ins Ohr. Wer dies nicht beachtet, nimmt Kopfschmerzen der Teilnehmer in Kauf.

Die zweite Übungsstunde bringt mit dem bekannten Pendelversuch von CHEVREUIL den meisten Teilnehmern erstmalig die überraschende Erfahrung: Durch bloße Konzentration können – unbemerkt –

Muskelreaktionen ausgelöst werden, die beim Ausschlag des Pendels offenkundig zu beobachten sind. Weitere praktische Versuche (z. B. das Anheben von Kästchen verschiedenen Gewichtes nach KOSELEFF sowie der »Fallversuch«) zeigen ähnliche Ergebnisse.

Die *Wirkungen des Autogenen Trainings auf den Gesunden* sind das Thema der grundsätzlichen Erläuterungen dieser Stunde. Einige Sonderthemen in diesem Zusammenhang, insbesondere Schlafstörungen, Ängste und Schmerzen, werden je nach den Fragen der Teilnehmer auch in den folgenden Stunden im Zusammenhang besprochen.

Wer als *Gesunder* oder Gefährdeter Autogenes Training übt, lernt

sich erholen
Wenige Minuten Autogenes Training bringen etwa die Erholung eines zweistündigen Schlafes.

sich Aufregung und Ärger abgewöhnen (»Resonanzdämpfung der Affekte«)
»Vollzugszwang zu bleibender Gelassenheit und Ruhe« bei gleichzeitigem Vertiefen der Emotionen (Erlebnistiefe und -stärke, Beteiligung und Einsatz wachsen). Wer einmal – meist als Kind nach mühsamem Üben – lesen gelernt hat, kann hinfort nie mehr eine Buchstabenfolge erblicken ohne den Vollzugszwang, die Buchstaben als Wort lesen zu müssen. Auch wer im Autogenen Training einmal gelernt hat, »sich zu lassen«, der »wird gelassen und muß gelassen bleiben« (G. R. HEYER).

den »Vigilanzgrad« einstellen
also: hellwache Aufmerksamkeit, wenn nötig; Einschlafen, wenn erwünscht.

tiefer und erholsamer schlafen
Die nächtliche Schlafdauer wird um durchschnittlich 20 Minuten verkürzt. Fast 10% aller Kursteilnehmer berichten nach einer Woche, über 15% nach weiteren zwei Wochen von besserem, tieferem Schlaf.

sich besser konzentrieren
durch Ausschalten störender Reize und durch intensives Hinwenden zu den Aufgaben (Folgen u. a.: leichteres Lernen, besseres Erinnern, erfolgreicheres Denken und Kombinieren).

die Leistungsfähigkeit im Beruf und im Sport steigern
(Das Thema »Autogenes Training für Sportler« wird in den letzten Jahren immer häufiger als Gebiet einer ausführlichen Sonderbesprechung gewünscht, für die Einzelheiten auf S. 14 f. angegeben sind.)
durch erhöhte Blutversorgung im Gehirn und/oder in den benötigten Muskeln,
durch Entspannung der Gegenmuskeln u. a. m.

das erotische und sexuelle Erleben fördern
durch das Pflegen gesunder Hemmungen vor Schäden bewahren,
durch das Abbauen kranker Hemmungen (»ekklesiogene Neurosen«) oft erst ermöglichen oder zur Erfüllung bringen und durch vermehrte Durchblutung intensivieren (vgl. S. 88 ff.)

Schmerzen mildern oder vermindert wahrnehmen
durch Warm- oder Kaltstellen,
durch »Handschuh-Anaesthesie«,
durch Ablenken,
durch Zeit-Verkürzen u. a. (vgl. S. 48 ff.)

(als Frau) Geburten erleichtern und wesentlich verkürzen
durch Entspannung der Geburtswege,
durch Steuern der Wehen,
durch Mindern der Schmerzen (vgl. S. 87 f.)

viele Ängste abbauen und überwinden
aber depressive Ängste bedürfen zunächst antidepressiv-medikamentöser Behandlung,
neurotische Ängste oft umfassender Psychotherapien (vgl. S. 100 ff.)

Abwehrkräfte gegen Krankheiten stärken
(durch Steigerung der Immunabwehr, durch Links-Verschiebung des Blutbildes u. a., vgl. S. 16)

den Kreislauf steuern
(sich an Temperaturen anpassen, bestimmte Körperteile und Organe gesteigert durchbluten, zu hohen Blutdruck senken, zu niedrigen steigern, vgl. S. 12, 72ff.)

Wer als *Gefährdeter* (z. T. im Übergang zu Krankheiten) Autogenes Training übt, lernt

sich aus Abhängigkeiten befreien, besonders von
Alkohol
Nikotin
Medikamenten (nicht aber ausreichend bei Morphium und Heroin) (vgl. S. 115–119)

Gewichtsprobleme steuern
Magersucht, die »mehrdimensionaler«, umfassender Therapie bedarf; Fettsucht (vgl. S. 76–78)

Verhaltensstörungen abbauen bei Kindern, insbesondere:
Bettnässen,
Nägelkauen,
Schulschwierigkeiten (in Verbindung mit anderer, umfassender Psychotherapie)
Zähneknirschen und andere Auffälligkeiten (z. B. Tics, Daumenlutschen) (vgl. S. 84f., 113f.)

Die Formeln der zweiten Stunde lauten:

»Der rechte Arm ist warm«
»Der linke Arm ist warm«
»Beide Arme sind strömend warm«
»Auch die Beine sind warm«
»Alle Glieder sind strömend warm«

Mit der Wärmeübung beginnen die Blutgefäße der Peripherie sich meßbar zu erweitern. Zu hoher Blutdruck sinkt dann um durchschnittlich 10 bis 30 mm Hg ab.

Im einzelnen ist – besonders bei kreislauflabilen Patienten – die Wärmeübung individuell vom Übungsleiter zu regulieren, z. B. so, daß nur Hände (oder gar nur Finger) und Füße warmgestellt werden. Wer unter Krampfadern leidet, soll nicht die Beine warm stellen; die Beschwerden könnten zunehmen.

Die dritte Übungsstunde findet in der Regel zwei Wochen nach der ersten statt. Einige Teilnehmer (durchschnittlich 5%) sind dann enttäuscht, wenn sie noch keine Schwere oder Wärme erfahren konnten, so daß sie etwas neidvoll die üblichen »Erfolgsberichte« der anderen Kursusteilnehmer hören.

Einige *Starthilfen* führen dann wahrscheinlich zu den gewünschten Ergebnissen. Nachdem wir zwanzig Jahre hindurch (fast) alle Kursusteilnehmer ärztlich untersucht haben, bei denen positive Ergebnisse des Trainings fehlten oder Störungen eintraten, haben sich voll die Angaben von I. H. SCHULTZ bestätigt: Nur depressiv Kranke, Psychotiker, Kernneurotiker oder anderweitig schwer Kranke erlernen das Autogene Training (zunächst) nicht. Lediglich 20mal ließen sich dabei nicht Zeichen einer behandlungsbedürftigen Erkrankung finden.

Die Schwereübung läßt sich intensivieren durch das Auflegen der Hände von einer Vertrauensperson auf die Unterarme, wie es auch in jeder Kursusstunde durch den Arzt geschieht. Wer im warmen Vollbad, das ohnehin die Entspannung erleichtert, bei den Worten »der rechte Arm ist schwer« den Arm ganz langsam aus dem Wasser hebt, muß ihn nach dem Archimedischen Prinzip als bleischwer empfinden. Nach einigen aufeinanderfolgenden Tagen erlebt er die Schwere schließlich auch ohne Bad. Ähnlich tritt die Wärme zuverlässig ein, wenn auf zwei Stühlen zu den Seiten des Übenden je eine Schüssel mit angenehm warmem Wasser steht, in die die entblößten Arme bei den Worten

»Der rechte Arm ist warm«
»Der linke Arm ist warm« oder
»Beide Arme sind strömend warm«

hineingleiten. Wer in den Kategorien von PAWLOWS »bedingten Reflexen« denkt, findet hier leicht eine Erklärung für den Erfolg dieser unterstützenden Maßnahmen.

Bei der dritten, der Herzübung, fehlen vergleichbar kurzfristige oder eindrucksvolle Erlebnisse. Hier richten sich vielmehr die Aufmerksamkeit und die Sinne von der Peripherie des Körpers auf das Innere, d. h. das Erleben des Herzens läßt die Außenwelt mit ihren Reizen versinken und vertieft so die Entspannung. Obwohl nur etwa 5% der Kursusteilnehmer ihren Herzschlag nicht spontan spüren, müssen genaue Anweisungen auch diesen Teilnehmern die dritte Übung zugänglich machen: Sie können entweder eine Fingerbeere durch einen Gummiring abschnüren oder eine Arterie, z. B. die Pulsader oder die Halsschlagader, betasten oder die Brust über der Herzspitze berühren oder sich Oropax in die Ohren stecken usw., damit sie den Herzrhythmus empfinden bei der Formel:

»Herz schlägt ganz ruhig, (kräftig), regelmäßig«

Viele Übende bevorzugen, besonders wenn sie unter »Herzklopfen« leiden auch wegen der einprägsamen Alliteration die Formel:

»Herz schlägt ruhig, rhythmisch, regelmäßig«

Bei der Herzübung ist eine Warnung erforderlich: Der Herzschlag darf nicht mit dem Wort »langsam« aus dem natürlichen Rhythmus gelöst werden. Erhebliche krankhafte Veränderungen des Elektrokardiogramms und pektanginöse Zustände wurden als Folge nachgewiesen. Immer wieder empfinden nach dieser Übung etwa 1 bis 2% der Kursusteilnehmer erstmals heftige Schmerzen in der Gegend der Herzspitze, die sie zum sofortigen Aufgeben der Übungen veranlassen, wenn ihnen nicht die folgenden, auf Erfahrungen begründeten Zusammenhänge erläutert werden:

Genaue anamnestische Erhebungen ergeben bei den Betreffenden meist eine überdurchschnittlich starke Affektbelastung im Sinne des sogenannten »Liebeskummers«. Der umgekehrte Rückschluß ist keineswegs berechtigt, als würden viel mehr Patienten mit Trennungsschmerz oder Schwierigkeiten im Liebesleben unter solchen Herzschmerzen leiden. Offenkundig aber pflegen die Beschwerden zu verschwinden, wenn etwa durch ein unvorhergesehenes Ereignis der Kummer abklingt.

Vor 50 Jahren war das Urteil von I. H. SCHULTZ noch berechtigt: »Herzschmerzen sind *h*äufig, *h*eftig, *h*armlos.« Seither aber haben Durchblutungsstörungen des Herzmuskels und gefährliche Infarktleiden um ein Vielfaches zugenommen, so daß der Satz nicht mehr zutrifft. Patienten mit heftigen und hartnäckigen Herzschmerzen schikken wir daher stets zur EKG-Kontrolle, bei der freilich bisher (über hundertmal) noch nie ein krankhafter Befund erhoben wurde.

Das langsam wachsende Empfinden für den inneren Rhythmus unterstützt später das Verwirklichen der rhythmischen formelhaften Vorsätze (vgl. S. 34 f.).

Heilwirkungen des Autogenen Trainings bei manchen *Herzleiden* wurden in den letzten Jahren zunehmend erforscht und eingesetzt (vgl. S. 72 f.).

☰ Sonderthemen

Die *Erwartungen* an das Autogene Training dürfen nicht *über*spannt werden, es kann nicht zaubern und weder körperlich »Wunder« wirken noch seelisch etwa schwere Konfliktsituationen und ihre Folgen bereinigen. Doch mindestens ebensooft werden die Wirkungen des Trainings *unter*schätzt. Wer Jahre hindurch die Ergebnisberichte der Übungen systematisch sammelt und prüft, muß auf die noch immer weithin ungenützten und einzigartig universellen Heilmöglichkeiten hinweisen.

Vor allem aber ist dem Mißbrauch zu wehren: das Training tritt nie an die Stelle anderer ärztlicher Heilmaßnahmen, sondern unterstützt sie ergänzend, z. B. erfordern Zahnschmerzen den Zahnarzt, obwohl Hypnose und Autogenes Training auch bei schweren Schmerzzuständen Erleichterung bringen bis hin zum Narkoseersatz.

☰ Autogenes Training für Sportler

Als Beispiel dafür, wie das Autogene Training für Gesunde vielfältig eingesetzt werden kann, werden in der dritten Stunde Anwendungen im Sport besprochen (z. T. nach CH. GARFIELD und H. Z. BENNETT).

Das Autogene Training

- übt eine passive, automatische Steuerung des Organismus ein,
- hilft Sportlern, sich selbst posthypnotische Aufträge zu erteilen,
- steigert die Willenskräfte,
- klärt und stärkt die innerste Motivation,
- hilft beim Aufstellen und Durchführen eines systematischen Trainingsprogramms (»hypnotic goal-programming«),
- nimmt in einem »mentalen Training« die Sportübungen innerlich voraus,
- überwindet Ängste und Lampenfieber mit ihren Spannungen,
- bringt mit seiner Entspannung die ideale Ausgangshaltung für Höchstleistungen,
- verkürzt (auch durch Zeitdehnung: »Eine Sekunde ist wie eine Minute«) die Reaktionszeiten bedeutend (Tennisspieler, Rennfahrer u. a.),
- überwindet Müdigkeit und begünstigt kurzfristige Erholung,
- ermöglicht optimale Blutversorgung der beanspruchten Muskeln,
- schaltet bei Bedarf auf »Sparbrennerhaltung«, z. B. bei fünfminütigem Tauchen,
- überwindet bei Bedarf Schmerzen und Übelkeit,
- ermöglicht älteren Sportlern durch Altersregression die Leistungen von jüngeren,
- verbessert durch ruhigen, kräftigen Herzschlag die Leistungen des Kreislaufs,
- stärkt Selbstvertrauen und Siegesbewußtsein,
- hilft, Körperbewegungen harmonischer zu koordinieren,
- lehrt, größtmögliche Genauigkeit von Bewegungen planen und durchführen,
- verhilft durch Abschalten aller Störungen zu Höchstleistungen,
- hilft durch Bilderschau innere »Lehrfilme« erstellen und befolgen,
- läßt Vor-Bilder sehen und sich ihnen angleichen,
- läßt Höchstleistungen aus tiefster innerer Harmonie erwachsen,
- baut ein »überwaches Bewußtsein« auf mit Gelassenheit, Vertrauen, Kraft, Feinempfindsamkeit, Selbstbeherrschung und Geborgenheit (es dient der wichtigen Charakterbildung).

Die vierte Übungsstunde setzt die *Besprechung der Krankheitszustände* fort, die durch Autogenes Training vorbeugend und heilend beeinflußt werden können.

Die sorgfältigen Untersuchungen von Prof. BURGER (Paris) über die Veränderungen des Blutbildes im Autogenen Training oder der Hypnose lassen es verständlich erscheinen, warum so häufig Erkältungskrankheiten mit dieser Umschaltung verhütet oder beschleunigt geheilt werden. In einem extremen Beispiel beobachteten zwei über 70jährige Ärzte durch über vier Jahrzehnte eine fast völlige Unempfindlichkeit gegenüber den üblichen Infektionen der Atemwege. Selbst bei Tuberkulose steigert das Autogene Training die Abwehrkräfte.

Aus dem weiten Gebiet der sogenannten »psychosomatischen Erkrankungen« werden in dieser Stunde vorwiegend das Asthma, das Stottern und andere Sprechhemmungen behandelt.

I. H. SCHULTZ pflegte außerdem ausführlich über die Schäden durch das Rauchen zu sprechen und über die Möglichkeit, den Raucherhusten ursächlich – nämlich durch das zwingend notwendige Abgewöhnen des Rauchens – anzugehen.

Für Redner und vor allem für Sänger bedeutet nicht nur die Entspannung der Stimmbänder (mit dem Warmstellen des Kehlkopfes), sondern vor allem das Weitstellen der Resonanzräume (vorwiegend des Rachens) und das Überwinden von Lampenfieber eine entscheidende Erleichterung.

Weitere Beispiele für Anwendungsbereiche des Autogenen Trainings aus anderen Fachgebieten regen die Kursusteilnehmer zu persönlichen Fragen an, noch ehe später die einzelnen Organsysteme mit Formelbeispielen systematischer besprochen werden (vgl. S. 70 ff.).

Im Jahre 1946 führten LABERKE in Eßlingen und später TRAUTWEIN an der Medizinischen Universitätsklinik in Marburg (Lahn) das Autogene Training für alle Asthma- und Ulkuspatienten zusätzlich zu der üblichen Behandlung wohl als erste ein, da es vor allem Rückfälle vermeiden hilft.

Da es unmöglich ist, alle bewährten Anwendungsgebiete des Trainings zu besprechen, mögen die Teilnehmer selbst ihre Fragen auf den verschiedenen Fachgebieten der Medizin vorbringen: Kranke sind auch bei scheinbar rein körperlichen Leiden oft vornehmlich durch die seelischen Begleiterscheinungen und Folgen beeinträchtigt. Deshalb dürfte wohl kein ärztliches Fachgebiet mehr von einer solchen Liste ausgeschlossen sein.

In der *Chirurgie* heilen Knochenbrüche schneller, wenn die betreffenden Gliedmaßen autogen vermehrt durchblutet werden.

Aus der chirurgischen Universitätsklinik in Laibach (Ljubljana) berichtete der Chefarzt Prof. PAJNTAR, wie die hypnotischen Heilmethoden wirksam Angst- und Schmerzzustände angehen und damit die Rehabilitationszeit (besonders bei Beinoperierten) entscheidend verkürzen.

In der *Frauenheilkunde* läßt sich neben den vielen funktionellen Beschwerden vor allem der Geburtsablauf (oft in Verbindung mit der Wissens- und Gymnastikmethode von READ) entscheidend erleichtern.

In keinem zweiten Land der Welt fand ich hypnotische Methoden in der Geburtshilfe vergleichbar weit verbreitet wie in Australien. Das Vermindern von Schmerzen und Spannungen verkürzt die Geburtszeit um durchschnittlich zwei Stunden. Prof. KROGER, selbst Gynäkologe, veröffentlicht die gleichen Ergebnisse (vgl. S. 86 f.).

In der *Augenheilkunde* hat MENTZ das Autogene Training als wesentliche Unterstützung der medikamentösen Therapie beim »grünen Star« (Glaukom) empfohlen. Eigene Untersuchungen belegen den Wert des Trainings für Blinde, die zwar damit nicht ihr Augenlicht, wohl aber innere Ausgeglichenheit und Zufriedenheit (bis hin zu beglückenden inneren Lichtwahrnehmungen) finden.

Der Berliner Augenarzt SCHULTZ-ZEHDEN wies die günstigen Wirkungen des Autogenen Trainings bei Haftschalen-Unverträglichkeit und bei einigen Formen des Schielens nach.

Die *Hautheilkunde* war ursprünglich ein weiteres medizinisches Fachgebiet von I. H. SCHULTZ, auf dem die ersten umfassenden Forschungen zum Training einsetzten. Heute führen einige japanische Universitäten, besonders Kiushu unter Prof. IKEMI und Osaka, auf die-

sem Gebiet. Ekzeme aller Art und selbst hartnäckige Neurodermatiti-
den sind einige, aber nicht die einzigen Hauptanwendungsgebiete des
Trainings.

Selbst im Bereich der *Neurologie* ließ sich in eigenen Untersuchungen, z. B. bei traumatischer Epilepsie, beobachten, wie Häufigkeit
und Intensität der Anfälle wesentlich zurückgingen.

Einen annähernden Überblick über die Vielfalt der ärztlichen
Anwendungsbereiche gibt die Sammlung bewährter Vorsatzformeln auf
S. 29 bis 143.

Die Formeln der vierten Stunde lauten:

**»Die Atmung ist ganz ruhig und gleichmäßig« und/oder
»Es atmet mich«**

George FAIRFULL-SMITH aus Glasgow verdanken wir die wichtige Anregung, als weitere Atemformel einzufügen:

»Jeder Atemzug vertieft die Ruhe«

Spannungs-, Erregungs- und Erlebnisarten einerseits und ganz bestimmte Rhythmen und Tiefen der *Atmung* andererseits sind durch eine
umfassende Literatur auch experimentell-naturwissenschaftlich nachgewiesen. Für das Autogene Training bedeuten die vielfältigen For-
schungsergebnisse über die seit Urzeiten bekannten Zusammenhänge
zwischen »atman« (indisch) und Atem, zwischen »ruach« und »nä-
phäsch« (hebräisch), pneuma (griechisch), »anima« (lateinisch) einerseits und der wechselnden Bedeutung von Wind, Hauch, Atem, Seele
und »Geist« andererseits den Zugang zu einer vertieften leiblichen und
seelischen Entspannung.

Die fünfte Übungsstunde führt mit einer *Diskussion der häufigsten neurotischen Symptome* und der Frage, wieweit sie sich durch
Autogenes Training aufheben oder mildern lassen, zu dem ursprüngli-
chen, psychotherapeutischen Ansatz des Autogenen Trainings zurück.

Angstzustände mit ihren verschiedenen krankhaften und gesunden Ursachen, mit ihren Tiefenschichten, mit den Aussichten, aber

auch den Grenzen des Autogenen Trainings sind kritisch zu unterscheiden. Vor allem aber gibt die fünfte Stunde mit ihrer Formel

»Der Leib (das Sonnengeflecht) ist strömend warm«

anhand von Bildtafeln Gelegenheit, auf alle wichtigen inneren Organe und ihre Hauptstörungen hinzuweisen, mindestens soweit sie vom Autogenen Training heilend anzugehen sind.

Das Modell eines Menschen (in natürlicher Größe), dessen Organe sich einzeln herausnehmen lassen, erleichtert die räumliche Vorstellung des Körpers und unterstreicht den ärztlichen Charakter des Autogenen Trainings. Bei dieser Übung ist besondere Vorsicht erforderlich, da die Kreislaufumschaltung hier intensiv zu einer verstärkten Durchblutung der gesamten inneren Organe und damit zu Schwindelzuständen, Blässe und Schwäche führen kann. Sofortiges tiefes Vornüberneigen mit energischem Zurücknehmen, Hinlegen und in Zukunft wesentlich kürzeres Üben (mancher braucht den Rat, nur die Hände oder nur die Finger warm zu stellen) sind dann einige der wichtigsten Schutzmaßnahmen. Häufiger dagegen läßt auch später intensives Üben dieser Formel gar keine spürbare Wirkung erkennen. In einem solchen Fall kann nach zwei bis drei Wochen die sechste Übung begonnen werden, auch ohne befriedigende Ergebnisse der fünften.

Die fünfte Übung wird – auch von Fachleuten – sehr unterschiedlich beurteilt. LANGEN erkannte ihr so geringen Wert zu, daß er diese Übung fortließ, zumal sie ohnehin kaum jemand erlebe. WALLNÖFER jedoch teilt entgegengesetzte Beobachtungen und besonders hohe Bedeutung dieser Übung, besonders für die Sexualmedizin, mit.

Wir haben unsere Übungsteilnehmer befragt: 8% hatten nach einer Woche die Wärme im Leib erlebt. 40% von denen, die sich durchschnittlich vier Monate später zur Oberstufe einfanden (also eine Auswahl), berichteten von einem deutlichen Wärmegefühl im Bauchraum.

Seit wir empfehlen, zu dieser Übung eine Decke über den Leib zu legen, ggf. sogar mit einer Wärmflasche, und sich vorzustellen, die Wärme ströme beim Ausatmen über den Leib, hat sich die Zahl positiver Erfahrungen auf 50% gesteigert. Besonders für die Therapie von Sexualstörungen (z. B. Frigidität, Impotenz) wirkt sich dieses Warmstellen heilsam aus (vgl. S. 88 ff.).

Freilich erfordert besonders die zunehmend häufige *Magersucht* wegen ihrer »mehrdimensionalen« Grundlage fast stets auch eine psychiatrische antidepressive Therapie, eine Familientherapie zum Auflösen des Mutterkonfliktes und zum Auflösen »ekklesiogen«-neurotischer Schuldgefühle, nicht selten auch einer echten (und religionspsychologisch begründeten) Seelsorge.

Bei tiefergreifenden neurotischen Störungen, besonders mit sexueller Symptomatik, also bei Impotenz, Perversionen u. a., liegt ein Wert in der Unterstützung analytischer Therapie.

Die sechste Übungsstunde ist einer letzten *Besprechung der individuellen Wünsche* der Teilnehmer nach den formelhaften Vorsätzen, die sie wegen ihrer eigenen Beschwerden brauchen, vorbehalten. Wegen der Bedeutung wird diesen Vorsätzen in der vorliegenden Arbeit ein besonderer Teil (S. 29 ff.) gewidmet.

Die Formel

»Die Stirn ist angenehm kühl«

ist zwar für 90% der Teilnehmer richtig, die anderen müssen jedoch individuell angeleitet werden, welcher Wortlaut für sie paßt. (Er könnte bei einigen Teilnehmern auch lauten: »Der Nacken ist angenehm strömend warm« oder »Die Schläfen bleiben frei und leicht«.)

Keinesfalls dürfen die Worte »angenehm kühl« etwa durch »kalt« oder gar »eiskalt« ersetzt werden, weil sonst schwere und schwerste Migränezustände sowie andere Schäden auftreten können, die nach eigenmächtiger Änderung der Formeln durch Patienten mehrfach beobachtet wurden.

Die weite Verbreitung der *Kopfschmerzen* erfordert ein genaueres Eingehen darauf, welche Arten keine Erleichterung vom Autogenen Training erwarten lassen (vgl. S. 61 ff.). Verletzungsbedingte, entzündungsbedingte Schmerzen im Hals-, Nasen- und Ohrenbereich, zahn- und augenbedingte Schmerzen, chemisch verursachte Beschwerden, meist durch Alkoholgenuß oder Schmerzmittelmißbrauch bedingt, Kopfschmerzen durch Trigeminusneuralgie (Nervenentzündung) sprechen nur wenig auf das Training an, dagegen sind die spannungs-, die gefäßbedingten und die seelisch verursachten Kopfschmerzen die Domäne des Autogenen Trainings. (Unter unseren Patienten sind es über 50%.)

Die schwierigen Fragen der Migränebehandlung lassen sich hier nicht in der gebotenen Sorgfalt besprechen. Auf rechtzeitige medikamentöse Unterstützung läßt sich ebensowenig verzichten wie auf psychotherapeutische (auch autogene) Beseitigung der oft zugrundeliegenden psychischen Konflikte. Jedenfalls muß auch hier dem Rat zum Autogenen Training eine genaue ärztliche Diagnose vorausgehen. Am Schluß jeder Übung steht – wie oben begründet – das sorgfältige Zurücknehmen.

Da unter dem Einfluß des Arztes in den Kursusstunden die Übungen verhältnismäßig rasch und sicher zu gelingen pflegen, stellen sich auch etwaige unangenehme Nebenwirkungen meist zuerst beim gemeinsamen Üben ein. Sie müssen dann im unmittelbaren Anschluß gemeinsam oder notfalls unter vier Augen besprochen werden. Wegen der andernfalls möglichen Schäden beginnt auch jede Stunde (von der zweiten an) im Grund- wie im Oberstufenkursus mit einer Besprechung der (seltenen) unangenehmen Erlebnisse, die sich durch individuelle Ratschläge bisher fast immer abstellen ließen.

Zahlreiche Autoren haben eine inzwischen fast unübersehbare Zahl von *Ergänzungsübungen* zum Autogenen Training beschrieben und empfohlen. Mit guten Gründen hat I. H. Schultz diese Übungen als überflüssig, abwegig oder gar störend verworfen.

Zwei Ausnahmen gehen auf Untersuchungen von Müller-Hegemann zurück: Die stärksten Muskeln des menschlichen Körpers, die Kaumuskeln (Masseteren) reagieren zuverlässig auf eine besondere Entspannungsübung. Ähnliches gilt von einem der am häufigsten betätigten Muskeln (mindestens bei einigen Berufen, angeblich bei manchen Frauen), nämlich der Zunge. Die Formel:

»Unterkiefer und Zunge sind ganz schwer«

läßt in der Regel den Unterkiefer mit deutlich vertiefter Ruhe herabsinken. Dabei wird das von I. H. Schultz beschriebene »Kieferphänomen« deutlich, d. h. die Finger des kontrollierenden Arztes können leicht die

Wangen zwischen die Zahnreihen drücken, oder der Unterkiefer sinkt spontan herunter, so daß der Mund sich öffnet. I. H. SCHULTZ hat dem Einbeziehen dieser Formel ausdrücklich zugestimmt.

Die sechste Stunde dient weiterhin einer Besprechung von Versenkungsmethoden, die oft in die Nähe des Autogenen Trainings gerückt werden. Die Parallelen und vereinzelten Übereinstimmungen, vor allem aber die Sonderstellung des Autogenen Trainings als rein medizinisch-wissenschaftlicher Methode der Selbstentspannung, sind dabei herauszuarbeiten. (Einzelheiten in: Klaus THOMAS, Meditation. J. F. Steinkopf Verlag, Georg Thieme Verlag, Stuttgart 1973.)

Schon während der Grundstufenübungen pflegen einige Teilnehmer von Farb- und Bildererlebnissen (einige auch von dem Gefühl eines tiefen Absinkens und/oder Fallens – oder von einer »Änderung der Körpersphäre«, z. B. dem Wachsen der Hände oder dem Verschwimmen von Gliedern) zu berichten, die weder gefürchtet noch gepflegt werden sollten. Um jedoch einen Schutz vor überraschenden oder gar ängstenden Bilderlebnissen zu gewähren, enthält die sechste Stunde einen Hinweis auf und *Überblick über die Oberstufe des Trainings*, ihre Leistungen und Möglichkeiten.

Ein Oberstufenkursus beginnt etwa vier bis fünf Monate später. Fast alle Anwesenden tragen sich im Fragebogen als Interessenten ein, so daß der Rückschluß berechtigt erscheint, sie seien von den Übungen angetan und wollten sie fortsetzen. Wenn jedoch später der Kursus anfängt, so kommt nur ein Viertel von ihnen. Vielleicht hat die Mehrzahl die Übungen nicht regelmäßig fortgeführt.

In der sechsten Stunde werden auch die *Fragebogen* eingesammelt, die die Teilnehmer erhalten hatten und erfahrungsgemäß fast vollzählig und ausgefüllt zurückgeben. Der Fragebogen hat folgenden Wortlaut:

Dr. med. Klaus Thomas Glockenstraße 17
(I.-H.-SCHULTZ-Institut) 1000 Berlin 37
(Zehlendorf)

Fragebogen
zum Autogenen Training (Grundstufe)

Name/Vorname: Datum:
Geburtstag und -jahr: Beruf:
Anschrift:

Für die Beantwortung folgender Fragen wäre ich Ihnen dankbar:
1. Welche besonderen Beschwerden haben Sie veranlaßt, an dem Autogenen Training teilzunehmen?
2. Wer hat Ihnen das Autogene Training empfohlen?
3. Wie sehen Sie das Ergebnis der Übungen an?
> sehr gut?
> gut?
> gering?
> ohne Einwirkungen?
4. Wie lange dauert es bei jeder Übung bis zum Eintritt des Erlebens?
> a) von Schwere?
> b) von Wärme?
5. Welche Wirkungen des Autogenen Trainings haben Sie bisher empfunden?
> a) im allgemeinen:
> b) im Blick auf Ihre Beschwerden:
> c) unangenehme Nebenwirkungen:
> d) Ruhigstellung?
> Erholung?
> Gedächtnis?
6. Wünschen Sie eine Einladung zum Kursus der Oberstufe des Autogenen Trainings?
7. Welche Kritik oder Wünsche haben Sie für die Gestaltung der Grundstufenkurse? (vgl. Fragebogen S. 209 ff.)

≡ Gründe für das Erlernen des Autogenen Trainings

Aus den ersten beiden Fragen des Bogens (oben S. 23) lassen sich die Gründe erkennen, die die Teilnehmer veranlaßt haben, sich zu einem Kursus zu melden.

Sie ließen sich (den eigenen Angaben nach) in zwei Hauptgruppen einteilen:

- die »Gesunden« mit rund 25% und
- die »Kranken« oder ärztlich Behandlungsbedürftigen mit rund 75%.

Diese grobe Einteilung ist fragwürdig durch Mehrfachnennung von Gründen aus beiden Bereichen, durch das Vorliegen einer ernsten depressiven Erkrankung, die dem Teilnehmer jedoch nicht bekannt war, oder durch Schwierigkeiten der Begriffsbestimmung: von welcher Zahl von Zigaretten an ist ein starker Raucher nikotinabhängig erkrankt? Entsprechendes gilt vom Alkohol oder von der Fettsucht.

Unter den 25% »Gesunden« waren als Gründe genannt und hier in der Reihenfolge der Häufigkeit zwischen 4 und 1% (mit Mehrfachnennungen) aufgeführt:

Konzentrationsschwierigkeiten
»Streß« und Überlastung, Ängste (z.B. vor Prüfungen, vor dem Fliegen, dem Zahnarzt usw.)
Schüchternheit und Hemmungen
Nervosität und Unruhe, Schlafstörungen
Rauchen oder Trinken abgewöhnen
Gewichtsprobleme
Schwangerschaft (Geburtserleichterung)
Sonstige Gründe (z.B. Priester zum Erleichtern des Meditierens)
Schichtarbeiter oder Interkontinental-Flieger zur Zeitumstellung
Konflikte im Beruf oder in der Familie
Allgemeine Empfehlung durch den Arzt oder durch Bekannte
Persönliche Neugier

Von den 75% der Kranken sind zunächst die vorwiegend »körperlich Kranken« von den »seelisch Kranken« zu unterscheiden.

Da die Kursusteilnehmer selbst als »körperlich Kranke« nur ihre Beschwerden erleben, nicht aber deren Ursachen, müssen wir hier auch die »psychosomatisch Kranken« zu den »körperlich Erkrankten« hinzurechnen.

Ein Unterschied ergibt sich dann zwischen den Kursusteilnehmern in der Lessinghochschule, deren Kursus mit je rund 100 Teilnehmern unter der zutreffenden Bezeichnung von GARCIA zu den »prophylaktischen Großgruppen« zählen. Rund 10% von ihnen gibt an, vom Arzt (oder im Krankenhaus) zum Autogenen Training überwiesen oder empfohlen zu sein. Bei den »prophylaktischen Kleingruppen« mit je rund 20 Teilnehmern steigt dieser Anteil auf 35% an.

Bei den *Teilnehmern mit körperlichen Krankheiten* stehen solche mit Herz- und Kreislaufbeschwerden, dicht gefolgt von Magen- und Darmerkrankungen im Vordergrund (oft Entzündungen oder Geschwüre oder aber schwer angehbare Verdauungsbeschwerden).

Von den Teilnehmern mit Atembeschwerden stehen die Asthmakranken an erster Stelle.

Nachdem das Klinikum in Berlin-Steglitz allen 60 Dialysepatienten das Autogene Training empfohlen hatte, stieg deren Anteil an Kursusteilnehmern. Ähnliches gilt von der wachsenden Häufigkeit, mit der Leberkranke (auch aus der Bundesrepublik) zur Teilnahme am Autogenen Training geschickt werden.

An der Grenze zwischen den körperlichen und seelischen Kranken stehen die vielen Abhängigkeiten, besonders von Alkohol und Nikotin, von denen fast die Hälfte vom Arzt den Rat erhalten haben, das Training zu lernen.

Kopfschmerzkranke, Hautkranke (besonders solche mit quälend juckenden Ekzemen), und Patienten mit Krampfzuständen (vom Speiseröhrenkrampf bis zu Tics, ständigem Schluckauf, Lidkrampf und Stottern suchen mit Recht Erleichterung beim Autogenen Training, wenn auch keineswegs alle befreit werden können, auch nicht mit der meist zusätzlich notwendigen fremdhypnotischen Behandlung.

Das Autogene Training ist offenkundig die am weitesten verbreitete Methode der Psychotherapie. (Dies ist nicht etwa die »Heilung der Seele«, sondern die »Heilung mit seelischen Mitteln«) (I. H. SCHULTZ).

Wenig bekannt dagegen ist *die Bedeutung des Autogenen Trainings für die Psychodiagnostik.*

Kurse für Autogenes Training helfen in hohem Maße zum rechtzeitigen Erkennen von seelischen Krankheiten. Dazu dienen

1. Das Beobachten der Patienten während des Kursus,
2. Ihre Fragen und ihre Äußerungen im Gruppengespräch und
3. Die Gelegenheit zum Einzelgespräch sowie
4. Die Beratungen in der Sprechstunde.

Sechs Prozent unserer Kursusteilnehmer (in den Großgruppen) sind ärztlich behandlungsbedürftig *depressiv erkrankt.*

Von manchem ist es dem Kursusleiter schon aus der Praxis bekannt. Bei der Mehrzahl aber führt das Beobachten der schlaffen Muskelhaltung schon beim Eintreten, die leise Stimme beim Sprechen, die spürbar verstärkte Muskelspannung im Nackenmuskel beim Auflegen der Hände auf die Schultern, der Gesichtsausdruck (»facies depressiva«), zu dem Verdacht, der in einem Gespräch bestätigt (oder verworfen) werden muß.

90% der Teilnehmer, die im Kursus das Training nicht zuverlässig lernen, bedürfen zunächst einer psychiatrischen (medikamentösen) antidepressiven Therapie, ehe ihnen das Training gelingt. Damit ist jedoch nicht umgekehrt gesagt: Jeder depressiv Kranke erlernt das Training nicht... Wenn es ihm gelingt, so wird dadurch die medikamentöse Therapie unterstützt (vgl. die Formeln für Depressive S. 137 ff.).

Da jedoch die Hälfte der Depressiven suizidgefährdet ist, kommt der bewahrenden Früherkennung auch im Autogenen Training höchste Bedeutung zu.

Während der über drei Jahrzehnte, in denen wir planmäßig auf depressive Symptome bei den Kursusteilnehmern achten, haben wir fast in jedem Kursus Betroffene erkannt und einer wirksamen Therapie zugeführt.

Um so erstaunlicher muß der Mut der Nicht-Ärzte wirken, die Kurse für Autogenes Training halten, ohne die Symptome der lebensgefährlichen depressiven Erkrankungen zu erkennen.

Zu den Beobachtungen treten die Fragen der Teilnehmer. 70% dieser Fragen beziehen sich auf gesundheitliche Anliegen, und aus mehreren läßt sich der Verdacht auf eine Depression entnehmen (Schlafstörungen mit zerhacktem Schlaf und Früherwachen, Morgentief, ungeklärte Schmerzzustände, Angst und Unruhe usw.).

Im Gruppengespräch läßt sich meist nur ein Teil dieser Störungen klären, vor allem muß die volle Schweigepflicht gewahrt bleiben. Seit 20 Jahren jedoch hält während fast jeder Kursusstunde eine äußerst erfahrene Mitarbeiterin, die nach mehrjähriger Ausbildung dafür sonst im Rahmen unserer Telefonseelsorge solche Beratungen durchführt, in einem Nebenraum Einzelberatungen für die Teilnehmer. Sie empfiehlt in diesen Sprechstunden entweder einen in der Nähe des Patienten wohnenden (Fach-)Arzt oder lädt den Kursusteilnehmer zur Sprechstunde ein (die im Rahmen der Ärztlichen Lebensmüdenbetreuung kostenlos angeboten wird).

Schließlich stehe ich auch nach der Kursusstunde selbst noch für kürzere ärztliche Fragen zur Verfügung.

Suizidgefährdete werden seit 35 Jahren grundsätzlich in die Sprechstunde eingeladen, in der eine umfassende Diagnose und Therapie möglich ist. (So sind, gerade auch mit dem Wissen und Willen von I. H. SCHULTZ unsere beiden Haupt-Arbeitszweige, Autogenes Training und Ärztliche Lebensmüdenbetreuung eng miteinander persönlich und sachlich verbunden.)

Der Bedeutung nach stehen die *neurotisch Kranken* (einschließlich derer mit psychosomatischen Beschwerden) an zweiter Stelle der Häufigkeit. Die schwierigen differentialdiagnostischen Fragen einer Abgrenzung zwischen einer sogenannten »larvierten Depression«, bei der die körperlichen Beschwerden durch biochemische Prozesse verursacht werden und die auf antidepressive Medikamente recht zuverlässig ansprechen, einerseits und den neurotischen Störungen der Erlebnisverarbeitung andererseits können hier nicht mit der gebotenen Sorgfalt besprochen werden.

I. H. SCHULTZ betonte lebenslang: »Leichte Neurosen, nämlich die gewohnheitsbedingten Randneurosen und die leichteren erlebnisbedingten Schichtneurosen, sind durch Autogenes Training und durch Hypnose heilbar. Tiefgreifende Neurosen, insbesondere die charakterbedingten »Kernneurosen«, bedürfen einer (zusätzlichen) intensiven, auch analytischen Psychotherapie.«

Die Kurse für Autogenes Training werden bevorzugt besucht von Menschen mit seelischen Erkrankungen und Konflikten. Wollten wir eine gültige Statistik aufstellen, so wäre die genaue ärztliche Untersuchung aller Kursusteilnehmer erforderlich. Solche lückenlosen Untersuchungen waren nur ausnahmsweise möglich. So bleiben wir auf die

Beobachtungen und Gespräche einer vier Jahrzehnte währenden fast täglichen Erfahrung angewiesen. Danach schätzen wir

> 10% der Teilnehmer (in den Kleingruppen) als depressiv erkrankt ein,
> 5% als neurotisch erkrankt und weitere
> 5% als belastet mit schweren, vorwiegend sexuellen Konflikten,

so daß nur eine ärztliche sachkundige Beratung helfen kann. Hinzu treten die bisher nicht erwähnten hysterisch Kranken, die im Kursus häufig dadurch auffallen, daß sie schon in den ersten Tagen (fast) alle Übungsinhalte intensiv erleben, danach aber keine positiven Erlebnisse zu berichten wissen.

Die vorwiegend körperlich Kranken geben sich oft durch ihre persönlichen Fragen oder Überweisungsschreiben zu erkennen. Während es durchschnittlich in einem Kursus 5–10% der Teilnehmer sind, steigt ihr Prozentsatz bis auf 100% bei Spezialkursen in Krankenhäusern (vgl. S. 83).

Formelhafte Vorsatzbildung

≡ ## Anforderungen an den Wortlaut der Vorsätze

Das Autogene Training wirkt nicht nur durch den Ruhezustand, sondern schon in der Grundstufe durch die zuverlässigen »formelhaften Vorsätze«.

Einige Autoren sprechen wegen ihrer Bedeutung von einer »Mittelstufe« des Trainings. Da jedoch der reine Zustand des Autogenen Trainings ohne Formeln recht selten gesucht werden dürfte, bleiben wir bei der Einteilung von SCHULTZ und belassen die formelhaften Vorsätze bei der Grund-(Unter-)stufe.

J. GARCIA begründet die Wirksamkeit der Formeln mit dem »Stillegen der Sinneskanäle« im Autogenen Training, die diese Vorsätze ohne Nachdenken oder besondere Willensentschlüsse unmittelbar zur Tat werden lassen.

Neurophysiologische Untersuchungen, die wir am Physiologischen Institut der Universität Witten/Herdecke unter Prof. DAVID seit einigen Jahren durchführen, bestätigen diese Annahmen.

Etwa die Hälfte der Leistungen des Trainings, so schätzen wir, dürfte auf dem richtigen Wählen der möglichst passenden Formeln des Autogenen Trainings beruhen. Die Macht des Wortes im Zustand der Hypnose (einschließlich der Selbsthypnose des Autogenen Trainings) ist kaum zu überschätzen.

I. H. SCHULTZ gibt bereits in seinem Werk »Das autogene Training« eine ganze Anzahl solcher bewährter Formeln an. Wir haben seit 45 Jahren bei über 6000 Patienten systematisch neue Formeln unter fünf Haupterfordernissen gebildet und die Wirkungen an den Patienten protokollarisch festgehalten.

Wenn formelhafte Vorsätze wirken sollen, müssen sie einer Anzahl von Anforderungen genügen. So muß die Formel geeignet sein, das angestrebte Ziel zu erreichen, z. B. eine Störung zu beseitigen.

Dazu gehören im einzelnen

━━ Inhaltliche Merkmale

▬ *Allgemeine Indifferenz*

Die Formel ». . . ist ganz gleichgültig« läßt sich in einem weitgefächerten Anwendungsbereich einsetzen, z. B.

gegen störende äußere Reize,
gegen einzelne Menschen und Gruppen, die negative Affekte wecken,
gegen Erlebnisse und Ängste, die sich anders nicht beeinflussen lassen,
gegen störende oder schädliche Verhaltensweisen (Tics, Zwangsvorstellungen),
gegen Alkohol-, Nikotin- und andere Abhängigkeiten,
nicht aber gegen Heroinsucht.

In den letzten Jahren haben wir den Wert von rund 150 verschiedenen Indifferenzformeln schätzen gelernt.

▬ *Kurze Kommandos und bündige Befehle*

Feste Vorsätze erteilen dem »Ich« klare Befehle.

»Ich schweige jetzt still«
»Ich setze mich durch« oder
»Kurs West« (LINDEMANN)

▬ *Feste Verbote*

Fehlverhaltensweisen lassen sich oft mit dem Autogenen Training abstellen, wenn die eigenen Willenskräfte nicht ausreichen. Zahlreiche Fehlgewohnheiten bieten Beispiele für die Anwendung.

»Ich trinke niemals wieder Alkohol . . .« (vgl. S. 115 ff.)

—— *Lösende Umleitung*

Wenn ein quälendes Symptom nicht auf ein Verbot hin verschwinden will, sollte der Übende versuchen, es einzuschränken. Ein Rat schon der alten Hypnoseärzte lautet: Ein quälendes Krankheitssymptom sollte lieber mit einem Rest an eine unwichtige Stelle verlagert als völlig unterdrückt werden.

In seiner früheren Praxis als Hautarzt pflegte I. H. SCHULTZ z. B. eine Schuppenflechte nicht völlig zum Verschwinden zu bringen, sondern einen kleinen Fleck am Arm oder Bein bestehen zu lassen.

Auch bei Zwangserscheinungen vieler Art kann ein heilsamer Restzwang übrigbleiben. Ein Patient mit umfassend pedantischem Ordnungsstreben behielt die Gewohnheit bei, seine Bleistifte schnurgerade hinzulegen, konnte während der anderen Zeit aber wieder ohne Beeinträchtigung arbeiten.

Weitere inhaltliche Merkmale können sich ergeben aus dem Schwergewicht, mit dem die formelhaften Vorsätze

steuernd in den Organismus eingreifen,
psychosomatisch harmonisieren,
das Verhalten ändern,
psychische Haltungen steuern,
Wandlungen bewirken (besonders bei Fehlhaltungen),
den Charakter bilden oder
anderen Aufgaben dienen sollen.

══ Stilistische Merkmale

Zu den Anforderungen an den Wortlaut der Vorsätze gehört: Sie müssen insgesamt einprägsam im Gedächtnis haften bleiben, das bedeutet, möglichst kurz, positiv, rhythmisch, klangvoll, reimend oder stabreimend und eventuell humorvoll gehalten sein. Dabei gehorchen sie insgesamt den Regeln der germanistischen Lehre von der »Poetik«; doch stehen im Vordergrund die praktischen ärztlichen Erfahrungen.

Die folgenden Regeln sollten beachtet, aber nicht überbewertet werden. Gelegentlich wurden gute oder sogar sehr gute Ergebnisse beobachtet, wenn sich Patienten selbst Formeln gegeben hatten, die den oben genannten Regeln nicht entsprachen.

___ *Kurze Vorsätze*

Ein 37jähriger hirnverletzter Akademiker z. B., der durchschnittlich 25 epileptische Anfälle je Vierteljahr erlebte, stellte sich selber folgende Formel auf:

> »Automatisch bei jeder Aura hinlegen, hinsetzen oder ruhig stehen bleiben! Jede Tätigkeit sofort einstellen! Partner unterrichten! Automatische Hirndurchblutung, die Hirngefäße öffnen sich. Im Anfall ruhig liegen, nicht sprechen, im Dämmerzustand nichts unternehmen, erst handeln bei völliger Klarheit, nicht aufgeben, durchhalten!«

Oft fügte er beim Üben noch hinzu:

> »Du brauchst dich der Verwundungsfolgen nicht zu schämen, Hirnnarbe ganz warm durchblutet«

Diese Formel trägt keiner der unten genannten Anforderungen Rechnung. Sie ist weder rhythmisch noch sonderlich einprägsam und vor allem nicht kurz. Der Patient beherrschte sie aber in- und auswendig, und, viel wichtiger, seine Anfälle gingen auf durchschnittlich drei je Quartal zurück und verliefen zudem wesentlich milder, so daß er wieder dienstfähig wurde. So gewiß also das Ergebnis und nicht die Gesetze über den Wert einer Formel entscheiden, so zuverlässig sind doch nach langdauernden Beobachtungen Vergleiche, welche Formeln besser wirken als andere, und damit sind auch Empfehlungen möglich.

Die früheren Auflagen dieses Buches und die anderen Bücher des Verfassers enthalten bei allen Beispielberichten die Listennummern der Krankengeschichten, in denen sich weitere aufschlußreiche Einzelheiten finden. In dem vorliegenden Buch ist deren Zahl auf fast 2000 angewachsen und wurde daher – auch im Sinne leichterer Lesbarkeit – fortgelassen. Zu betonen aber bleibt: die Formeln sind nicht konstruierte Sätze, sondern hinter ihnen steht immer das Schicksal eines konkreten leidenden Menschen.

Im Gegensatz zu der oben zitierten, außerordentlichen langen Formel steht die kurze, mit der der Hamburger Arzt HANNES LINDEMANN monatelang trainierte, ehe er auf seinem Faltboot »Allein über den Ozean« fuhr (und dies später in dem gleichnamigen Buch überaus anschaulich schilderte):

»Ich schaffe es« »Kurs West« (nach LINDEMANN)

Ein 75jähriger Rentner hat im Januar 1987 einen Schlaganfall erlitten: die ganze rechte Seite war – auch nach sieben Monaten Klinikaufenthalt – noch gelähmt. Der Patient liebt die kurzen, kommandoartigen Formeln und übte:

»Schmerz fort!
Spannung raus!
Spastik weg!
Hand warm!
Gefühl rein!
Kraft stark!«

Schon am ersten Tag spürte er ein deutliches Kribbeln in der rechten Hand, und nach einer Woche berichtete er in der Kursusstunde tief bewegt: »Heute habe ich zum ersten Mal nach acht Monaten wieder Geige spielen können!«

Auch andere vier- bis sechssilbige Vorsätze (mit höchstens zwei Hebungen) prägen sich ein:

»Ich bléibe gesúnd«
»Ich hálte dúrch«
»Ich bléibe fést«
»Der Schréck ist wég«
»Ich stéhe darúber«

In der Regel sollen also die Formeln möglichst kurz gefaßt sein.

— *Positive Vorsätze*

Einer weit verbreiteten Überzeugung nach sollen alle Formeln grundsätzlich positiv formuliert sein.

I. H. Schultz nimmt gegen eine unumschränkte Anwendung dieser Regel Stellung. Eine der am häufigsten angewandten und wirksamsten Formeln, die zur Entziehung von Alkohol:

»zu keiner Zeit, an keinem Ort, bei keiner Gelegenheit ...«
oder
»Ich rauche nicht«

ist keineswegs positiv. Eine andere, recht nützliche Formel lautet:

»Im Geschäft kann mich niemand mehr ärgern«

Gewiß ist auf längere Sicht der positive Wortlaut vorzuziehen:

»Ich bin im Geschäft ganz ruhig und frei«

Wenn es jedoch darum geht, erhebliche Affektspannungen unmittelbar abzubauen, so wirkt die negative Formel schneller.

Das bedeutende Werk von Adolf Busemann über »Stil und Charakter« unterscheidet mit Recht die konstatierenden und die resignierenden Negationen von den kategorischen oder imperativen (z. B. »Ernst ist die Lage, hoffnungslos nicht!«). Im Sinne von Busemanns Stilanalyse müßte also die Regel genauer gefaßt lauten: Die Formeln sollen möglichst positiv lauten. Ausnahmen gelten für *kategorische Negationen*.

— *Rhythmische Vorsätze*

Formeln sollen möglichst *rhythmisch* formuliert sein, Ausnahmen sind häufig. Wer sich jedoch die Mühe nimmt, die über 1600 Formeln dieser Arbeit daraufhin anzusehen, wird bei über 90% einen deutlichen, sog. »daktylischen« Rhythmus bemerken, bei dem meist zwei, gelegentlich vier deutliche Hebungen von zwei Senkungen unterbrochen werden. Den Schluß bildet ein energisch wirkender Anapäst.

Beispiele finden sich auf den folgenden Seiten zahlreich:

»Ich árbeite gérn«
»Ich räume jetzt áuf«

In der längeren Form lauten solche Doppelzeiler z. B.

»Ich schláfe des Náchts
ganz rúhig und fést«

Gelegentlich, doch wesentlich seltener, bietet sich ein jambischer Vers
mit drei Hebungen an:

»Ich réde mít den Ménschen
ganz rúhig, klár und fréi«

Manche Übende fühlen sich nach dem Training besonders frisch
und munter und können danach nicht einschlafen. Sie brauchen einen
beruhigenden jambischen Rhythmus, z. B. mit der Formel:

»Ich schláfe nách dem Tráining
ganz rúhig, tíef und fést«

Häufiger noch klagen Übende über das Gegenteil: Sie schlafen beim
Üben ein. Dann können sie nach der »Ruhetönung« gleich die Formel
einfügen mit dem belebenden »daktylischen« Rhythmus:

»Ich bléibe beim Tráining ganz múnter und frísch«

Der Rhythmus solcher Verse läßt sich mit dem Pulsschlag so verbinden,
daß schließlich die Formeln fast automatisch mit dem Herzschlag wirken. Hier ergeben sich Parallelen zu den seit über 1700 Jahren bekannten und (heute besonders auf dem Berge Athos) geübten Meditationen
des sogenannten »Herzensgebetes«, das auf geistlich-religiösem Gebiet
rhythmische Worte durch enge Verbindung mit dem Pulsschlag zu einem dauernden Einfluß bringt. Insgesamt also unterstützt ein klarer
Rhythmus die günstigen Wirkungen der Formeln beträchtlich.

___ *Klangvolle Vorsätze*

Der große Sprachforscher FRISO MELZER hebt in seinen Büchern
und Vorträgen die Bedeutung des Wohl- und Gleichklanges für das
Einprägen eines Satzes hervor und belegt dies mit Zitaten aus der
LUTHER-Bibel. Wenn wir diese Forderung nur im engeren Sinn als Wahl
des gleichen Vokals verstehen, erwies sie sich gelegentlich als hilfreich,
z. B.

»Béide Beine bléiben lócker, léicht und fréi«

oder bei einer Zwangsneurotikerin, die ständig über Ähnlichkeiten zu Namen grübeln mußte:

»Der Kláng der Námen ist gánz egál«

Häufig wurden Erkältungskrankheiten mit den Worten angegangen:

»Náse und Ráchen sind ángenehm wárm«

oder bei Asthma:

»Brónchien bléiben wéit und fréi«

─── *Reimende Vorsätze*

Eine vierte Eigenart, die die Ergebnisse der Formeln offenbar wesentlich fördert, ist der *Reim*. Als allgemeiner Vorsatz hat sich bewährt:

»Mích begléiten állezéit
Rúhe und Gelássenhéit«

Ein 24jähriger Student wollte die ruhigen Nachtstunden zum Arbeiten ausnutzen und wendete – ebenfalls erfolgreich – die Formel an

»Ich erwáche um dréi
ganz múnter und fréi«

Wesentlich wichtiger aber sind – entsprechend dem Sprachgefühl – die *Stabreime*, die sich tief einzuprägen pflegen.

Manche dieser Formeln lassen sich bei zahlreichen Gelegenheiten verwenden. Ans Ende jeder Übung empfiehlt sich, drei- bis fünfmal den Satz zu stellen:

»Die Worte *w*irken *w*eiter« und/oder »Die Worte *w*erden Wahrheit und Wirklichkeit«

Wird dabei das anlautende »W«, den Regeln germanischer Dichtung entsprechend, leicht betont und gedehnt, so wird damit der Inhalt auch der voraufgegangenen Worte bestätigt und eingeprägt.

Auch die verbreitete Formel

».. . ganz gleichgültig«

erhält ihren Wert nicht zuletzt durch den Stabreim; so lautet bekanntlich die Unterstützungsformel für die allgemeine Ruhe:

»*G*eräusche sind *g*anz *g*leich*g*ültig«

Die Mehrzahl der Beispiele mit dieser Wendung findet sich, nach Sachgebieten geordnet, auf S. 110 f.

Ein doppelter Stabreim bewährte sich bei einer 30jährigen Angestellten, die zu ihrem Vorgesetzten früher auch in persönlichen Beziehungen gestanden hatte:

»Ob *K*úrt mich *k*ränkt,
ist *g*ä́nzlich *g*léich«
»Ich *l*ásse mich *l*ós«
»Ich *l*íebe das *L*eben«

sind Beispiele für Vorsätze zur Charakterbildung mit gleichem Anlaut; doch auch Organfunktionen lassen sich so günstig beeinflussen

»Die *B*lase *b*ehält«

so beruhigte sich neben mehreren anderen eine 33jährige Sekretärin mit neurotisch häufigem Wasserlassen.

Den Abschluß mag der Bericht über einen 40jährigen Professor bilden, der im Anschluß an eine schwere persönliche Konfliktsituation unter hochgradigen Sprechhemmungen litt, ähnlich dem üblichen Stottern. Als er den Ruf auf den Lehrstuhl einer westdeutschen Universität erhielt, steigerte sich seine Erwartungsangst ins Unerträgliche. Eine Probevorlesung – gar in freier Rede – schien ihm ein unüberwindliches Hindernis. Er trainierte sechs Wochen, unterstützt durch sechs Fremdhypnosen, mit der Formel

»Ich hálte den *V*órtrag ganz *f*lússig und *f*réi«

Inzwischen ist die Berufung erfolgt, der Professor ist überzeugt, er verdanke dies in erster Linie dem Autogenen Training mit dieser Formel.

Einige weitere Beispiele aus verschiedenen Gebieten sollen Bedeutung und Häufigkeit des Stabreims unterstreichen:

»Ich séhe die Sórgen
ganz sáchlich und klár«
»Das Lérnen gelíngt«

Über ein Drittel der Übenden benutzt Formeln mit Stabreimen. Dieser hohe Anteil ist ein Zeichen dafür, wie oft dieses Formmerkmal im Vordergrund steht.

Öfter empfehlen wir den Übenden, auch unabhängig von dem sonstigen Inhalt ihrer formelhaften Vorsätze, die Worte mit jeweils wünschenswerten Wertvorstellungen zu schließen, für die sich mehrfach Stabreime angeboten haben:

»Aus dem Innern strömen Stille und Stärke«
»... Zufriedenheit und Zuversicht«
»... Harmonie und Hoffnung«
»... Frieden und Freude«

___ *Naiv-humorvolle Vorsätze*

Nicht eine möglichst kunstvoll poetische Sprache entscheidet über die Wirksamkeit der Vorsätze; gerade eine naiv kindliche und durch den Inhalt eher humorvolle Ausdrucksweise prägt sich besonders gut ein, reizt zum Schmunzeln oder gar Lachen und zeitigt überdurchschnittlich günstige Ergebnisse:

So gab sich ein Arzt mit einem Stimmungs-Morgentief die Formel:

»Spring ich mórgens aus der Dáune,
bin ich gléich ganz guter Láune«

Ein Student übte:

»Die Hóse óhne Fráge
bleibt trócken áuch am Táge« (vgl. S. 85 f.)

Vielfach bewährt ist die Fastenformel:

»Ich fúttere die Hälfte,
bin fröhlich und fréi,
doch Fettes und Süßes sind nicht mehr dabei« (vgl. S. 76 f.)

Besonders Formeln in der Sexualmedizin lösen (verlegenheitsbedingtes) Lächeln aus:

>»Háb' die Fráu ich ín dem Árm,
íst der Pénis strömend wárm«

Manche Formel trägt mehreren geforderten Merkmalen Rechnung:

>»Schlafe tíef in der Nácht,
bin um síeben erwácht,
alle Ángst ist vorbéi,
ich bin fröhlich und fréi.
Hab im Dárm keine Stáuung,
sondern glátte Verdáuung«

—   *Persönlichkeitsgemäße Vorsätze*

Inhalt und sprachliche Form müssen nicht nur miteinander im Einklang stehen, sondern auch mit der Persönlichkeit des Patienten, und zwar um so mehr, je stärker die Formeln der Charakterbildung und nicht nur einzelnen Körperfunktionen Rechnung tragen sollen.

Die Vorsätze sollen also nicht nur *objektiv richtig* lauten, sondern vor allem *subjektiv* als *passend* und zutreffend empfunden werden. Dazu sind alle Formeln mit dem Patienten zu besprechen; er muß ihnen zustimmen.

Ein 22jähriger Geselle litt unter Errötungsfurcht und Schüchternheit. Er war sehr einverstanden mit dem Wortlaut:

>»Bei Mädchen spréch' ich óhne Scheú
und bleíbe sélbstbewúßt und freí«

Nach zwei Monaten ließ sich kein positives Ergebnis erkennen. Ohne mein Wissen gab er sich später selbst die fragwürdige Formel:

>»Die Mädchen mach ich an
und gehe richtig ran!«

und berichtete: »Das hat mir geholfen«.

Wenn die erwünschte Wirkung von Formeln ausbleibt, empfiehlt es sich, nach den Gründen zu suchen und dabei gemeinsam nochmals dem Wortlaut der Vorsätze die Aufmerksamkeit zuzuwenden.

Die Vorsätze dürfen nicht als unwahrhaftig empfunden werden. Bei den meisten Übenden muß z.B. die folgende Formel mindestens befremden, wenn nicht Widerspruch erwecken:

»Das Finanzamt macht Freude«

Erst der Zusammenhang macht den Sinn deutlich: Der 50jährige Patient war Abteilungsleiter im Finanzamt, seine Berufsschwierigkeiten spiegeln sich in der Gesamtformel, die ihm eine frohe, positive Arbeitshaltung wiederbrachte:

»Das *F*inánzamt macht *F*réude,
ich tú' meine Pflícht,
selbst Chéf und Kollégen
errégen mich nícht!«

Es mag noch gleichgültig sein, wer zu einer vertieften Selbst-Analyse die Formel einbaut

»Ich behálte meinen Tráum«

Grundsätzliche Unterschiede aber ergeben sich, je nachdem ob der Nachlässig-Schüchterne sich aufrütteln muß:

»Ich vertréte mein Récht«
»Ich sétze mich dúrch«

ob der Geltungsbedürftig-Herrschsüchtige sich zügeln lernt:

»Ich órdne mich éin«
»Ich gébe jetzt nách«
»Ich pásse mich án«

oder ob der Ängstlich-Depressive einen Halt und Trost braucht:

»Ich habe und behalte Frieden«
»Ich bleibe geborgen«

Die erstgenannten Beispiele schließen mit einem »männlichen«, kurzen

Jambus (»Schleuderer«), mit einer zweihebigen, energischen Aufforde-
rung, während bei den zuletzt genannten Beispielen der fallende »weibliche« Stil der Trochäen und Daktylen mit seinen weichen Eigenarten
vorherrscht.

Außer den bisher genannten Hauptkennzeichen spielen Klang-
farbe, Akzentsetzung, Pausen und Tempus für die Einprägsamkeit eine
bedeutende Rolle. Dennoch dürften weit weniger die wissenschaftlich-
philologische Analyse oder gar Konstruktion den Weg zu wirksamen
autogenen Vorsätzen weisen als vielmehr Erfahrung, Einfühlungsver-
mögen und Beispiel.

Praxis der formelhaften Vorsatzbildung

Wenige Vorsätze

Noch immer gilt der Hinweis von I. H. Schultz: »Drei Wünsche
gewährt die gütige Fee des Autogenen Trainings« (nach dem bekannten
Märchen von Johann Peter *Hebel*).

Dieser Rat ist aber näher zu erläutern:

Solche drei Formeln sollten im Anfang *kurz* lauten, z. B.:

>»Das Gedächtnis behält«
>»Das Lernen fällt leicht«
>»Die Gedanken bleiben beim Thema«

Drei lange Formeln, z. B. Vierzeiler, würden zu Beginn überfordern.

Vorsätze zum gleichen Thema

Solche Vorsätze sollten das gleiche Gebiet betreffen, also nicht
gedanklich springen. Unwirksam bliebe z. B. die folgende Zusammenstellung:

»Ich ráuche níemals wíeder«
»Der Ärger bléibt im Büró«
»Der Stúhlgang geschíeht ganz pünktlich um séchs«

Vielmehr ist nur *einer* dieser Bereiche zu wählen:

»Ich ráuche nicht,
es bléibt dabei,
ich bráuch' es nicht,
ich bléibe frei«
»Zigaretten sind ganz gleichgültig«
»Fréiheit macht Fréude!«

Wer täglich im Autogenen Training – gar mehrmals – die gleichen drei Formeln sich innerlich (schweigend) vorspricht, läuft Gefahr, die Übung ohne Konzentration, Aufmerksamkeit und innere Beteiligung als bloße Gewohnheit durchzuführen. Mag auch darin schon ein Wert liegen, so erhöht doch die bewußte Anteilnahme die Wirkung. Außer einem Wechseln der Reihenfolge der Formeln empfiehlt es sich dann, etwa alle drei Wochen einen weiteren Vorsatz hinzuzufügen (mit gleicher oder ähnlicher Zielsetzung).

Ein alkoholgefährdeter Kaufmann brauchte dazu in einer einjährigen hypnotischen und autogenen Behandlung insgesamt 17 verschiedene Formeln (mit denen er ein gutes Ergebnis voller, bleibender Enthaltsamkeit erreichte).

—— *Dauer des Einsatzes der Vorsätze*

Die persönlichen Formeln werden so lange an das tägliche Üben angehängt, bis die erwünschte Wirkung zuverlässig eingetreten ist. Das sind erfahrungsgemäß etwa sechs bis acht Wochen. Das Üben wird dann jeweils etwa 10–20 Minuten dauern.

Wer sich für eine Prüfung ruhigstellen will, braucht den Vorsatz selbstverständlich nicht nach der Prüfung noch weiterzuüben. Manche Formeln werden nur bei entsprechenden Anlässen einzusetzen sein (z. B. Freiheit von Angst vor der jeweiligen Klausur oder Überwindung des Lampenfiebers vor dem Auftreten). Charakterbildende Vorsätze brauchen meist etwa ein halbes Jahr täglichen Übens, ehe sich eine neue Haltung durchgesetzt hat.

Deshalb werden auf den folgenden Seiten – mit dem Versuch einer Ordnung – aus den ersten 5000 nachbeobachteten Patienten mit ihren Formeln diejenigen zusammengestellt, deren günstige Ergebnisse auch für andere Patienten beispielhaft wirken können.

Die Beispiele sind für das klärende und wählende Gespräch zwischen Arzt und Patient bestimmt. Sie sind aber keineswegs für die unkontrollierte Anwendung durch Laien gedacht.

Nachdem wir vielfach gerade bei kindlichen Formeln gute Ergebnisse gesehen haben, teilen wir auch deren Wortlaut mit, selbst wenn er belustigend anmutet.

Mit dem Wortlaut dieser Vorsätze wird auch keineswegs behauptet, sie wirkten immer und bei jedem Patienten gleichsam wie ein Zauberspruch. Auch die Heilergebnisse bei den hier erwähnten Kranken mögen nicht ursächlich auf das Training zurückzuführen sein, sondern nur zeitlich damit zusammenfallen oder den anderen (durch das Training keinesfalls überflüssigen) Therapiemaßnahmen zu verdanken sein.

Bescheidenheit, Selbstkritik und ärztlicher Überblick müssen uns davor bewahren, das Autogene Training etwa als »Allheilmittel« anzupreisen.

In jedem Fall aber vermittelt das Training mit den Vorsätzen dem Patienten das Erlebnis: Hier kann ich durch eigenes Üben aktiv zu meiner Genesung beitragen. Die beim Durchschnitt auch objektiv starke Wirkung der Formeln ist im übrigen durch umfassende Prüfungen, auch im Rahmen des »Biofeedback« (nach N. MILLER), nachgewiesen.

Wegen der oft so zuverlässigen Wirkung ist deshalb Vorsicht am Platz. Wer als Laie z.B. aufgrund der hier genannten Beispiele bei unangenehmem Herzjagen sein »Herz ganz langsam« einstellen würde (statt richtig »Herz ganz ruhig«), der würde zwar seinen Pulsschlag damit heruntersetzen können, zugleich aber sich wahrscheinlich eine bedenkliche Reizleitungsstörung mit pathologischem EKG, negativer S-T-Zacke usw. einhandeln.

Ein 23jähriger Student z. B. erinnerte sich während seines Wehrdienstes 1969 in der Bundesrepublik an diese Warnung und stellte absichtlich falsch seinen Herzschlag langsam ein. Vier Wochen später wurde er mit einer »Bradykardie« (Puls unter 40 in der Minute) und einer »Angina pectoris« ins Lazarett eingeliefert. Von dort schrieb er dem Verfasser einen Brief, in dem es u. a. heißt: »Meinem ärgsten Feind wünsche ich die Angstanfälle nicht, unter denen ich seither leide.« Er flog dann zu einer kurzen hypnotischen Behandlung nach Berlin und leistete danach seinen Wehrdienst bis zum Ende.

Wer bei Hitzewallungen fälschlich seinen »Kopf ganz kalt« einstellen würde, statt richtig »Stirn angenehm kühl«, kann schwere Migränezustände und Erbrechen auslösen.

I. H. SCHULTZ hat in seinem Buch »Gesundheitsstörungen durch Hypnose« anhand von zahlreichen bedauerlichen Mißbräuchen unkontrollierter Hypnose nachdrücklich auf die vielen möglichen Schäden hingewiesen.

Von dem Rat des behandelnden Arztes und von den eigenen Bedürfnissen wird auch abhängen, in welcher Weise die formelhaften Vorsätze an die sechs Grundübungen »angehängt« werden. Bewährt hat sich als Beispiel (von dem nach Bedarf beliebig abgewichen werden kann) eine Gesamtzeit des Übens von etwa 16 Minuten, die dann in vier gleiche Teile unterteilt werden: Die ersten vier Minuten dienen den sechs Grundübungen der Unterstufe; der zweite Abschnitt ist aktiver Konzentration auf die Zusatzformel(n) vorbehalten; während des dritten Zeitabschnittes »denkt der Übende an gar nichts«, d. h. praktisch, er erlebt, wie bei innerlich passiver Einstellung die Formeln »wie ein Mühlrad in seinem Kopf herumgehen«. Die letzten vier Minuten dienen nochmals der aktiven (schweigenden) Wiederholung der Formeln, die dann mit dem »Zurücknehmen« (vgl. S. 5 und 150) abschließt.

≡ Beispiele für bewährte Vorsätze

— *Allgemeinformeln*

Einige Teilnehmer suchen und brauchen recht allgemein gültige Formeln, um mit Belastungen des Alltags besser fertig zu werden; sie können aus dieser Liste wählen.

»Was mir der Tag auch bringe,
ich bleibe guter Dinge«
»Ich kann jetzt auf mich bauen,
ich lerne mir vertrauen«
»Ich habe und behalte Frieden«
»Fréude und Zúversicht bléiben«
»Gar nichts denken, tun oder wollen, (erzwingen oder wollen)
es geschieht alles ganz von selbst« (I. H. SCHULTZ)
»Ich bin und bleibe frei und entspannt«

— *Ruheformeln*

Die häufigsten Allgemeinformeln sind die Ruheformeln, von
denen einige schon beim Einleiten des Trainings beliebig häufig einge-
fügt werden können. Einige lauten:

»Die Ruhe wird immer tiefer«
»Die Ruhe wird bleiben«
»Ruhe weckt Kraft«
»Ich bín und bléibe gelássen und fréi,
bin rúhig und mútig und mánnlich dabéi«
»Ich fühle mich ganz ruhig, behaglich und wohl«
»Jeder Ärger vertieft die Ruhe«
»Jede Angst vertieft die Ruhe«

Die folgenden formelhaften Vorsätze wurden weniger häufig empfohlen,
aber mit recht guten Wirkungen nachbeobachtet.

»Ich bléibe rúhig, óhne Sórgen,
bin áuch im Kránkenháus gebórgen«

Ein 52jähriger Taxiunternehmer glaubte, mehr verdienen und darum
länger fahren zu müssen. Erst die Formel

»Ich schálte jetzt áb«

verhalf ihm zu bleibender Ruhe im Straßenverkehr und zu Hause.

Ahnlich übte ein 41jähriger technischer Zeichner erfolgreich:

»Ich bléibe ganz rúhig, entspánnt und fréi«

Einer 70jährigen Witwe mit mehrjährigem Kopftremor und torticollis-ähnlichen Spannungen (Schiefhals) brachte erst die Formel Erleichterung:

»Die Spánnung (das Zíttern) bléibt verschwúnden,
die Rúhe íst gefúnden«

»An jédem Órt, zu jéder Zeít,
Rúhe, Mút, Gelássenheít«

Außer den Ruheformeln helfen individuelle Vorsätze den Übenden, ausgeglichen und gelassen zu werden. So verwandelte eine 58jährige Theologin ihre verkrampfte Haltung mit den Worten:

»Ich néhme mich án, ich lásse mich lós,
mein Lében bestímme ich sélbst,

Eine weitere Ruheformel ist häufig geeignet:

»Tíefe Rúhe stéllt sich eín,
Freúde sóll im Hérzen seín«
»Die Nerven sind ruhig«

Bei der Formel

»Geräusche sind ganz gleichgültig«

wird häufig die entgegengesetzte Wirkung berichtet: Sobald die Geräusche als gleichgültig bezeichnet werden, wendet sich die Aufmerksamkeit verstärkt auch leisen und entfernten Tönen zu: Flugzeuge, Kraftwagen, Stimmen oder Hundegebell, die sonst unbemerkt geblieben wären, werden nunmehr verstärkt beachtet. In der Regel dauert dieser Zustand mehrere Wochen. Dann aber wird der Übende gegen Geräusche zunehmend unempfindlich. Sie beeinträchtigen weder das Erleben des Autogenen Trainings noch die Arbeitsfähigkeit. Am häufigsten stört das Läuten des Telefons und der Türklingel, aber auch Flugzeuglärm oder das Knallen von Überschallflugzeugen beeinträchtigen bis zu schweren Schlafstörungen. Bisher hat noch in jedem Beispiel sich dann folgende Formel als wirksam erwiesen:

»Jedes Klingeln (Lärmen, Knallen, Bellen) vertieft die Ruhe«

Bei dem zuletzt erwähnten Beispiel wurde mit dieser Formel eine seit Monaten bestehende hartnäckige Schlafstörung bleibend behoben.

Ein 52jähriger leitender Angestellter war durch eine »Telefonangst« arbeitsunfähig geworden. Zwar blieben die zugrunde liegenden emotionalen Konflikte ungelöst. Nachdem er aber sechs Wochen übte

»Telefon ist ganz gleichgültig«

war er wieder arbeitsfähig, er behielt seine Tätigkeit und damit die Voraussetzung für die später erforderliche freie Entscheidung im Affektbereich.

Einige weitere *allgemeine Formeln* lauten:

»Ich bín und bleíbe ganz rúhig und freí /
Lében und Árbeit macht Fréude dabeí«
»Ich bleíbe ganz rúhig, zufríeden und freí /
und lébe gelássen und fröhlich (mutig) dabeí«
»Ich fühle mich rúhig, beháglich und wóhl.
Ich lérne jetzt Fríeden und Fréude«
»An jédem Órt, zu jéder Zeít
Rúhe únd Gelássenheít«
»Ich fühle mich bléibend ganz rúhig und wóhl«
»Ich bín und bleíbe ganz rúhig, gelássen und freí«
»Aus der Rúhe kommt die Kráft«
»Bín ich ábends áuch alléin,
wérde ích ganz rúhig séin«
»Selbst mítten ín den Ménschenmássen
bleib' ích ganz rúhig únd gelássen«
»Ich bín und bleíbe ganz rúhig und freí«
»Ich fühle mich ruhig, selbstsicher, frei«
»Ich fühle mich rúhig, vertráuend und fréi«
»Ich tráge (löse) Schwíerigkeiten
gelassen mit Humór«
»Ich arbeite (fahre, liebe, schreibe, serviere, usw.)
ganz ruhig, sicher und frei«

Wenn *intensiveres Zurücknehmen* erforderlich ist, etwa bei Benommenheit nach dem Üben, muß schon bei der Anwendung von Formeln der ausführliche Wortlaut gewählt werden (vgl. S. 150).

— *Formeln zur Erleichterung der Traumarbeit und der Psychoanalyse*

»Ich behálte meinen Tráum«
»Das Träumen klárt mein Lében«
»Die Éinfälle strömen
ganz *flíeß*end und *fr*éi«
»Die Psýchoánalýse
erbáut mein Lében néu«
Die Vergangenheit ist *g*anz *g*leichgültig«
»Ich *v*erarbeite die Vergangenheit«
»Ich *z*wínge die Zúkunft«

— *Formeln gegen Schmerzen*

Die folgenden Formeln sollen die jeweiligen ärztlichen oder fachärztlichen notwendigen Maßnahmen unterstützen, aber keinesfalls ersetzen. Grundsätzlich hilft bei allen äußeren Schmerzen (an Haut und Schleimhäuten, einschließlich der Zahnschmerzen) das Kühlstellen

».. . ganz angenehm kühl und schmerzfrei«
(z. B.: »Die Schläfen sind ángenehm kühl und schmérzfrei«)

bei inneren Schmerzen das Warmstellen

».. . ganz angenehm warm und schmerzfrei«

bei Kopfschmerzen (oft einschließlich Migräne) meist das Kühlstellen

»Die Stírn bleibt ángenehm kühl« oder, seltener
»Der Kópf bleibt rúhig und kühl«

auch halbseitig, z. B.:

»Die réchte Stírn bleibt ángenehm kühl«

Beispiel: Ein 50jähriger Pfarrer litt zwanzig Jahre lang an ständigen schweren Kopfschmerzen nach einer Gehirnerschütterung, übte im Anschluß an einen Kursus für Autogenes Training nach fünf Minuten Einzelberatung

»Die Stirn bleibt angenehm kühl«

und ist seither, fünf Jahre nachbeobachtet, völlig schmerzfrei.

Wenn – wie etwa 8% der Patienten es bevorzugen – nicht die Kühle, sondern Wärme als angenehm und erleichternd empfunden wird, darf sie (auch nach den Untersuchungen von HOPPE) nur vom Nacken her eingeleitet werden; so bringt z. B. einer 42jährigen Ärztin seit Jahren die Formel

»Der Nacken bleibt angenehm warm, der Kopf ist schmerzfrei«

entscheidende Erleichterung.

Ähnlich die Formel: »Nacken und Hals sind und bleiben angenehm warm und schmerzfrei«.

Spannungen und Ängste verstärken alle Arten von Schmerzempfindungen. Deshalb bedeutet das Autogene Training als solches schon ein Mindern der Mißempfindungen. Schmerz ist ohnehin nicht nur eine Sinneswahrnehmung; es ist ein vielfältiges äußeres (körperliches) und inneres Erleben und als Dauerreiz eine Krankheit. Das Autogene Training als Weg zu einem besonderen »außerwachen« Bewußtseinszustand kann dieses Erleben in vieler Hinsicht ändern:

In der »*Indifferenzeinstellung*« hilft die Formel:

»Schmerz ist ganz gleichgültig« oder
»Schmerzen *weit weg*!« (das Wort »weit« sollte gedehnt gesprochen oder gedacht werden).

In den USA weit verbreitet ist die »*Zeitverschiebung*« (»time distortion«), mit der auch im Autogenen Training der Übende (z. B. bei einem kleinen Eingriff oder einer zahnärztlichen Behandlung) einstellt:

»Eine Stunde ist wie eine Minute«

Mehrfach habe ich dann die Überraschung erlebt, mit der die Patienten bei solcher Zeitverkürzung meinten, die Schmerzen stünden noch bevor, wenn die Behandlung in Wahrheit schon abgeschlossen war.

Die »*Finger- und Handschuh-Anaesthesie*« bezeichnet ebenfalls ein in der Hypnosewissenschaft weit verbreitetes Verfahren: Die intensive Vorstellung (auch im Autogenen Training), Finger oder Hand seien in Eiswasser getaucht und »ganz angenehm gefühllos, kalt, stumpf und unempfindlich wie ein Stück Holz« ist relativ zuverlässig einzustellen. Diese Unempfindlichkeit läßt sich dann auf eine beliebige Körperstelle übertragen, die von dem Finger oder der Hand dann berührt wird, z. B. auf den schmerzenden Zahn, wenn der Finger auf der Wange liegt (nicht statt, sondern unmittelbar vor der zahnärztlichen Behandlung).

Der berühmte Hypnosearzt Milton ERICKSON berichtet anschaulich, wie er nach zweimaligen Schüben von Spinaler Kinderlähmung unter unerträglichen Rückenschmerzen litt, bis er lernte, sich jeden Morgen in etwa einstündiger Selbsthypnose die Schmerzen wie glühende Drähte aus dem Rücken zu ziehen, sie zu Hause liegen zu lassen und dann seinem Hochschuldienst tagsüber im Rollstuhl schmerzfrei nachzugehen.

Die beiden letztgenannten Methoden setzen eine sorgfältige individuelle ärztliche Anleitung voraus.

Die Oberstufe des Autogenen Trainings mit ihrer *Bilderschau* erleichtert abermals das Ertragen von Schmerzen beträchtlich: Wer sich an einen besonders ruhigen und entspannenden Ort versetzen kann und diese Entspannung dann als wirklich erlebt (z. B. am Strand, auf einem Schiff, im Wald, auf einem Fußballplatz oder in einer Kirche, der kann sich diesen Erlebnissen so intensiv hingeben, daß das Schmerzerleben damit völlig überdeckt wird.

I. H. SCHULTZ betonte die starken individuellen Schwankungen, wie weit einem Übenden das Abstellen von Schmerzen möglich sei.

Bei allen Formen von **Rheumatismus** ist das Autogene Training angezeigt.

Der »Deutsche Bädertag« hat wiederholt empfohlen, die Thermalbäder sollten Kurse für Autogenes Training anbieten. Als eines der ersten dieser Bäder hat Bad Bellingen am südlichen Schwarzwald alljährlich fünf bis zehn Kurse durch den Verfasser veranstaltet, darunter einen Oberstufenkursus in jedem Sommer. Die Mehrzahl der Teilnehmer waren Rheumakranke, von denen einige in späteren Jahren berichteten: »Mich erinnert jetzt jedes Üben des Trainings an die warmen Bäder, und es kommt mir dann so vor, als läge ich bei dem Training wieder in dem warmen Thermalbad.«

Das Autogene Training will und kann also nicht das Thermalbad ersetzen, sondern dessen Wirkung verstärken und verlängern.

>Schultern und Ellbogen bleiben ganz warm und schmerzfrei«
oder
>Die Hüften ...«
>Die größen Gelénke (der Rücken) sind wárm und schmerzfreí«

Eine 42jährige Patientin litt unter Rückenschmerzen, für die sich weder in orthopädischer Behandlung noch bei gynäkologischer Untersuchung Gründe fanden. Für sie die Formel

>*B*eim Géhen und *b*eim *B*ücken:
*r*uhig bleibt der *R*ücken«

Seit Jahrzehnten werden günstige Wirkungen bei den sogenannten **Phantomschmerzen** an amputierten Gliedern mitgeteilt: Ein 59jähriger Kaufmann übte mit ausgezeichneten Ergebnissen

>Stumpf und Bein sind ganz angenehm kühl und schmerzfrei«

ein anderer, zwei Jahre Jüngerer, bevorzugte Reim und Rhythmus

>Mein Stúmpf am réchten Beín
muß kúhl und schmérzfrei seín«

Gelegentlich bieten sich Abweichungen an, so z. B. bei einer verkrampften Pianistin, einem Geigenvirtuosen und bei einer Stenotypistin:

>Schúlter(n) und Árm(e)
sind lócker (warm) und (schmerz-)fréi«

Eine schmerzhafte *Dermatitis* gab Anlaß zu der Formel

>Der réchte Óberschénkel
ist rúhig, kúhl und fréi (von allem Schmerz)«

Die letzten, in Klammern zugefügten Worte wurden in den ersten einleitenden Hypnosen immer schwächer verklingend ausgesprochen, damit das Abklingen der Schmerzen auf diese Weise zum Ausdruck käme. Der Patient setzte diese Formeln autogen fort.

Zahnschmerzen lassen sich meist günstig beeinflussen; noch im bequemen Zahnarztstuhl läßt sich kurz und wirksam autogen üben, was viele hundert britische und amerikanische Zahnärzte mit besten Ergebnissen in ihre hypnotische Praxis eingeführt haben:

>Rechter Unterkiefer ganz angenehm kühl und schmerzfrei«

Sinngemäß können in der Formel die anderen Seiten und Lokalisationsbezeichnungen eingesetzt werden (»Linker Oberkiefer...«).

Im August 1985 reiste eine kleine Ärztegruppe, darunter eine Anaesthesistin, zu dem Hypnose-Institut in Istanbul und beobachtete dort den Leiter, Dr. MÜEZZINOGLU, mit seinen rund zehn Mitarbeitern etwa eine Woche lang bei der täglichen zahnärztlichen Arbeit, die ausnahmslos in Hypnose völlig schmerzfrei, ohne Blutungen und Infektionen und weit schneller durchgeführt wurde als bei uns üblich.

Vielfältige **Zahn- und Kieferbeschwerden** lassen sich mit Autogenem Training (mindestens zusätzlich zu anderer Fachbehandlung) wirksam angehen.

Das gilt zunächst für das verbreitete Leiden des *Zähneknirschens* (Bruxismus), gegen das fast ausschließlich die hypnotischen Methoden Aussicht auf Heilung versprechen.

Der holländische Arzt und Zahnarzt COSTER, der Hypnose an der Universität Amsterdam lehrt, bestätigte die eigenen, begrenzten Erfahrungen:

>Unterkiefer ist und bleibt angenehm locker und schwer«

So lautet unsere Standardformel, ggf. ergänzt:

>Die Zähne bleíben im Schláf auseinánder«

Gegen die üblichen Ängste vor dem Zahnarzt haben wir besonders häufig die Formeln empfohlen:

>Ich bleíbe beim Bóhren ganz rúhig und freí,
Besúche beim Záhnarzt sind gánz einerleí«

»Rechter (linker) Ober-(Unter-)Kiefer ist angenehm kühl, unempfindlich, stumpf und schmerzfrei«

»Bohren ist ganz gleichgültig«

Nur begrenzt günstige (und wiederholt mangelhafte) Ergebnisse sahen wir bei der verbreiteten quälenden **Trigeminusneuralgie**. Einer 49jährigen Hausfrau half die (sonst richtige) Formel

»Réchter Óberkíefer ángenehm kűhl und schmerzfréi«

trotz Verstärkung durch vier Fremdhypnosen nicht, einer anderen Patientin brachten ähnliche Worte

»Das rechte Gesicht ist schmerzfrei«

Erleichterung.

Eine 40jährige medizinisch-technische Assistentin schickt ein ausführliches Protokoll in der »großen Freude«, daß sie »wieder eine Hürde, die der quälenden Zahnbehandlung, durch das Autogene Training nehmen konnte.« Während sie zuvor nur mit schwersten Angstzuständen, wenn überhaupt, den Zahnarzt mit ihren »groben Defekten am Hals von drei Zähnen« aufsuchen konnte, übte sie nun unmittelbar vor der Behandlung fünf Minuten je nach der Lokalisation »...Kiefer ganz angenehm kühl und schmerzfrei« und erlebte seither bei jeder Behandlung »absolute Beschwerdefreiheit«.

Außerdem teilte sie mit: »Die Schlaflosigkeit ist beseitigt, Depressionszustände sind wesentlich weniger, Migräneanfälle treten nur vereinzelt auf«.

Über **Ohrenschmerzen** liegen keine eigenen günstigen Beobachtungen vor; dagegen lassen sich Nasen- und Halsentzündungen mit ihren Schmerzen manchmal günstig beeinflussen (s. S. 68 f.).

Bisweilen unterstützen allgemeine Formeln körperlich unabänderliche Zustände, z. B. bei Phantomschmerzen, Neuromen u. a.:

»Schmerzen sind ganz gleichgültig«

Nur nach sorgfältigem Prüfen, ob die Formel nämlich der geforderten Wahrhaftigkeit entspricht und als Zielvorstellung gerechtfertigt ist, raten wir zu den Worten:

»Die Schmérzen sind fórt«

═══ Vorwiegend körperliche Störungen und Erkrankungen

─── *Gliedmaßen*

Die Gliedmaßen sind vorwiegend von drei Arten von Störungen betroffen: Einerseits beeinträchtigen Spannungen oder gar Krämpfe die Bewegungsfreiheit, oder aber Lähmungen, Schmerzen und Mißempfindungen weisen auf eine gestörte Nervenversorgung hin; schließlich kann die Gefäßversorgung in ihrer Funktion Fehlern unterliegen.

Auch hier müssen vor dem Einsetzen des Autogenen Trainings körperliche Behandlungsmöglichkeiten (z. B. Kalzium- und Magnesium-Blutspiegel kontrollieren) ausgeschöpft werden.

─── *Spannungen, Krämpfe*

Das Schwerstellen der Muskeln (Arm, Unterarm, Hand, Bein, Wade, Fuß) pflegt günstig zu wirken. (»Linke Wade ist angenehm schwer, entspannt und frei«). Manche Formen von Gang-Unsicherheit sind seelisch mitbedingt und sprechen dann auf Autogenes Training gut an (vgl. S. 61). Bei den sogenannten Raucherbeinen pflegt das Nikotin stärker die Gefäße zu verengen (Jährlich werden in der Bundesrepublik über 17 000 Raucherbeine amputiert!), als das Autogene Training sie entspannen kann. Hier kann das Training nur mittelbar und vorbeugend das Rauchen abgewöhnen und damit die Blutversorgung erhalten helfen.

─── *Raynaud*

Bei dem noch immer nicht völlig geklärten Krankheitsbild der »Raynaudschen Krankheit« führt mangelhafte Durchblutung anfallsweise zu Schmerzen und Lähmungserscheinungen der Hände und gelegentlich auch der Füße. Autogenes Training und Hypnose sind hier besonders wirksame Therapie-Methoden.

Ein 35jähriger Krankenpfleger (ähnlich ein 71jähriger Rentner) war wegen dieser Erkrankung seit 18 Monaten arbeitsunfähig, als er das Autogene Training erlernte und mit der Formel einsetzte:

»Beide Hände sind und bleiben angenehm strömend warm«
Nach zwei Monaten konnte er seinen Beruf wieder ausüben und blieb gesund. (Zwei Jahre nachbeobachtet.)

—   *Krampfadern*

Eine heilende Wirkung wird bei Krampfadern und anderen Venenleiden erst neuerdings durch Kühlstellen erreicht (PSZYWYJ, Graz).

—   *Haut*

Ekzeme und selbst (in einigen Beispielen) schwerste Hautentzündungen antworten auf Autogenes Training außerordentlich dankbar, wie umfassende dermatologische Forschungen und Filme aus Japan bezeugen (IKEMI). Dabei verstärken sich oft in einem Teufelskreis Jucken, Kratzen und Entzündung, bis das Autogene Training diesen Teufelskreis durchbricht. Die Formeln werden grundsätzlich nach den Symptomen so gebildet, daß nach einer möglichst genauen Angabe der Lokalisation Brennen und Röte mit Kühlstellung, Jucken mit »ruhig und reizfrei« angegangen werden.

»Die Haút im Gesícht
ist (ganz) rúhig und kúhl«

oder ähnlich

»Das Gesicht ist ganz ruhig, kühl und reizfrei«

Während die bisherigen Formeln auf Erkrankungen der Gesichtshaut einzuwirken bestimmt sind, suchen die meisten Patienten (bisher über 100) Rat wegen neurotisch bedingter Überdurchblutung des Gesichts, der Errötungsfurcht (Erythrophobie). Besonders bewährt sich die allgemeine Formel

»Wenn ich je erröten will, geht das Blut in die Beine und nicht in den Kopf«

Unvergessen bleibt die Beschwerde des glücklichen 28jährigen Postinspektors: »Seitdem habe ich dolle Schweißfüße, aber rot bin ich nicht mehr geworden«. Ihm half die Ergänzung:

»Die Füße sind trocken und warm«

Ein 25jähriger Bankangestellter berichtete: »Wenn ich jetzt ein Mädchen treffe, werden mir manchmal die Füße bis zu den Schultern rot, aber das Gesicht bleibt frei«. Unterstützend, ergänzend oder als Ersatz kommen auch folgende Formeln in Frage:

»Das Gesicht bleibt ganz ruhig, kühl und blaß«
». . . und frei«
»Erröten ist ganz gleichgültig«
»Die Ohren bleiben kühl und blaß«
»Náse únd Gesícht
erröten künftig nícht« (. . . bleiben ángenehm kühl)
»Beóbachtetwérden ist gánz einerléi,
das Gesícht bleibt bláß,
vom Erröten ganz fréi«

Vielfältige andere Ergänzungsmöglichkeiten kommen in Betracht, z. B.

»Ich bín bei anderen Ménschen
ganz rúhig, fést und freí«
oder
»Verhándeln fällt leícht«.

Bei manchen Neurotikern, aber auch bei Gesunden, äußert sich innere Erregung durch *Schwitzen*, vornehmlich an den Händen. Wiederum in einem Teufelskreis löst die Angst, der Sitte entsprechend jemandem die Hand reichen zu müssen, bei feuchten oder gar naß-triefenden Händen gesteigerte Angst und Erregung, damit aber auch gesteigertes Schwitzen aus. Hier zeitigt das Training durchschnittlich recht gute Wirkungen:

»Die Hände sind rúhig, trócken und kühl«
»Die Áchseln bleíben trócken«
»Die Stírn (die Haut) ist rúhig, trócken, freí,
das Schwítzen íst ganz eínerleí«

Auch bei anderen **Hautkrankheiten** (selbstverständlich keinesfalls bei Lues, Pocken und sonstigen Infektionen!) kann das Training die dermatologische Behandlung fruchtbar unterstützen.

Ein 26jähriger Student, eine 45jährige Hausfrau und mehrere jüngere Patientinnen litten unter zwanghaftem »Polken«, bei dem sie die Gesichtshaut bis zum Bluten immer wieder verletzten. So wünschenswert eine Psychoanalyse zum Aufdecken der tieferen Gründe sein mochte – Zeit und Geld dafür fehlten. Fast alle Patienten erzielten gute Ergebnisse mit den Formeln:

»Ganz reín und freí bleibt das Gesícht,
die Finger stíll, sie pólken (krátzen) nícht«
»Die Hände bleiben unten«
»Ich lasse es«
»Polken ist ganz gleichgültig«

Bei Kindern haben wir mehrfach mit guten Ergebnissen versucht, Formeln mit Märchenmotiven zu verbinden. Eine 10jährige Schülerin zerkratzte seit Monaten ihr Gesicht. Sie unterließ es, nachdem sie übte:

»Spíeglein, Spíeglein án der Wánd,
Wér ist die Schőnste im gánzen Lánd?
Dás ist die Gúdrun, die Schőnste der Wélt,
Weil sie die Hände jetzt únten behält«
oder
»Die Haút ist rúhig, kühl und reín,
so wérde ích die Schőnste seín«

Schon vor dem Ersten Weltkrieg hatte I. H. SCHULTZ an der Hautklinik in Breslau als Hautarzt die weitreichenden Wirkungen von hypnotisch eingesetzten formelhaften Vorsätzen kennengelernt, die jeweils von den Symptomen ausgingen, also beim Gefühl des Brennens die Kühle, beim Jucken die Freiheit von Reizen und Ruhe einstellten.

Solche Formeln lauten:

»Die Haut ist und bleibt angenehm ruhig (kühl) und reizfrei«
»Was ímmer mít Ulríke seí,
die Haút bleíbt vón dem Júcken freí«
»Das Jucken verschwindet«
»Die Haút bleibt geschmeídig, glátt und reizfreí«
»Die Haút wird rúhig, kűhl und reín,
freí von jéder Rőtung seín«

Ein 54jähriger Angestellter, der seit vielen Jahren wegen einer ausgedehnten Schuppenflechte (Psoriasis) mit recht begrenzten Ergebnissen in fachärztlicher Behandlung war, übte autogen

»Die *Sch*úppen ver*sch*wínden«

Er selbst führte die nachfolgende, wesentliche Besserung auf das Training zurück, doch gestattet diese Einzelbeobachtung keine allgemeingültigen Rückschlüsse. Ähnliches gilt von der ausgedehnten schuppenden Hautkrankheit einer 48jährigen Kaufmannsfrau, die übte:

»Von ínnen hér wird néu erbáut
ganz rúhig díe gesúnde Háut«
oder: ». . . ganz sáuber die gesúnde Haut«

Bekanntlich lassen sich auch *Warzen* autogen beeinflussen; die Formeln lauten

»Die Wárze trócknet éin,
wird kühl und bláß und kléin«
»Es fließt kein Blút in die Wárze«
»Báld fällt die Wárze nun áb«

Am häufigsten bewährte sich die Formel:

»Die Wárze wird ált,
die Wárze ist kált,
die Wárze fällt áb!«

Temperaturanpassung: Längst ist bekannt, besonders durch die Versuche von V. v. WEIZSÄCKER vor über 100 Jahren, daß nicht die objektive Temperatur, sondern in hypnotischer Umschaltung die subjektive Einstellung das Wohlbefinden und die Hautreaktionen bestimmt. Sorgfältiges Einüben unter allmählich zunehmend schwierigen Bedingungen ist dafür Voraussetzung.

Spektakuläre Vorführungen von kurpfuscherischen Schaustellern sind auf diesem Gebiete besonders bedenklich, wenn etwa der Jahrmarkthypnotiseur auf der Bühne seinen Opfern innerhalb weniger Minuten extreme Temperaturdifferenzen (in einem selbstbeobachteten Beispiel von 60 Grad) einredet und dabei heftige Schweißabsonderung einerseits und nachfolgendes Frieren andererseits hervorruft. So gewaltsames Vorgehen kann außer der Bereitschaft zu Infektionen auch ernstere, z. B. rheumatische Erkrankungen nach sich ziehen. Dagegen kann eine allmähliche Gewöhnung – mindestens mit relativ langsamem, jahreszeitlich bedingtem Witterungsumschwung – zu einer praktisch vollständigen Unabhängigkeit von Außentemperaturen führen.

Der Verfasser hat z.B. seit über vierzig Jahren nach vielmonatigem Aufenthalt in extrem kalten Klimagebieten der Erde (bis zu minus 30 Grad) ohne jede zusätzliche Oberbekleidung und in den Tropen ohne Belästigung durch feuchte Hitze selbst plötzlich extremen Klimawechsel beschwerdefrei erlebt. Daher sei aus dem Gedächtnis der allmähliche Leistungszuwachs berichtet:

Seit 1945 Fortlassen von Hut oder Mütze, dafür bei Kälte (selbst im Laufen) nach Bedarf die Formel

> »Ohren, Nase und Kopfhaut sind und bleiben angenehm warm«

Nach zwei Jahren war es nur noch selten, bei extremer Kälte, erforderlich, in Abständen von einigen Minuten die Ohren warm zu stellen.
Ab 1946 Fortlassen des Mantels, anfangs seltener, allmählich immer häufiger, mit der Formel

> »Die Haut ist angenehm warm,
> Kälte ist ganz gleichgültig«

Ab 1948 fiel dann die ausgesprochen angenehm empfundene Reizwirkung der kühlen Luft auf der Haut auf, ab 1949 wurde bei einem Aufenthalt von weniger als dreißig Minuten in der Außenluft niemals mehr ein Frieren erlebt, während bei entspanntem Sitzen ein zu kühles Arbeitszimmer anfangs noch unangenehm wirkte. Ab 1950 wurden die Handschuhe fortgelassen, anfangs mit der unterstützenden Formel

> »Die Hände bleiben angenehm warm«

Nach weiteren zwei Jahren erfolgte auch hier die Temperatureinstellung völlig automatisch und ohne Formeln. Insgesamt also waren sieben Jahre systematischen Trainings erforderlich bis zur vollen Freiheit von unangenehmen Temperaturempfindungen.

Für empfindliche Versuchspersonen sind zusätzliche Sonderformen möglich, z. B.

»Zugluft ist ganz gleichgültig«

bei tropisch-feuchter Hitze leistet die Formel

»Die Haut bleibt angenehm kühl«

gute Dienste. Bei erheblicher Hitze kann und soll die Schweißabsonderung als natürlicher Temperaturausgleich nicht abgestellt werden. Dann vielmehr ist die Formel

»Schwitzen ist ganz gleichgültig«

angezeigt.

Unter ernster Bedrohung durch Hitze hat einmal zusätzlich ein autogen herbeigeführter Tiefschlaf günstig gewirkt. Bei einer mehrstündigen Autofahrt durch die Sahara 1960 bei einer Wageninnentemperatur von über 80 Grad halfen die Formeln

»Ich fühle mich angenehm ruhig, kühl und wohl«

in Verbindung mit der Formel

»Ich schlafe ganz tief und fest«

Bezeichnenderweise wirkten während der ganzen Fahrt lebhafte Bilder eisgekühlter Getränke von hohem Wirklichkeitsgrad ein. Am Zielort hatte ich als einziger (von 20 Teilnehmern) die Fahrt ohne hitzschlagähnliche Folgen überstanden und war nach dem Genuß von zwölf Flaschen Eislimonade völlig frisch und leistungsfähig, während alle anderen das Bett hüten mußten.

Insgesamt erscheinen als wichtigste Formeln:

»Die Haut bleibt angenehm kühl«
»Hitze ist ganz gleichgültig«

Die Anpassung des Autogenen Trainings an die Temperatur bei lange und gut trainierten Versuchspersonen läßt sich so zusammenfassen:

Niedrige oder hohe Temperaturen stören nicht mehr; zusätzliche Bekleidung oder Klimaanlagen erscheinen meist als überflüssig, »Erkältungskrankheiten« oder banale Infektionen werden recht selten oder treten (wie beim Verfasser seit 45 Jahren) nicht mehr auf.

— *Kopf*

Die Formeln für Hirnverletzte sollen hier nicht mehr wiederholt werden (s. S. 32 und S. 62 ff.). Auch über Kopfschmerzen und Trigeminusneuralgie wurde bereits gesprochen (S. 48 ff.). So bleiben wenige Ergänzungen nachzutragen: Auffallend häufig gaben geistig Arbeitende, vorwiegend Studenten, eine Erleichterung der Auffassungsfähigkeit und Steigerung der Arbeitsleistung an bei der Formel

»Das Gehirn ist gut durchblutet«

Von ähnlich günstigen Wirkungen berichtet ein 58jähriger Wissenschaftler nach der Formel:

»Das Gehírn ist voll Blút,
es árbeitet gút«
und
»Der Kópf ist rúhig und leícht«

Seine Schwindelerscheinungen und Gangstörungen lernte er weitgehend überwinden mit den Worten:

»Ich géhe ganz rúhig, sícher und fréi«

Fast als Standardformel setzten wir bei zahlreichen Patienten den Reim ein:

»Ich láufe ganz rúhig, sícher und fréi,
Schwíndel und Ängste verschwínden dabéi«

— *Schwindel*

Bei einem 42jährigen besonders feinempfindsamen Ingenieur hatten sich für seine Schwindelerscheinungen und seinen torkelnden Gang bei einem vielwöchigen Klinikaufenthalt keine körperlich bedingten Ursachen feststellen lassen. Er übte mit gutem Ergebnis die reimende und stabreimende Formel

> Schwíndel und Schwánken
> sind vóllig vorbeí,
> ich géh' ohne Wánken
> ganz fést und ganz freí«

Andere bewährte Formeln lauten:

> »Ángst und Schwíndel sínd vorbéi,
> ich bléibe rúhig, sícher, fréi«

Solche Formeln bleiben freilich bei schweren »Ménière«-Anfällen wirkungslos.

___ *Kopfschmerzen*

Ungemein vieldeutig ist das System »Kopfschmerz«. Auch günstige Ergebnisse dürfen dann keineswegs vorschnell als Verdienst dem Autogenen Training angerechnet werden. Kopfschmerzen erfordern vor dem therapeutischen Einsetzen des Autogenen Trainings eine möglichst genaue Diagnose. Wir fanden unter unseren Patienten rund die Hälfte, die an einem spannungsbedingten Kopfschmerz litten und u. a. die folgenden Formeln anwandten:

> »Háls und Kópf sínd und bleíben
> ganz rúhig, entspánnt und freí«
> »Schläfen und Stírn sínd und bleíben leícht und freí«
> Die Stírn ist glátt, entspánnt und freí«
> oder kurz:
> »Der Kópf bleibt fréi«
> »Der Kopf (das Schädeldách) ist ruhig und schmerzfrei«

In jedem Fall sollte die meist erforderliche Kühle nur von der Stirn aus eingestellt werden (bei 85% der Kopfschmerzpatienten):

> »Die Stírn íst und bleíbt kúhl«

Die Wärme dagegen tut dem vielfach durch Muskelhärten verspannten Nacken (bei 8% der Patienten) gut:

»Schultern und Nacken sind und bleiben
angenehm strömend warm«
».. . sind und bleiben ganz warm und schmerzfrei«

Bei jedem dreimaligen Üben in einer Kursusstunde lege ich (in vier Minuten jeweils
zehn Teilnehmern) die Hände auf die Unterarme oder auf die Schultern. Bei Depressiven, bei anderen ängstlichen Patienten läßt sich die überstarke Muskelverspan-
nung tasten. Aus dem anschließenden Gespräch ergibt sich dann, ob die Schmerzen
zunächst eine Reihe von Unterwasser-Druckstrahlmassagen erfordern, ehe das Autogene Training wirkt.

Auch in diesem Bereich freilich sind die Selbstheilungskräfte des Organismus nicht
zu unterschätzen, und manchmal verschwinden auch schwere »Myogelosen« ohne
jegliche Behandlung.

»Der Hinterkopf ist angenehm strömend warm«
»Ich fühle mich ganz wóhl und freí,
der Kópf bleibt óhne Schmérz dabeí«

Bei dem sogenannten »Helmkopfschmerz«, unter dem 3% unserer Kopf-
schmerzkranken litten, bewährte sich die Formel:

»Die Schláfen bleíben leícht und freí,
der Kópf ist óhne Schmérz dabeí«
oder:
»Die Schláfen bléiben kűhl und schmerzfreí«
»Der Kópf ist leícht und freí«

Bei der *Migräne* sahen wir öfter erst langfristig günstige Ergebnisse,
z. B. bei einer 33jährigen Geschäftsfrau nach einem Jahr:

»Ich bin und bleibe ruhig, entspannt, sicher und stark«

Unmittelbar zielstrebiger wirkte:

»Der réchte Kópf, es bléibt dabéi,
ist rúhig únd von Schmérzen fréi«

Eine 54jährige Hausfrau, die seit vielen Jahren unter schwersten Migrä-
nezuständen gelitten hatte, berichtet, die allgemeine Formel

»Der Kopf bleibt ganz ruhig und schmerzfrei«

habe ihr »recht gut« geholfen.

Manche Patientenberichte entbehren nicht des Humors:

Ein vertrauenswürdiger 69jähriger Heilpraktiker suchte für seine fast gleichaltrige Frau wegen unerträglicher Kopfschmerzen Rat. Beide berichteten übereinstimmend: »Es sind böse Geister, die von innen an ihrer Schädeldecke bohren.« – »Das einzige, was hilft, ist der Fön, mit dem mein Mann jetzt bis zu drei Stunden jede Nacht die Geister aus dem Kopf herausblasen muß.«

Beide Patienten folgten dem Rat, Autogenes Training zu lernen. Von der günstigen Wirkung (nächst dem Fön) waren sie fest überzeugt. Von den gleichzeitig verordneten neuroleptischen Medikamenten hielten sie nichts, nahmen sie aber ein. Im Unterschied zum Arzt schrieben die Patienten die Besserung dem Autogenen Training zu. Bei ihnen wie auch bei anderen Patienten lauteten die Formeln:

> »Kopf und Leib, der ganze Körper, sind (und bleiben)
> frei von allen Beschwerden«

> »Ich fühle mích ganz wóhl und freí,
> der Kópf bleibt óhne Schmérz dabeí«

— *Augen*

Das Autogene Training ist heute aus der Augenheilkunde nicht mehr fortzudenken. Die sorgfältige Arbeit von O. MENTZ: »Psychotherapie in der Augenheilkunde«, die auf die Forschungen von K. VOGELSANG und eine umfassende Literatur verweist, kann hier auch nicht in Bruchstücken zitiert werden. Auf diesem Gebiet müssen die Formeln individuell von dem behandelnden Augenarzt gefunden und vorgeschlagen werden.

Einige allgemeine Erfahrungen aber erscheinen berichtenswert: Häufiges Zucken der Augenlider läßt sich günstig beeinflussen:

> »Die Aúgenlíder sind rúhig und freí«

Tränende Augen lassen sich meist beruhigen:

> »Die Aúgen sind rúhig und trócken«

Einige ältere, arteriosklerotische Patienten berichteten über eine subjektiv günstige Wirkung bei der Formel

»Die Augen sind ruhig, frei und klar«

Ein 56jähriger Rentner mit vielfältigen Kreislaufbeschwerden führt die Besserung seines Sehvermögens auf die Formel zurück:

>»Der Augenhintergrund ist gut durchblutet,
der Blick ist ruhig und klar«

Den ersten Teil dieser Formel pflegte Prof. VOGELSANG auch für seine Glaukompatienten einzusetzen.

Mehrere Patienten erhielten die Formel

>»Die Aúgen séhen klár,
sie néhmen álles wáhr«

Die besten Ergebnisse aber teilt ein 27jähriger Verlagslektor mit, der nach dreistündigem, intensivem Lesen über so starke Ermüdungserscheinungen der Augen klagte, daß er in Gefahr stand, seine Stellung zu verlieren. Er hatte das Training schon früher erlernt, übte nun dreimal täglich und zusätzlich bei Ermüdungserscheinungen

>»Die Netzhaut ist angenehm warm«

Seither ist er wieder voll erwerbsfähig und liest täglich mindestens 8½ Stunden beschwerdefrei (vier Jahre nachbeobachtet).

Ein 41jähriger depressiver Angestellter erlitt eine Netzhautablösung. In der Augenklinik konnte er nicht nur seine notwendige antidepressive Behandlung fortsetzen, sondern auch das Autogene Training mit dem Vorsatz:

>»Das rechte Auge ist und bleibt ganz ruhig
und angenehm strömend warm«

An dem sehr guten Heilungsergebnis dürfte auch das Autogene Training einen Anteil haben.

— *Lidkrampf (Blepharospasmus)*

Zwei Beispiele mit entgegengesetztem Ergebnis zeigen Grenzen und Leistungsfähigkeit des Autogenen Trainings:

Eine 65jährige Hausfrau erfuhr, daß ihr – zwei Jahre älterer – Ehemann sich einer wesentlich jüngeren und anziehenderen Freundin zugewandt hatte. Kurz darauf entwickelte sie einen so heftigen Lidkrampf, daß sie dadurch praktisch blind war und ihren Mann ständig zum Führen und zu Hilfeleistungen brauchte. Als weiteren Krankheitsgewinn erlebte sie die Befreiung von der Aufgabe, die Nebenbuhlerin und die »Seitensprünge« ihres Mannes ansehen zu müssen.

Ein Kursus für Autogenes Training und sechs Hypnosen blieben ohne positives Ergebnis.

Ein 35jähriger Diplom-Ingenieur in leitender Stellung war arbeitsunfähig, als er wegen seines Lidkrampfes und unüberwindlicher Müdigkeitsgefühle Rat erbat.

Während der Zeit seiner acht Hypnosen lernte er das Autogene Training; beide Behandlungen mit den Formeln:

»Die Müdigkeit schwindet.
Ich bin beim Erwachen ganz munter und frisch«
»Beim Erwachen jederzeit
Augen munter, frei und weit«

Die Beschwerden besserten sich schnell und blieben (sechs Monate nachbeobachtet) dann völlig verschwunden.

Ähnlich half sich ein anderer Patient mit der Formel:

»Die Lider bleiben entspannt und frei«

Ein 20jähriger Student berichtete im Oberstufenkursus nach dem Einstellen der ersten Bilderschauübung klagend einen scheinbar bedenklichen Zwischenfall: »Ich sehe jetzt doppelt, und alle waagerechten Linien sind schief.« Nach 40 Minuten war dieser Zustand gebessert, jedoch nicht beseitigt. Genaue Anamnese ergab: Wegen erheblichen Schielens hatte der Patient eine Augenoperation durchgemacht. Außerdem neigte er erheblich zu Krankheitsfurcht und übersteigertem Darstellungsbedürfnis. Die Wirkung des Trainings wollte er kurzfristig gewaltsam erzwingen. Er erhielt den Rat, mit offenen Augen zu üben und die Formel einzusetzen:

»Ergebnis des Trainings ist gänzlich egal«
und
»Die Augen bleiben leicht und frei«

Damit lernte er, alle Beschwerden zu überwinden und den Kursus erfolgreich zu Ende zu führen.

—   *Ohren*

Eine 40jährige Ärztin mit unfallbedingten Ohrgeräuschen litt
bis zur Arbeitsunfähigkeit stark unter den Folgen eines quälend lauten
Tones. Rund zehn Jahre übte sie mit der Formel

> »Der Ton schwindet, er ist ganz gleichgültig;
> Ruhe, Stille und Frieden bleiben«.

Dadurch blieb sie voll arbeitsfähig. Das Training wurde durch Hypnose
im Abstand von jeweils wenigen Wochen unterstützt.

Das lästige Ohrensausen (»Tinnitus«), bei Hochdruckpatienten, ist
schon mehrfach gewichen oder mit der Formel gemildert worden

> »Die Óhren sind (ganz) rúhig (und stíll)«

verstärkt durch wiederholtes

> »Geräusche sind ganz gleichgültig«
> oder
> »Jeder Lärm vertieft die Ruhe«

Gelegentlich bereiteten Druckgefühle und Schmerzen an den Ohren
Beschwerden, für die der zuständige Facharzt keine körperlichen Gründe finden konnte. Einem 45jährigen leitenden Angestellten half dabei
die Formel:

> »Die Óhren bleíben ganz rúhig und freí
> der Kíefer entspánnt und gelóckert dabeí«

Seit FRANZ-JOSEF GANZ als Facharzt und als Betroffener sein wegweisendes Buch
über »Ohrgeräusche« (TRIAS – Thieme Hippokrates Enke, Stuttgart 1986) veröffentlicht hat, sind Verbreitung und Ernst dieser Seuche zu einer bekannten ärztlichen
Aufgabe geworden. Weniger bekannt freilich ist die Möglichkeit, sowohl den subjekti-
ven als auch den objektiven Tinnitus mit Autogenem Training anzugehen. Wir sahen
durchschnittlich recht gute Ergebnisse beim Autogenen Training mit den Formeln:

> »Die Tőne verschwínden,
> der Fríede kehrt eín,
> die Stílle zu fínden,
> werd' rúhig ich seín«

»Der Tón schwíndet,
er ist ganz gleichgültig:
Rúhe, Stílle und Fríeden bleiben«
»Ich fúhle mích ganz wóhl und freí,
der Kópf bleibt óhne Lárm dabeí«
»Der Lárm meiner Kínder
vertíeft meine Rúhe«
»Die Siréne (Das Pfeifen) verschwíndet,
das Brausen ist ganz gleichgültig«
»Jedes Geräusch von außen und innen
vertieft die Ruhe,
die Óhren bleíben freí«
»Die Óhren sínd ganz wárm und freí,
ich bleíbe rúhig, stíll dabeí«

Besonders günstig scheint es zu wirken, wenn die Geräusche nach ihrer Eigenart benannt werden, also z. B.:

»Jeder Fluglärm vertieft die Ruhe«

Wenn das Üben des Trainings oder einer Hypnose während eines Gewitters erforderlich waren, wirkte

»Jeder Donner vertieft die Ruhe«

zuverlässig selbst dann, als einmal ein Blitzschlag in nur 150 Meter Entfernung einen Baum spaltete.

Nachbarhunde wie auch eigene lassen sich nicht immer in wünschenswertem Umfang auf »leise« einstellen.

»Jedes Bellen vertieft die Ruhe«

Mit solchen Formeln ließen sich bisher noch immer und alle störenden Geräusche als gleichgültig abschalten.

—— *Atemwege (Nase, Rachen, Bronchien)*

Zur Vorbeugung von Schnupfen ist besonders bei feuchtkaltem Wetter die Formel zu empfehlen

»Die Náse ist ángenehm wárm«
auch
»Náse und Ráchen (oder Schleimhäute) sind ángenehm wárm«

Bei der »*Rhinitis vasomotorica*«, dem allergischen Schnupfen hingegen, mit schmerzhaft geschwollenen Schleimhäuten und reichlich wässeriger Absonderung, ist die Formel empfehlenswert:

»Die Náse ist rúhig, trócken und kűhl«
oder
». . . ganz ruhig, kühl und reizfrei«

Einige Patienten berichteten gute, andere nur geringe Wirkung. Ein 45jähriger Studienrat schrieb: Am zuverlässigsten und schnellsten hilft mir beim Heuschnupfen Privin; wenn ich aber keines zur Hand habe, kann ich nach fünf Minuten autogenem Training die Nase zuverlässig abschwellen lassen mit der bloßen Formel:

»Die Náse ist kűhl und fréi«

Einen 33jährigen Polizeibeamten störten häufige Reizzustände im Nasen-Rachenraum. Er übte:

»Hals und Nase sind ganz gleichgültig«

—— *Hals, Nacken, Schilddrüse*

Zur Vorbeugung einer Halsentzündung empfiehlt sich ganz ähnlich wie bei der Nase die Formel

»Der Háls ist ángenehm wárm«

Eine 27jährige Krankenschwester brauchte die ähnliche Formel u. a. gegen ihre chronische Heiserkeit:

»Der Kéhlkopf bléibt ganz strömend wárm«.

Verschiedene Spannungs- und Schmerzzustände wurden u. a. mit folgenden Formeln angegangen:

»Der Nacken bleibt angenehm warm«
»Réchte Schúlter, réchter Árm
sínd ganz lócker, freí und wárm«

In ähnlicher Weise wirkte bei zuvor unbeeinflußbaren Wadenkrämpfen die Formel:

>>Die Beíne sínd und bleíben
ganz rúhig, entspánnt und freí<<

Bei Schilddrüsenüberfunktionen scheint sich die Formel

>>Die Schílddrüse bleíbt
ganz rúhig und faúl<< bzw. >>... rúhig und fréi<<

günstig auszuwirken.

___   *Atmung, Asthma*

Über Folgen und Formeln des Autogenen Trainings bei Asthma heute noch zu schreiben, nachdem ein umfassendes Schrifttum darüber vorliegt, erscheint überflüssig. Zunächst sollten die Formeln der vierten Übung an die letzte – also sechste oder siebente – Stelle treten und intensiv wiederholt werden (vgl. S. 14 ff.):

>>Die Atmung ist ganz ruhig und gleichmäßig<<
>>Es atmet mich<<
>>Jeder Atemzug vertieft die Ruhe<<

I. H. SCHULTZ empfiehlt nach jahrzehntelangen Erfahrungen hinzuzufügen:

>>Stirn, Nase und Rachen sind angenehm kühl,
die Brust ist angenehm strömend warm<<

Doch lassen sich viele andere individuell zusagende Formeln einsetzen:

>>Die Atmung ist rúhig und leícht (und frei)<<

Am häufigsten wurde die Formel empfohlen:

>>Die Brónchien bleíben weít und freí,
der Átem strőmt von sélbst dabeí<<
oder
>>Der Átem strőmt ganz leícht und freí,
die Lúft fließt gánz von sélbst dabeí<<

Eine Lehrerin mit asthmoider Bronchitis und Reizhusten fand Erleichterung mit der Formel:

>»Der Átem bleibt rúhig,
der Hústen verschwíndet«
»Der Atem geht leicht und gleichmäßig«
»Die Atmung strömt ganz leicht und frei,
›Es atmet mich‹ von selbst dabei«
»Ich kánn meine Freíheit und Freúde jetzt fássen,
ich átme ganz rúhig und bleíbe gelássen«
»Der Drúck auf der Brúst ist verschwúnden«

Mit Atemstörungen häufig verbunden treten verschiedenartige Sprechhemmungen auf, meist in Form des Stotterns, die später im Zusammenhang mit anderen psychisch bedingten und beruflichen Schwierigkeiten besprochen werden sollen (S. 122 ff.).

Ein 73jähriger Bankkaufmann, ein 53jähriger Bäckermeister und ein 35jähriger Student litten erheblich unter zu trockenen Schleimhäuten der Nase in Verbindung mit asthmatischen Beschwerden. Die Formel

>»Die Náse ist ángenehm feúcht,
die Átmung bleibt rúhig und leícht«

brachte Beschwerdefreiheit.

Nur in Verbindung mit dem Lungenfacharzt ist bei Tuberkulose die Formel einzusetzen:

>»Die Lunge ist (bleibt) strömend warm«

Ein 75jähriger Rentner litt monatelang nach seiner Lungentuberkulose unter »Luftmangel« und Atemnot.

Da ein erheblicher Teil des Lungengewebes zugrunde gegangen war, erschienen seine Beschwerden einfühlbar. Doch er lernte das Autogene Training und setzte die Formel mit gutem Ergebnis ein:

>»Die Átmung flíeßt ganz leícht und freí,
der Átem strőmt von sélbst dabeí«
»Die Lúft strömt freí und leícht«
»Der Átem bleibt rúhig«

Recht individuell müssen die Formeln jeweils ausgewählt und besprochen werden, damit sie den unterschiedlichen Patienten mit ihren vielfältigen Anliegen Rechnung tragen.

So litt eine leitende Beamtin nicht nur an den Atembeschwerden, die durch eine Knochenerkrankung im Bereich von Brustbein und Rippen erklärt waren, sondern mindestens ebenso schwer unter der Last ihrer beruflichen Verantwortung und unter dem nicht verarbeiteten religiösen Druck aus ihrer Familie. Sie fühlte sich erst erleichtert, nachdem sie auch im Autogenen Training die Formel eingesetzt hatte:

>»Ich átme entspánnt, gelássen und freí,
>bei Ménschen herrscht Mút und Vertraúen dabeí«

Eine andere Patientin führt ihre Befreiung vom Asthma auf die Formel zurück:

>»Der Óberkőrper ínnen
>verbleíbt entspánnt und freí«
>»Brónchien und Brúst
>sind weít und freí«
>»Das Zwérchfell bleíbt ganz stíll und freí,
>der Átem strőmt von sélbst dabeí«

— *Herz*

Auch bei Erkrankungen des Herzens ist äußerst sorgfältig mit dem behandelnden Internisten abzustimmen, ob etwa die dritte, die Herzübung, fortgelassen werden soll, wenn z. B. sich stärkere Unruhezustände bei dieser Übung einstellen. Anderen hilft die betonte Wiederholung der dritten Übung, gegebenenfalls nur am Schluß des Übens oder aber schon zu Beginn vor dem Einstellen der Schwere

>»Herz schlägt ganz ruhig, kräftig, regelmäßig«
>oder
>»Hérz ist ganz rúhig und freí«

1980 haben wir aus inhaltlichen Gründen und wegen des Stabreims der dritten Formel den Wortlaut gegeben:

>»Herz schlägt *r*uhig, *r*hythmisch, *r*egelmäßig«

Diese Formel wurde am häufigsten gewünscht und war noch niemandem unangenehm.

Dr. H. MENSEN stellt in seinem Buch als Herzspezialist ganz übereinstimmend mit den Erfahrungen von H. ELL und A. PSZYWYJ (mündliche
Mitteilung) und eigenen Beobachtungen zusammen, wie die Herzübung
oft Extrasystolen beseitigt, mit dem Warmstellen der Hautgefäße den
Kreislauf entlastet und die Sauerstoffversorgung fördert.

»Das Hérz ist (und bleibt) strómend wárm«

verbessert die Durchblutung des Herzmuskels und erweitert die Koro-
nararterien. Seit ein 82jähriger ehemaliger Kaufmann die letztgenannte Formel übte, blieben drei Jahre hindurch (bis zu seinem Tode) die
früheren Beschwerden einer Herzinsuffizienz verschwunden.

Aus der Behandlung und Vorbeugung der Angina pectoris und des verbreiteten
Herzinfarkts ist das Autogene Training heute nicht mehr fortzudenken. Ein vertrauenswürdiger Medizinjournalist, H. KNAUT, schrieb 1981 im Limes Verlag (mit einem
Vorwort von Prof. Dr. SCHETTLER) ein hervorragendes Werk:»Der Herzinfarkt«. Darin
teilt er mit: Alle Rehabilitationskliniken für die zehntausende der jährlich neu an
einem Infarkt Erkrankten hätten das Autogene Training in ihr Programm eingebaut.

Kreislaufbeschwerden: Mit dem Autogenen Training lassen
sich *Hochdruckbeschwerden* recht günstig beeinflussen, ggf. ergänzend
zu einer medikamentösen Behandlung. Schon aus physiologischen
Gründen bedeutet die Entspannung der Gefäße: dem Blut steht mehr
Raum zur Verfügung, die seelische Entspannung senkt zusätzlich den
Blutdruck. Einer besonderen Formel bedarf es nicht.

Den Forschungen von A. PSZYWYJ (1984) verdanken wir die (bei uns
bestätigte) Erkenntnis, daß zu niedriger Blutdruck sich durch systematisches Üben des Autogenen Trainings steigern läßt mit der Formel:

»Der Kreislauf ist kräftig, stabil«

— *Magen und Bauchspeicheldrüse*

»Der Mágen ist rúhig, wárm und schmerzfreí«

diese Formel wurde zur wichtigsten Unterstützung bei der Behandlung
von Magenschleimhautentzündung (Gastritis).

Gelegentlich genügen recht allgemeine Formeln:

>>Speíseróhre, Mágen, Dárm
bleíben freí, entspánnt und wárm<<

oder einfach:

>>Der Mágen bleíbt
ganz rúhig und freí<<
>>Mágen und Dárm
sind rúhig und wárm<<
>>Álle Speísen kánn ich wágen;
stíll und rúhig bleíbt der Mágen<<

In den Formeln lassen sich bei Bedarf auch beliebige Organe oder Beschwerden gemeinsam nennen:

>>Magen und Pankreas sind ruhig, warm und entspannt<<
>>Magen und Herz sind und bleiben ruhig, frei und leicht<<
>>Ich bín und bleíbe gelássen und freí,
Hérz und Mágen sind rúhig dabeí<<
>>Hérzschmerz, Schwíndel, géh'n vorbeí,
ich lébe gérne, rúhig, freí<<

so übte ein bis zur Suizidgefährdung geängsteter, pectanginös erkrankter Mann.

>>Ich schlucke nur Speisen,
der Magen ist ganz ruhig und frei (von aller Luft)<<

diese Formel half einem 52jährigen Angestellten, der unter Aerophagie (Luftschlucken) litt.

Der >>Speiseweg<< kann an jeder beliebigen Stelle durch Spannungen und Krämpfe empfindlich gestört oder unterbrochen sein. Über nur begrenzte, kaum befriedigende Ergebnisse berichtete eine 52jährige Hausfrau, die freilich einräumte, das Training nicht regelmäßig geübt zu haben. Ihr waren die Formeln empfohlen:

>>Derr Schlúckweg íst entspánnt und freí,
die Múskeln gút gelöst dabeí.
Der Únterkíefer jédenfálls
bleibt lócker, schwér, bis hín zum Háls<<

Eine 30jährige Lehrerin litt unter einem *Zungenkrampf*, der sie sowohl beim Schlucken als auch beim Sprechen bis zur Arbeitsunfähigkeit beeinträchtigte. Die einfache Formel:

>»Die Zunge ist und bleibt locker und schwer«

beseitigte diese doppelte Störung.

Ernste Formen nahm der Zungenkrampf bei entgegengesetzter Symptomatik an, von denen zwei eindrucksvolle Beispiele mitgeteilt sein sollen:

Eine 42jährige Kontoristin mußte ständig zwanghaft schlucken (Getränke, aber auch Luft), so daß ihre gesamte Aufmerksamkeit auf dieses lästige Symptom konzentriert war.

>»Ich bleíbe ganz rúhig, gelássen und freí,
>das Schlúcken gelíngt ganz von sélber dabeí«
>(».. . das Éssen und Trínken geht spíelend dabei«)

Unterstützt von 13 Hypnosen war und blieb sie beschwerdefrei.

Für einen 48jährigen Handwerksmeister lautete dagegen der Inhalt seiner Phobie, daß er nicht mehr schlucken könnte und verhungern müsse. So trug er ständig eine kleine Flasche mit Wasser bei sich, um sich von der noch verbleibenden Schluckfähigkeit zu überzeugen. (Sein Krankheitsbild war durch eine Folgeerscheinung bis zur Selbstmordgefährdung verschlimmert; doch wirkten die Formeln des Autogenen Trainings und die [35!] Hypnosen.)

>»Ich schlúcke fröhlich, freí und múnter,
>die Speísen gleíten glátt hinúnter«
>»Das Éssen rútscht von sélbst«

Bei anderen Patienten mit Schluckkrämpfen und -störungen waren uns durchaus die möglichen Verbindungen zu Erlebnissen bewußt, die die Patienten nicht hatten »hinunterschlucken« können oder wollen. Eine volle psychoanalytische Therapie jedoch hätte ein Vielfaches an Zeit und Geld erfordert und kaum bessere Durchschnittsergebnisse erbracht.

So erhielten andere Patienten u. a. die Formeln:

>»Gebórgen únd gelássen séin,
>Getränke flíeßen gánz alléin«
>»Das Trínken macht Fréude« (nicht für Alkoholkranke!)

»Der Hals ist frei«
»Der Schluckweg ist gelöst und frei«

Immer wieder ist bei solchen Formeln nicht in erster Linie das Symptom zu sehen, sondern der ganze leidende Mensch, der auch anzusprechen ist:

»Ich bín und bleíbe ganz rúhig und fréi,
der Háls ist entspánnt, ich vertráue dabéi«

Bei Zwangshaltungen und Krämpfen wirken weniger energische Verbote (wie bei Abhängigen) als vielmehr das feste und freundliche Zusichern der Freiheit:

»Das Zwérchfell bleibt rúhig und stíll,
ich schlúcke nur dás, was ich wíll«
»Der Magen arbeitet ganz ruhig und regelmäßig;
er behält die Speisen gern«

So übten mehrere junge Mädchen, die mit einer **Anorexia nervosa** (vgl. S. 20) unter ständigem Erbrechen extrem abgemagert waren, eine bis auf 32 kg, und damit ihren Selbstmordneigungen folgten.

Recht häufig und wirksam ist bei der entgegengesetzten Störung, der Fettsucht, die Formel verwendet worden:

»Ich bin ruhig, zufrieden und satt«
»Ich bráuche nícht zu éssen«
»Das Fásten macht Freúde«
»Hunger (Essen) ist ganz gleichgültig«

Eine 35jährige Buchhalterin litt zu einem Speiseröhrenkrampf auch unter Luftschlucken, das erst der Formel wich:

»Ich schlúcke nur Speísen«
»Speíseröhre und Háls sind rúhig, entspánnt und freí«

Mehrfach suchten Patienten Rat, bei denen sich der Speiseröhrenkrampf nach einem Schreckerlebnis eingestellt hatte. Dann bewährten sich die Formeln:

»Der Schréck ist wég,
der Háls ist freí,
ich schlúcke óhne Ángst dabeí«
»Das Schlucken macht Freude«

(möglichst eine Viertelstunde vor der Essenszeit).

oder
»Die Spánnung (der Ärger, die Arbeit) bléibt jetzt férn,
ich ésse gút und gérn«
oder
»Der Mágen nímmt die Speísen án,
so dáß ich rúhig éssen kánn«
»Ich ésse nur wénig – oder: (Ich futt're die Hälfte. . .)
doch fröhlich und freí;
nur Kúchen und Bútter
sind nícht mehr dabeí«

auch in der Form

»Ich ésse die Hálfte, bin fröhlich und freí,
doch Náschen danében ist nícht mehr dabeí«
Ich násche kúnftig nícht
und hálte meín Gewícht«
»Das Géld bleibt ín den Táschen,
ich lásse jétzt das Náschen«
»Ich lásse óft das Éssen stéh'n,
Súßes kánn ich nícht mehr séh'n«

bei hypochondrischen (krankheitsfürchtigen) Störungen boten sich die Formeln an:

»Der Magen ist ganz gleichgültig«

oder aber der allgemeine Wortlaut

»Das Éssen bekómmt«

Ein 53jähriger Schulrat litt unter der Zwangsangst, die Speisen könnten vergiftet sein. Er übte mit gutem Ergebnis:

»Die Speísen sind reín und freí,
ich ésse mit Rúhe und Freúde«

Ein 22jähriger Student der Pädagogik mit verschiedenartigen nervösen Magenbeschwerden erhielt die Formel

>>Ich bín bei ándern Ménschen
gelássen, rúhig, freí,
und sóll ich eínmal éssen,
bekómmt es mír dabeí<<

Bei *Seekrankheit* wurden recht verschiedenartige Erfahrungen gesammelt.

Fast tragisch zu nennen, war die Lage eines 39jährigen Kapitäns aus Hamburg, der über sämtliche Patente verfügte, auch größte Ozeanriesen sicher über die Weltmeere zu steuern; aber seit 14 Jahren wurde er bei jeder Schiffsfahrt seekrank, so daß er seinem Beruf nicht nachgehen konnte. Er lernte in Berlin Autogenes Training und fügte die Formel an:

>>Der Mágen bleibt rúhig und freí,
das Schaukeln ist ganz gleichgültig<<

Schon wenige Wochen später war er in vollem Umfang wieder arbeitsfähig.

Die ermutigenden Berichte über Formeln

>>Der Magen behält<<
>>Das *Sch*aúkeln vom *Sch*íff
ist gänzlich egál<<
>>Bewegungen sind ganz gleichgültig<< u. a. m.

konnten in eigener Erfahrung bedauerlicherweise nicht bestätigt werden, bis die Formeln mit selbsthypnotischem Tiefschlaf verbunden wurden.

>>Ich schlafe ganz ruhig, tief und fest,
jedes Schaukeln vertieft die Ruhe<<

Auf der recht stürmischen Überfahrt zwischen Tanger und Gibraltar wirkte dann freilich der zunächst vergebliche Versuch des Paßbeamten, mich zu wecken, als ungemein störend. Nur völlig durchtrainierten Versuchspersonen ist ein solcher Tiefschlaf darum anzuraten.

Manche Patienten leiden zusätzlich zu der Reisekrankheit unter Angstzuständen, die sich mit der Vernunft nicht beherrschen lassen. Dies gilt mehr noch beim Fliegen als bei Auto- oder Seefahrten. Dann lohnt die bekannte Formel

»Fliegen (oder: Autofahren usw.) ist ganz gleichgültig«

Ein 44jähriger Angestellter litt unter *Reisefieber* so stark, daß nicht einmal ein gemeinsamer Familienurlaub möglich war. Aus Angst vor der Rückfahrt konnte er auch auf keiner Reise sich entspannen. Darum übte er – absichtlich doppelsinnig:

»Auf Reisen will ich mich freuen«

Bei *Zuckerkrankheit* (Diabetes) wurde der Formel

»Die Bauchspeicheldrüse ist strömend warm«

eine recht günstige Wirkung nachgesagt, doch früher war hinzuzufügen: »Die Beobachtungen reichen nicht zu einem verbindlichen Urteil aus.« Inzwischen haben PSZYWYJ und BIRKMAIER diese Wirkung nachgewiesen.

— *Darm, Verdauung und Stuhlgang*

Für die verbreitete Klage über Verstopfung (Obstipation) geben einige Formeln des Trainings (die wir besonders gern in Verbindung mit einer bestimmten gymnastischen Yogaübung empfehlen) der Mehrzahl der Patienten nach einigen Wochen Freiheit von den im Dauergebrauch schädlichen und immer weniger wirkenden Medikamenten.

Außerdem werden im Sinne »mehrdimensionaler Therapie« auch genaue Diätratschläge erteilt. Viel rohes Obst, Rohkost, frische Salate, Vollkornbrot, Pflanzenöle und Honig werden empfohlen. Besonders morgens fördern Buttermilch, Joghurt, Weißkäse und eingeweichtes Dörrobst, bes. Backpflaumen, aber auch eiskalter Fruchtsaft und/oder Bohnenkaffee den Stuhlgang. Butter- und Margarineverbrauch sollten eingeschränkt werden. Anfangs kann etwas Zucker- oder Honigwasser nachhelfen, notfalls auch eine Trinkkur mit Karlsbader Salz. Nach solchen Ratschlägen ist es nicht leicht abzumessen, welcher Therapie die Hauptwirkung zuzuschreiben ist. Nach unserem Eindruck steht das Autogene Training dabei jedoch an erster Stelle.

»Der Darm arbeitet ganz ruhig und regelmäßig«

»Gar nichts erzwingen oder wollen, es geschieht alles ganz von selbst«
(spastische Obstipation)

»Der Dárm àrbeitet pűnktlich und rúhig«
»Die Árbeit im Dárm
ist kráftig und wárm«

Die hartnäckigsten Formen der Verstopfung fanden wir (bisher 20mal) bei jenen Patienten mit »ekklesiogenen Neurosen«, die glaubten, gegen die Versuchung zur Selbstbefriedigung mit äußerster Anspannung kämpfen zu müssen. Mehrfach fanden wir dann den ganzen Leib brett-hart gespannt (meist bei kirchlichen Amtsträgern fast als Berufskrank-heit). Die Haupttherapie muß dann bei einer Seelsorge liegen, die auch den »Leib« als Schöpfung Gottes annehmen lehrt. Unterstützend kann das Autogene Training wirken, z. B. mit der Formel:

»Ich bín und bléibe ganz rúhig und fréi,
die Báuchdecke bléibt ganz lócker dabéi«

Mehrere Patienten litten dagegen, zum Teil seit Jahren, unter heftigen (nervösen) Durchfallbeschwerden. Ihnen half die Formel

»Der Darm ist ruhig und faul«

Die Formel

»Réchte Séite, gánzer Dárm,
bléiben rúhig, fréi und wárm.
Der Stúhlgang geschíeht
gleich mórgens um ácht«

ist nur zu empfehlen, wenn auch am Sonntag morgen ein frühes Aufste-hen nicht schwerfällt. Sonst empfiehlt I. H. Schultz:

»Der Stuhlgang geschíeht nach dem Frűhstück«
»Gar nichts erzwingen oder wollen,
es geschieht ganz von selbst«
»Stuhlgang ist ganz gleichgültig«
»Der Stúhlgang geschíeht ganz pűnktlich um zéhn«

Bei gelegentlichen – nicht zu heftigen – Koliken und Krämpfen hilft die Formel

»Der Léib bleibt rúhig und wárm«
oder
»Der Léib bleibt lócker entspánnt«
(... wárm und schmerzfréi)
»Der Darm ist und bleibt ganz angenehm ruhig und frei«
»Gánz entspánnt bleibt jétzt der Dárm,
lócker, fréi und strőmend wárm«
oder – bei »nervösen« bzw. angstbedingten *Durchfällen*:

»Der Díckdarm bleibt rúhig und fául« (oder »träge«)
oder
»Der Stúhlgang geschíeht
nur éinmal am Tág«
und
»Der Díckdarm behált«

Ein 21jähriger Student war (fast) arbeitsunfähig und überängstlich auf seine Blähungen fixiert, für die sich keine internistische Ursache oder Hilfe finden ließen. Er übte:

»Der Dárm bleibt rúhig und fréi,
Bláhungen sind ganz gleichgültig«

___   *Galle und Leber*

»Galle und Leber sind strömend warm,
sie arbeiten sehr gut«

so übt seit über vier Jahren mit besten Ergebnissen ein 44jähriger Jurist.

Ein Rechtsanwalt blieb über 20 Jahre hindurch mit jeweils kürzeren Zwischenräumen Dauerpatient. Weniger die häufigen Krankenhausaufenthalte in seiner westdeutschen Heimat als die Gruppenhypnosen und das Autogene Training in Berlin besserten sein Zustandsbild deutlich. Seine wichtigsten Formeln lauteten:

»Der Kőrper ist kráftig und stárk,
die Entzűndung geht vőllig zurúck«
»Ich bléibe ganz rúhig, gelássen und fréi,
das Lébergewébe wird kráftig und néu«

»Der Körper stößt die Víren áb«

»Die Léber ist wárm und gesúnd«

Während üblicherweise bei Gallen(stein)koliken ähnlich wie bei Nierensteinen, Blasensteinen usw. mit Autogenem Training keine nennenswert günstigen Ergebnisse beobachtet wurden, erscheint als positive Ausnahme ein jetzt 86jähriger Chemie-Professor bemerkenswert, der seine schweren Gallenkoliken abzufangen lernte mit der Formel

»Die Galle ist ganz ruhig und warm«

Auch einer weiteren Patientin, einer 60jährigen Hausfrau, brachten die Worte

»Die Galle bleibt rúhig, wárm und schmerzfréi«

oder einer weiteren:

»Die Galle ist ruhig entspannt, locker und frei«

volle Freiheit von den früheren Beschwerden.

___ *Nieren und Blase*

Miktionsstörungen: Nicht selten (bisher 17mal) kommen bei »ekklesiogenen Neurosen« Harnlaßhemmungen (Miktionsstörungen) vor, die über Jahre hin den Urin nur durch Katheterisieren zutage treten lassen. Abgesehen von den Aufgaben klärender psychagogischer Therapie und befreiender Seelsorge hilft hier vor allem die Formel

»Es läuft ganz von selbst«

evtl. mit dem Zusatz

»Andere ganz gleichgültig«

Eine 46jährige verheiratete Angestellte mußte seit acht Jahren täglich mindestens einmal bis zu dem 14 km entfernten Krankenhaus fahren, um sich katheterisieren zu lassen. Ihre Miktionsstörungen hingen offenbar mit der Verspannung des Unterleibs und mit der (wohl begründeten) Abwehrhaltung gegen den Ehemann zusammen, doch konnte die Therapie nicht bis zu der ohnehin fraglichen Reharmonisierung der Ehe warten.

Ergänzt durch zehn Fremdhypnosen lernte sie das Autogene Training mit einer Formel, die später auch anderen Patienten nach vier Wochen half:

>>Ich géh' zur Toilétte ganz rúhig und fréi,
das Wásser fließt völlig von sélber dabéi,
ganz gléichgültig, wánn und wó das auch séi<<

Mehrere Patienten klagten über Miktionsstörungen auf fremden Toiletten. Als Standardformel hilft hier:

>>Ich hábe jetzt Mút,
auch híer geht es gút<<

Die Wirksamkeit einer Formel hängt nicht von ihrer sprachlichen Qualität ab. Sonst wäre nicht mancher Patient schon von seiner lästigen Hemmung befreit worden durch die Worte:

>>Des Örtchens Wáhl
ist gánz egál<<

I. H. SCHULTZ pflegte die praktischen Einsatzmöglichkeiten bei Nierenkranken als äußerst gering anzusetzen. Dem widersprachen zwei Berliner Urologen in einem Ärztekursus 1972: >>Wenn wir Nierensteine aus einem Harnleiter mit einer Schlinge herunterziehen sollen, so ist das unvergleichlich leichter möglich, wenn diese Patienten den Leib und damit den Ureter mit Autogenem Training besonders entspannen können.<<

Weitere günstige Erfahrungen mit den beruhigenden Wirkungen des Autogenen Trainings ließen sich 1984 bei drei Kursen mit Nierenkranken in der Dialysestation des Klinikums Berlin-Steglitz sammeln.

Auf der gleichen Station erwartete ein 39jähriger Beamter mit überdurchschnittlichen, nicht unbegründeten Ängsten eine Nierentransplantation. Er übte im Autogenen Training die Formel:

>>Der Körper nimmt die Niere an,
so daß ich ruhig bleiben kann<<

Die Formel wurde bei drei Hypnosebesuchen in der Klinik wiederholt, Operation und Genesung verliefen ohne Ängste.

Eine 68jährige, ehemalige Krankenschwester ist überzeugt, ihre völlige Gelassenheit und Angstfreiheit in den bereits zwölf (!) Jahren ihrer Dialysezeit ihrer festen Glaubenshaltung und dem regelmäßigen Üben des autogenen Trainings zu verdanken.

Jedenfalls haben uns diese und andere Beobachtungen gelehrt, der seelischen Ausgeglichenheit der Nierenkranken für den Krankheitsablauf hohe Bedeutung zuzumessen.

Eine besonders dankbare Aufgabe stellt das Problem des **Bettnässens**. Selten zwar dürfte das Autogene Training allein imstande sein, die tiefer liegenden Ursachen aufzudecken und aufzuheben. Doch nur einem Bruchteil der Patienten stehen dafür die Möglichkeit der Psychoanalyse zur Verfügung. Relativ häufig und einfach aber läßt sich das Symptom beeinflussen, so daß damit der Teufelskreis durchbrochen wird, der von dem Bettnässen in immer tiefere Entmutigung und Spannung, in Verachtung oder gar Spott durch die Umwelt und damit zu verstärktem Bettnässen führte. Eine Formel, die zuverlässiges Terminerwachen zwei- oder dreimal des Nachts setzt, hat sich vielfach bewährt. So läßt sich mit individuell angepaßten Einzelheiten oder Veränderungen üben:

»Jede Nacht um zwölf und drei aufwachen, aufstehen, Blase entleeren
(oder: »aufs Klo gehen«) und dann ruhig weiterschlafen«

Viele (keineswegs alle) fanden dann die Forschungen von CLAUSER über die »Kopfuhr« bestätigt und wurden von ihrem »Symptom« befreit.

Eltern setzen für ihre bettnässenden Kinder oft eine sogenannte »Klingelmatratze« ein, bei der durch die Nässe der Kontakt zu einer Klingel geschlossen wird. Dann aber erklingt das Signal meist zu spät.

Am häufigsten haben wir im Autogenen Training die Formel empfohlen:

»Ist die Bláse gefüllt, dann wáche ich áuf«

Noch immer zu wenig bekannt sind jene zahlreichen Arbeiten, nach denen 60% aller bettnässenden Kinder nachts trocken bleiben, wenn sie abends die geringe Dosis von zehn mg Imipramin (Handelsbezeichnung: Tofranil) erhalten. Da dieses Medikament sonst ausschließlich gegen depressive Verstimmungszustände verordnet wird, erhob sich verstärkt die Frage: Ist das Bettnässen etwa vorwiegend als Symptom einer kindlichen Depression zu verstehen?

Wir neigen dieser Auffassung zu und befürworten dabei eine »mehrdimensionale« Therapie, d.h. wir beginnen mit Imipramin *und* Autogenem Training, lassen aber alle betroffenen Kinder auch in einer Mal- und Zeichentherapie sowie einer Art »Schreibtherapie« ihre Ängste darstellen, einer unserer Psychologen setzt den »Szenotest« ein, und wir führen Gespräche mit den Eltern im Sinn einer Familientherapie.

Mit diesem vielfältigen Vorgehen ist das Aufhören des Bettnässens nicht die Ausnahme, sondern die Regel. Einige Formeln gegen das Bettnässen lauten:

> »Das Bétt bleibt jetzt trócken«
> »Sáuberkéit macht Fréude«
> »Ich bín und bléibe gesúnd und fréi,
> das Bétt bleibt sáuber und trócken dabéi«

Die drei letztgenannten Formeln waren 1982 einem damals 12jährigen Schüler gegeben worden, der bis dahin jede Nacht eingenäßt hatte und seither beschwerdefrei ist.

Ein 27jähriger Student der Naturwissenschaften pflegte – besonders bei Aufregungen, Anstrengungen, Angst und in Gegenwart von Mädchen – am Tage (etwas) einzunässen, was ihm äußerst peinlich war. Er übte

> »Die Hóse, óhne Fráge,
> bleibt trócken áuch am Táge«

Seither ist er von diesem lästigen Symptom frei.

Dieser Kurzbericht ist seit über zehn Jahren in dem vorliegenden Buch von zahlreichen Übenden gelesen worden, die ohne Rückfrage die Formeln eingesetzt haben, aber nachher über das Ergebnis berichteten. Unabhängig voneinander teilten bisher elf Leser (zehn davon Frauen) mit:

»Jahrelang habe ich unter Blaseninkontinenz gelitten. Vor einigen Wochen habe ich diese Formel gelesen und geübt. Jetzt habe ich erstmals meine Windeln fortgeworfen, weil ich sie nicht mehr brauche.« (Eine Frau hatte 38 Jahre hindurch täglich Windeln tragen müssen.)

> »Harndrang ist ganz gleichgültig«
> »Blase bleibt ruhig und frei«

»Bláse und Níeren sind strőmend wárm«
»Die Nieren sind ganz strömend warm« (... ganz ruhig und warm)
»Die rechte Niere bleibt strömend warm«
»Die Blase behält« (bei häufigem Harndrang)

— *Sexualmedizin und Gynäkologie*

Von den vielen Frauen, denen das Autogene Training Erleichterung oder Befreiung bei **dysmenorrhoischen Beschwerden** verschaffte, verdient das Schicksal einer 20jährigen Abiturientin als besonders positives Beispiel hervorgehoben zu werden. Mehr als fünf Jahre lang mußte sie im Monatsdurchschnitt fünf bis sechs Tage lang zu Bett bleiben mit unerträglichen Leibkrämpfen, oft von Erbrechen begleitet. Sie nahm (neun Monate vor der Berichterstattung) an einem Kursus für Autogenes Training teil, erhielt in einem Privatgespräch von vier Minuten die Formel

»Die Régel läuft rúhig,
ich bléibe schmerzfréi«

Sie ist seither völlig beschwerdenfrei und hat inzwischen die damals ernstlich gefährdete Reifeprüfung mit gutem Ergebnis bestanden.

In den letzten Jahren haben wir immer häufiger das Autogene Training im Rahmen sexualmedizinischer Behandlungen eingesetzt. Davon berichten die folgenden Beispiele:

Zwei andere Primanerinnen bevorzugten die Formel:

»Die Régel flíeßt ganz fréi und léicht,
der Léib ist rúhig und schmerzfréi«

Ähnlich erging es einer 25jährigen Studentin, die übte:

»Die Perióde geht léicht,
sie ist ganz gleichgültig«

Eine 44jährige Geschäftsfrau, frühzeitig verwitwet, litt unter beginnenden Beschwerden der Wechseljahre. Sie gab sich selbst die Formel

»Die Hormóne wírken harmónisch«

und ist über das günstige Ergebnis beglückt.

Mehrfach half die einfache, entkrampfende Formel:

»Die Gebärmutter bléibt ganz rúhig und fréi«

Eine 26jährige Lehrerin, bei der die Periode ein halbes Jahr ausgesetzt hatte, wandte – zusätzlich zu der fachgynäkologischen Behandlung – die Formel an

»Der Leib ist und bleibt
angenehm strömend warm«

Sie menstruierte danach – ohne Hormonpräparate – regelmäßig.

Vielfach wird gefragt, ob das Autogene Training dem Kinderwunsch zur Erfüllung verhelfen könne. Ein (begrenzter) Beitrag ist möglich, wie I. H. SCHULTZ betonte. Wir raten dann zu den Formeln:

»Der Léib bleibt lócker entspánnt«
»Ich erwárte (m)ein Báby mit Fréude«

Mit Ängsten, die das gesunde Maß überschritten, sah eine 25jährige Ehefrau der Geburt ihres ersten Kindes entgegen. Sie übte, ähnlich wie mehrere andere, die Formel

»Ich erwárte mein Kínd
ganz rúhig und fréi«

Das Autogene Training gab ihr, wie zahlreichen anderen Schwangeren, durch die zusätzliche Entspannung der Beckenbodenmuskulatur eine wesentlich erleichterte Geburt:

»Der Béckenbóden ist lócker und schwér«

Vor und während der Geburt kommen die Formeln in Frage:

»Ich bín bei den Wéhen ganz rúhig und fréi (von allem Schmerz)«
»Gebúrtswege lócker, entspánnt und wéit«

Dr. H. POETTGEN in Düren hat an über 2000 Geburten eine signifikante Verkürzung der Geburtszeit und eine erhebliche Verringerung der Schmerzen durch das Autogene Training nachgewiesen.

In der US-amerikanischen und australischen Fachliteratur wird die durchschnittliche Verkürzung der Geburtsdauer (von der Vergrößerung des Muttermundes bis zum Durchtritt des kindlichen Kopfes) im Autogenen Training mit zwei Stunden, bei zusätzlicher Hypnose mit drei Stunden angegeben.

Schon die alten Hypnose-Ärzte, z. B. von SCHRENCK-NOTZING, hatten diese Leistungen der Hypnose mitgeteilt.

Besonders umfassende Erfahrungen über die Wirkungen der Hypnose in der Geburtshilfe hat W. KROGER als Chefarzt einer gynäkologischen Klinik in seinem Werk ›Clinical and Experimental Hypnosis‹ beschrieben. Dort zählt er unter anderen die folgenden Vorteile der Hypnose auf, die weithin auch für das Autogene Training gelten: Angst, Spannungen, Schmerzen und Müdigkeit lassen sich abbauen. Die Geburt bedarf (fast) keiner zusätzlichen Schmerzmittel.

Die hypnotischen Methoden wirken unabhängig

> vom Intelligenzgrad der Mutter,
> vom Reifegrad des Kindes,
> vom Zeitpunkt der letzten Nahrungsaufnahme und
> vom Bestehen einer Allergie gegen Medikamente.

Die hypnotischen Methoden können auch das Kind vor Sauerstoffmangel oder gar einem Hirnschaden bewahren. Insgesamt sind Hypnose und Autogenes Training hervorragend geeignet, alle Symptome der Dreiheit von Angst, Spannung und Schmerzen zu beseitigen. Die Mütter können dabei alle Phasen der Geburt unbeeinträchtigt miterleben.

Im Jahre 1947 habe ich ein volles Jahr hindurch fast in jeder Nacht im Kreißsaal Dienst getan und dabei erlebt, wie viel leichter jene Mütter entbinden konnten, die zuvor an den AT-Kursen für Schwangere teilgenommen hatten.

___ *Liebe und Sexualität*

Als eine der häufigsten und wichtigsten Formeln des Autogenen Trainings – nicht nur bei männlichen Jugendlichen, sondern auch bei Erwachsenen mit erziehungsbedingten Schuldgefühlen – in unserer »Ärztlichen Lebensmüdenbetreuung« erwies sich:

> »Onanie ist ganz gleichgültig«

Diese Worte wurden unter den ersten 22 000 Patienten über 350mal empfohlen, fast ausschließlich bei Kranken mit »ekklesiogenen Neurosen«.

Bei einigen war – ergänzend zur Behandlung und oft auch zu seelsorgerischer Betreuung – eine allgemeine Formel hilfreich:

> »Ich fásse wíeder Mút,
> Geschléchtlichkéit ist gút«

Wenn **Schüchternheit** bis zur Liebesunfähigkeit wird, lohnt – unbeschadet sonstiger Psychotherapie – die Formel

> »Ich fühl' mich bei Mádchen
> ganz rúhig und fréi«

Manche Störungen ehelicher Liebe ließen sich durch eine der folgenden Vorsatzbildungen beeinflussen:

> »Ich liébe ganz rúhig, sícher und fréi«

oder ähnlich

> »Ich bin sícher als Mánn,
> denn ich wéiß, was ich kánn«

> »Ich líebe als Mánn«

Gelegentlich lassen sich dann die Gründe für eine Liebesunfähigkeit benennen und abstellen.

> »Ich bín und bléibe von Éifersucht fréi«
> »Von Éifersucht bín ich jetzt fréi,
> Herr Schúlze ist gánz einerléi«

Die Grenzen des Autogenen Trainings leuchten aber ein bei jener 31jährigen Ehefrau, die klagte: »Mein Mann stinkt.« Er war nicht bereit, sich häufiger als höchstens einmal wöchentlich zu waschen, und sie konnte ihr Ekelgefühl nicht überwinden.

> »Die Liebe macht Freude«
> »Ich liebe die Liebe«

half anderen Frauen, unbegründete Scheu abzustellen.

»Die Empfíndungen bléiben«
»Ich líebe *ganz* *g*lücklich«

Die Behebung der (männlichen) »**erektilen Impotenz**« bedarf manchmal mindestens zusätzlich einer längeren Analyse. Bewährt hat sich dabei die Formel

»Das kleine Becken ist (und bleibt) strömend warm«

Das »kleine Becken« bezeichnet die Schamgegend des Unterbauches. Sie kann auch unmittelbar angesprochen werden:

»Der Pénis ist strómend wárm«

Ein gut trainierter ärztlicher Kollege (Alter: 45 Jahre) berichtete schon nach zwei Wochen einen vollen Erfolg. Seither wurde der gleiche Rat noch 60mal erteilt, ein Drittel davon weiß von positiven Ergebnissen zu sagen.

Impotenz oder genauer »erektile Dysfunktion« geht oft mit unbegründeten (hypochondrischen) Sorgen um die mangelnde Größe des Gliedes einher. Dafür erwies sich die folgende Formel geeignet:

»Pénisgró̈ße állemál
*g*ánzlich *g*léich,
da gánz normál«

Zwar ist erwiesen: eine verminderte Penisgröße bei erschlafftem Glied wird bei der Erektion voll ausgeglichen und hat mit einer Impotenz nichts zu tun; doch immer wieder werden seelisch bedingte Minderwertigkeitsgefühle hier auf einen vermeintlich körperlichen Grund zurückgeführt.

Ein 78jähriger, rüstiger Rentner kam aus dem Ausland mit seiner um zwei Jahre jüngeren Ehefrau, um sich beraten zu lassen; ihr stets aktives Eheleben litte seit Monaten unter seiner zunehmenden Erektionsschwäche. Um beide nicht zusätzlich (»iatrogen«) zu entmutigen, sagte ich nichts von verständlichem Nachlassen der Potenz im Alter, sondern am Ende des gemeinsamen Gesprächs ergab sich die Formel:

»Háb' die Fráu ich ín dem Árm,
íst der Pénis stró̈mend wárm«

15 Monate später kam er wieder, um überglücklich von einem vollen »Erfolg« zu berichten.

Unbegründete »Minderwertigkeitsgefühle«, bahnbrechend schon von Alfred ADLER (1870–1937) erforscht, wirken sich noch immer in der Sexualmedizin unheilvoll aus.

Die häufige, angstbedingte »**erektile Dysfunktion**« gingen wir u. a. mit der Formel an:

> »Ich bín in der Líebe ganz fröhlich und fréi,
> gelássen und sícher – es bléibt auch dabéi«

Ein 30jähriger Student klagte: »Immer, wenn ich im Autogenen Training den Leib mit der fünften Übung strömend warm stelle, bekomme ich spontan eine Erektion, die wenigstens 45 Minuten dauert und mich stört«. Hier war die seltene Aufgabe gestellt, mit der Formel

> »Geschléchtsteile rúhig und fréi«

die Erregung zu mindern.

Wenn aber schon unabsichtlich eine solche Wirkung eintreten kann, wieviel zuverlässiger wirkt noch ein zielstrebiges Warmstellen des Gliedes, freilich nicht während des Liebesspieles, sondern davor, besonders mit der Formel

> »Das Gliéd bleibt strömend warm«

Bei der Sonderform der Impotenz, der *Ejaculatio praecox*, dem vorzeitigen Samenerguß, waren relativ mehr günstige Ergebnisse unter den insgesamt 18 Patienten zu beobachten. Bei einem 26jährigen Kaufmann drohte aus diesem Grunde bereits ein Scheidungsprozeß; er übte zwei Monate die Formel

> »Die Líebe ist lánge und schön« und
> »Ich líebe mit *m*ánnlichem *M*út,
> er*l*ebe es *l*ánge und gút«

Ähnlich günstige Ergebnisse teilt ein 38jähriger Architekt mit:

> »Die *L*íebe dauert *l*ánge«

Andere erhielten die Formeln:

> »Ich *l*íebe als Mánn
> ge*l*óst und láng«
> »Die Líebe ist rúhig, ganz éinfach und láng«
> »Ich líebe ganz glúcklich«
> »Beim längeren Lieben bewähr' ich mich gut,
> ich bleibe ganz sicher, behalte den Mut«

Ein 26jähriger Referendar übte:

> »Ich líebe rúhig, éinfach und léicht«

und ein 31jähriger Kaufmann:

> »Ich bín (bleibe) in der Líebe
> ganz mútig, sícher, fréi«
> »Die Empfindungen bleiben«

Weibliche Impotenz, Frigidität, geht fast immer mit mangelnder erotischer Aktivität einher. Bei einer 29jährigen Ehefrau wirkte sich die Formel

> »Ich bín jetzt ín der Líebe
> gelóst, aktív und freí«

besonders günstig aus, bei einer anderen:

> »Ich lérne zu líeben«.

Eine 30jährige Hausfrau klagte über ihre mangelnde sexuelle Ansprechbarkeit trotz grundsätzlich harmonischer Ehe. Sie übte dann

> »Ich líebe gérne und óft«
> »Die Scheide ist strömend wárm«

und vor allem:

> »Die Schéide ist féucht und wárm«

War die Frigidität bei grundsätzlich vorhandener Harmonie bis zum Vaginismus (Scheidenkrampf) gesteigert, dann sahen wir gute Ergebnisse mit der Formel:

> »Vágina ist *w*árm und *w*éit«

Ähnlich übte eine 40jährige Hausfrau:

> »Der Unterleib ist strömend warm«
> »Die Líebe macht Fréude«
> »Léib und Bécken strőmend wárm«

Eine 32jährige Frau hatte einen Überfall mit Vergewaltigung nicht verarbeitet, war danach jedoch auch ihrem Mann gegenüber hingabeunfähig. Er verhielt sich zwar geduldig, doch wenig verständnisvoll. Das Autogene Training, mit 12 Hypnosen unterstützt, brachte ein gutes Gesamtergebnis:

> »Ich lasse mich los, ich öffne mich gern«
> »Ich bín in der Líebe ganz frőhlich und fréi,
> ich gébe mich hín und bin glúcklich dabéi«

Eine 28jährige, »ekklesiogen-neurotisch« gehemmte Frau bedurfte längerer (selbst-)analytischer Behandlung, ehe auch das Autogene Training die Worte in die Wirklichkeit umsetzte:

> »Ich bín in der Líebe ganz zártlich und fréi,
> ich bléibe gebórgen, bin glúcklich dabéi«
> »Die Náhe macht Fréude«

Eine 25jährige Apothekerin hatte – wie die Mehrzahl unserer liebesunfähigen Patientinnen eine unecht-leibesfeindliche, pseudoreligiöse Erziehung genossen. Sie übte, unterstützt durch eine Hypnose, mit der Formel:

> »Das Líeben macht Fréude«
> »Die Schéide ist féucht und wárm«
> »Ich gébe mich hín«

Mit neun Einzelhypnosen und dem Bild eines weit geöffneten Tores in der Oberstufe des Autogenen Trainings unterstützte eine 43jährige Ehefrau ihre Formeln:

> »Die Schéide ist lócker und wéit,
> ich schlíeße mich áuf«

Am häufigsten war in irgendeiner Form (z. B. auch bildlich mit Oberstufenübungen als Sitzbad) eine »strömende Wärme« zu empfehlen: Meist:

> »Leib und Becken sind strömend warm«
> »Der Unterleib ist strömend warm«

Eine 77jährige harmonisch verheiratete Frau war nach einer Alters-
depression frigide geblieben und erst nach dem Üben mit der Formel:

>Ích erlébe die Líebe beglúckend und fréi«

wurde sie voll gesund.

>Ich lásse mich fállen,
ich gébe mich hín,
es geschíeht ganz von sélbst«

Eine 29jährige Ehefrau war gehemmt frigide und berichtete günstige
Ergebnisse von der Formel

>Ich gébe mich hín,
ich schlíeße mich áuf«

>Ich wérde vón dem Frítz jetzt fréi,
und bléibe méinem Mánne tréu.«
>. . . ich liebe ihn gelöst und frei«
>Fritz (ihr Freund) ist und bleibt ganz gleichgültig«

Die Krankengeschichte verzeichnet ein sehr gutes Ergebnis.

Auch psychogene **Schmerzen an den Geschlechtsteilen** lassen sich gelegentlich recht günstig beeinflussen. So litt eine 80jährige
Künstlerin unter heftigen Schmerzen an den Genitalien, für die mehrere
Frauen- und Hautärzte keine Linderung fanden. Eine begrenzte Erleichterung aber brachten die Formeln:

>Druck und Schmerz sind jetzt vorbei,
Unterleib bleibt völlig frei«

>*Sch*mérz der *Sch*éide únd der *Sch*ám
*sch*wíndet *sch*néll, so wíe er kám«

Homosexualität: Unter den insgesamt 220 Homosexuellen,
die in den letzten 20 Jahren unter ihrem Leidensdruck Rat suchten,
lernte etwa die Hälfte das Autogene Training. Etwa 60 berichteten ihre
Erfahrungen, die bei der Hälfte von ihnen günstig lagen; doch läßt sich
nicht angeben, wieviel davon analytischer Therapie zu verdanken ist.
Die Gesamtproblematik der Homosexualität läßt sich in dem hier vorliegenden Rahmen nicht behandeln. Selbst wenn gleichgeschlechtliches

Empfinden nichts mit seelischer Erkrankung zu tun hätte, so sehen wir doch die neurotisch Kranken unter ihnen, und zwar fast die Hälfte suizidgefährdet. Schnelle ärztliche Hilfe ist dann notwendig.

Sieben der Patienten schreiben das Schwergewicht der günstigen Entwicklung dem Autogenen Training zu.

Wer mehrfach miterlebt hat, wie konfliktzerrissene Homosexuelle durch Autogenes Training (und Hypnose) zu glücklichen Familienvätern gewandelt wurden, der wird einer einseitigen Propaganda kritisch gegenüberstehen, die auch im medizinischen Bereich nur die gesellschaftliche Anerkennung als therapeutische Lösung sieht.

>>Männer sind ganz gleichgültig<<
>>Jungen sind ganz gleichgültig<<

Entsprechend übte eine Lesbierin

>>Frauen sind ganz gleichgültig<<

Doch sind solche Formeln kritisch anzusetzen. Ein Handelsvertreter wurde mit der erstgenannten Formel beruflich zu nachlässig, so daß ihm später die Abwandlung wesentlich besser zusagte:

>>Männer sind geschlechtlich gleichgültig<<

Auch positive Formeln kommen in Frage:

>>Ich liebe nur Frauen<<

Perversionen: Durchaus begrenzt waren die Ergebnisse bei einem 40jährigen Akademiker, der als *Voyeur* übte:

>>Schaulust ist ganz gleichgültig<<

Etwas bessere Ergebnisse erlebte ein anderer:

>>Pärchen sind ganz gleichgültig<<

Auch ein verheirateter 33jähriger sadistischer Beamter bemerkte eine Besserung, nachdem er einige Monate trainiert hatte:

>>Ich líebe méine Gértrud
persönlich, zárt und fréi<<

An der Tatsache ist nicht zu zweifeln: Mindestens bei einem Teil der Perversen bringt das Autogene Training günstige Ergebnisse, so daß ein Versuch mit dieser Therapie lohnt.

Bei einem 33jährigen »ekklesiogen-neurotisch« erkrankten Beamten mit leichteren perversen Neigungen zu verschiedenen abweichenden Triebrichtungen lautete nach längerer Rücksprache der Formeltext:

>>Du hast mich lieb, ich danke Dir<<

Fünf zusätzliche Hypnosen trugen dazu bei, daß sich der Patient danach ausschließlich an seine Frau gebunden fühlte.

Ungelöste Affektbindungen

Sogenannter »Liebeskummer«

Ein besonders ernstes Anliegen, das wir bisher im Fachschrifttum trotz seiner Bedeutung nicht behandelt fanden, betrifft die bleibenden tiefen Affektbindungen eines Patienten zu einem Partner, der aus irgendeinem Grunde unerreichbar ist und bleibt.

Etwa in gleicher Häufigkeit fanden wir eine bestehende, grundsätzlich durchaus harmonische Ehe als Hindernis, oder eine neue Bindung des (buchstäblich meist) beweinten Partners, oder die Neigung blieb unerwidert, oder die äußere Trennung durch einen Umzug (auch in ein fernes Land) besiegeln die Trennung. Bei solchen auseinandergerissenen Paaren liegen tiefe Depressionen, nicht selten mit Selbstmordgefahr, nahe.

Unter unseren 30 Patienten mit diesem Hauptanliegen war die Zahl der Frauen mit 60% höher als die der Männer. Bei fünf Frauen wußten die Ehemänner nicht nur von der inneren Bindung, sie versuchten auch redlich, die Frauen zu unterstützen bei dem Versuch, sich zu lösen.

Der Willensentschluß reicht für eine innere Befreiung nicht aus. Nicht einmal die Einsicht, der geliebte Partner sei der Neigung nicht würdig.

George FAIRFULL SMITH (†), einer der bedeutendsten Hypnoseforscher Europas, wußte (in persönlichen Gesprächen) von ausgezeichneten Ergebnissen der – wie er sagte – einzig wirksamen Hypnosetherapie zu berichten. Erfahrungen in eigener Praxis lauteten weniger ermutigend, sollen aber mitgeteilt sein:

Eine 48jährige Hausfrau übte unermüdlich:

> »Vom Gérhard bín ich fréi,
> der Kúmmer íst vorbéi«

Die Patientin berichtete zwar ein gutes Ergebnis, doch es war erst nach zwei Jahren erreicht.

Besonders nahe liegt die »Indifferenzeinstellung«, die wir empfohlen haben, sofern sie nicht als unwahr empfunden wurde:

> »Heinrich (Gisela, Ingrid) ist ganz gleichgültig«

Eine 37jährige Ehefrau wünschte sich die Formel:

> »Ich bléibe méinem Mánn jetzt tréu,
> der Gérnot íst mir éinerléi«

Trotz 12maliger hypnotischer Unterstützung war das Ergebnis nicht eindeutig zu beurteilen.

Eine 42jährige Ehefrau übte in ähnlicher Weise:

> »Von Éifersucht bín ich jetzt fréi
> Frau Krause bleibt gánz éinerléi« (Name geändert)

─── *Ärger*

I. H. SCHULTZ wies in zahlreichen Kursen und Vorträgen über Autogenes Training auf die erstaunliche und doch übliche Tatsache hin: Wer das Training übt, verliert nach drei bis vier Monaten die Fähigkeit, sich zu ärgern. Einige Formeln können aber diese Freiheit noch früher eintreten lassen oder unterstützen:

> »Der Ärger bléibt im Büró«
> »Mich kánn heute níemand mehr ärgern«

»Der Ärger prallt (an mir) ab«
»Ärger ist ganz gleichgültig; zu jeder Zeit, an jedem Ort,
bei jeder Gelegenheit«

=== Vorwiegend seelische Störungen oder Erkrankungen

— *Schlafstörungen*

Bei den meisten Schlafstörungen bewirkt die Umschaltung des Trainings selbst ein wesentlich erleichtertes und beschleunigtes Einschlafen und ein tiefes Durchschlafen. Bekanntlich bedeutet ja die ängstliche Erwartungsspannung: »Werde ich auch einschlafen?« ein Haupthindernis gegen den Schlaf. Die Konzentration auf Schwere und Wärme wirkt dieser Befürchtung entgegen, entsprechend dem Wort des berühmten Psychiaters PAUL DUBOIS: »Der Schlaf ist wie eine Taube. Wenn Du Deine Hand ruhig ausstreckst, kommt sie herbei und läßt sich darauf nieder, wenn Du sie aber ergreifen willst, fliegt sie davon«. Manche Formeln jedoch können bei hartnäckigen Störungen zusätzlich die unterwachen Bewußtseinstiefen herbeiführen bzw. erhalten.

»Ich schlafe des Nachts ganz ruhig, lang und tief«
»Ich schlafe nachts ganz ruhig, tief und fest«
»Ich schláf' bis mórgen früh
ganz rúhig, tíef und fést«
»Ich schláfe jéden Ábend ein,
ganz tíef und fést, es múß so seín«
»Ich schláfe bis séchs ganz rúhig, tíef und fést«
»Ich schláfe náchts ganz rúhig, láng und tíef,
ich lásse mich lós«
»Die Aúgen bleíben ganz müde und schwér«
. »Ich schlafe nachts dúrch«
»Náchts wird tíefe Rúhe seín«
oder: (»Schnell wird abends Ruhe. . .«)
ich schlafe schnell und sicher ein«
»Ich schláfe rúhig, tíef und fést,
soláng' der Wécker schláfen läßt«
»Am Ábend schwínden die Sórgen,
ich bleíbe im Schláfe gebórgen«

»Ich schláfe rúhig, óhne Sórgen,
und bléibe áuch im Tráum gebórgen«

(So wurden mehrfach Alpträume angegangen.)

»Ich schláfe, wénn ich líege,
ganz rúhig, tíef und fést«
»Kaum bín ich im Bétt,
dann schláfe ich éin«
»Álles íst zu Énd' gedácht,
núnmehr éine gúte Nácht«
»Ich liege und schlafe ganz mit Frieden«

Dieses Bibelwort (Psalm 4 Vers 9) wurde einem frommen Kaufmann mit
gutem Ergebnis empfohlen.

Ein Schichtarbeiter und eine Stewardeß auf einer Interkontinental-
strecke hatten Schwierigkeiten, ihren Schlafrhythmus dem jeweils ver-
änderten Dienst bzw. den Ortszeiten anzupassen. Darum trainierten sie

»Schlafenszeit ist ganz gleichgültig«

Schon I. H. SCHULTZ warnte davor, eine feste Einschlafzeit in eine Formel des Autogenen Trainings einzubauen und berichtete dabei von einem Patienten, der auf diese
Weise gelernt hatte, um 22 Uhr pünktlich und tief zu schlafen. Als er dies auch bei
einer Opernaufführung mit lautem Schnarchen tat, ergaben sich vielfältige Schwierigkeiten.

Eine häufige Folge der vertieften Entspannung, die auch die Rachen-
muskeln erfaßt, ist nach dem Lernen des Autogenen Trainings das
Schnarchen. Nicht immer läßt es sich erfolgreich angehen, z.B. mit der
Formel

»Ich schlafe ganz ruhig, geräuschlos und still«

oder kategorisch

»Ich schnarche nicht«

Wirksamer schon ist für die Angehörigen die Formel

»Schnarchen ist ganz gleichgültig«

falls die allgemeine Formel gegen Geräusche nicht ausreicht.

Nicht selten wurde einem Ehepartner, der sich über das Schnarchen des Gatten beklagte, geraten, auch seinerseits das Training zu erlernen, mit dem Ergebnis, daß nun beide schnarchen.

Für manche Patienten ist nicht das Schlafen, sondern das *Aufwachen* zur rechten Zeit und mit ausreichender Frische ein Problem:

> »Ich erwáche um dreí
> ganz *fröhlich und fréi*«
> »Ich erwáche um séchs
> ganz m*u*nter und fr*í*sch«
> »Ich erráffe mich *früh*
> ganz *fröhlich und frisch*«
> »Früh am Mórgen stéh ich auf
> fréu mich áuf den Tágesláuf«

Das bekannte »Morgentief« der Depressiven läßt sich freilich nicht ausreichend mit Autogenem Training angehen. Antidepressive Medikamente sind unentbehrlich.

Wenn Termine zum Erwachen gesetzt werden, so ist sorgfältig auf die Vierundzwanzigstundenzeit zu achten. Eine überlastete Ärztin trainierte an einem Abend

> »Ich schláfe bis sieben, ganz rúhig und tíef«

Am nächsten Mittag legte sie sich in der Klinik zu der gewohnten halbstündigen Mittagsruhe nieder und erwachte – pünktlich um sieben – gleich 19 Uhr. Die Patienten waren an diesem Nachmittag ohne Visite, schlimmer aber, die vier Kinder zu Hause vor verschlossener Tür ohne Versorgung geblieben. Ein solches Beispiel beweist zugleich die zuverlässigen Ergebnisse der Formeln.

___ *Ängste*

Körperlich bedingte Angstzustände (z. B. bei der »Angina pectoris« oder bei Schilddrüsenüberfunktion) bedürfen jeweils besonderer internistischer Behandlung.

Angst als Ausdruck einer *psychotischen Erkrankung*, aber auch die verbreiteten *depressiven Ängste*, erfordern eine psychiatrische, meist psycho-pharmakologische Behandlung (vgl. S. 137).

Die Angst der *Kernneurotiker*, die oft panischen – und wegen der Suizidgefahr lebensbedrohenden – Charakter annimmt, weicht allgemein-ärztlichen Methoden nicht, zumal die hypnotische Umschaltung nur bei wenigen Patienten gelingt. Hier sind tiefergreifende Methoden unerläßlich.

In jedem Fall also ist eine sorgfältige Differentialdiagnose Voraussetzung für das Anwenden des Autogenen Trainings.

Die Mehrzahl aller Angstzustände aber liegt entweder im Bereich von *Rand- und leichten Schichtneurosen*, oder aber es handelt sich um voll einfühlbare *Lebensschwierigkeiten* im gesunden Bereich (z. B. Prüfungsängste, übliches »Lampenfieber« usw.). Hier aber liegt seit Jahrzehnten eine Domäne des Autogenen Trainings.

Einige Regeln und Ratschläge sind beim Bilden der Formeln zu beachten:

Die Formeln sollten keine Negationen enthalten (vgl. S. 33f.). Viele Patienten gaben sich selbst die Formel: »Ich habe keine Angst« Sie erlebten fast stets eine Verschlimmerung. (Nach BUSEMANNs Einteilung der Negationen würde die Begründung lauten: Kategorische (befehlende) Negationen werden im Autogenen Training geschaltet, konstatierende nicht.)

Eine Anzahl positiver Begriffe eignen sich besonders gut, Angst-Affekte zu überwinden:

Ruhe, Gelassenheit, Geborgenheit, Sicherheit, Freiheit oder Weite eignen sich als Zielvorstellungen.

Der Arzt kann auch in einfühlendem Gespräch feststellen, ob ein stufenweises Fortschreiten von Formeln der Ruhe zu solchen des Mutes oder weiter der Zuversicht, der Kraft und der Stärke ratsam ist.

Für viele Objekt- und Situationsängste (genauer: Befürchtungen) eignen sich dabei Indifferenz-Formeln (»... ganz gleichgültig«).

Allgemeine Formeln tun oft gute Dienste, besonders, wenn sie den Patienten über seine gegenwärtige Bedrängnis zur inneren Freiheit begleiten:

>»Gehémmtsein und Ángst
>bewált'ge ich léicht«
>»Ich dénke und hándle
>ganz sícher und klár« (fréi)
>»Ängste und Ánfall sind gánz einerléi,
>das Hérz ist jetzt stíll, und die Ángst geht vorbéi«
>»Die Ängste sínd verschwúnden,
>die Rúhe íst gefúnden«
>»Es schwínden die Sórgen,
>ich bléibe gebórgen«
>»Ich fúhle mich rúhig, sícher und fréi,
>in Ängsten gebórgen, voll Hóffnung dabéi«
>»Sórgen und Ángst sind vorbéi,
>ich lébe jetzt frőhlich und fréi«

Mancher Patient erlebt seine **Platzangst** vornehmlich in einer offenen Gegend, andere dagegen gerade in geschlossenen Räumen oder im Fahrstuhl:

>»Und íst die Stráße nóch so bréit,
>das Hérz bleibt rúhig, stíll und wéit«
>»Ich bín und bléibe ganz rúhig und fréi
>geschlóssene Räume sind gánz einerléi«
>»Ich bléibe im Dúnkeln ganz rúhig und fréi«
>»An jédem Órt, zu jéder Zéit:
>Rúhe, Mút, Gelássenhéit«

Ein 65jähriger Rentner ist durch Platzangst (hier »Claustrophobie«) daran gehindert, seine einzigen Verwandten zu besuchen. Eine Eisenbahn mit ihren geschlossenen Abteilen kann er nicht betreten. Er übt nun

>»Ich fáhre rúhig mít der Báhn
>und kómme gánz gelássen án«

Nun freut er sich schon auf die nächste Reise.

>>Ich bín und bléibe ganz rúhig (gelássen) und fréi (von aller Angst)<<

Die letzten Worte werden dabei fortschreitend leiser verklingend eingestellt, als würde schließlich mit ihnen die Angst verschwinden.)

Entsprechendes gilt von der ähnlichen Formel:

>>Ich bléibe ganz mútig, gelássen und fréi (von aller Angst)<<
>>Mit Rúhe, Tátkraft, Mút
gelíngt die Árbeit gút<<
>>Ich bin glücklich und froh, gelassen und frei,
bleibe ruhig und mutig und männlich dabei<<

Angstzustände lassen sich besonders wirksam von dem jeweils positiven Gegenteil her angehen. Dazu zählen nicht nur die erwähnte Freiheit und die Ruhe, sondern auch der Mut. Unter anderen haben sich dabei die folgenden Formeln bewährt:

>>Ich fólge méinem Grűbeln nícht
und fásse Mút und Zúversícht<<
>>Ich bléibe ganz rúhig, mútig und fréi,
lócker entspánnt, was ímmer auch séi<<
>>Mut und Zuversicht wachsen<< (bleiben)
>>Ich hábe (fásse) jetzt Mút,
das Énde wird gút<<

Zum Gegenteil der Angstzustände zählen nicht nur die erwähnte Freiheit und die Ruhe, sondern auch der Mut. Unter anderem haben sich dabei die folgenden Formeln bewährt:

>>Ich fólge méinem Grűbeln nícht
und fásse Mút und Zúversícht<<
>>Ich bléibe ganz rúhig, mútig und fréi,
lócker entspánnt, was ímmer auch séi<<
>>Mut und Zuversicht wachsen<< (bleiben)
>>Ich fásse jetzt Mút,
das Énde wird gút<<
>>Ich bín ganz sícher, mútig und fréi<<

Ein 32jähriger Postangestellter übte mit recht gutem Ergebnis:

>»Ich bléibe rúhig állemál
am Schálter únd im gróßen Sáal«

Über die Formeln bei der Errötungsfurcht, dem häufigsten der Angst-
symptome, wurde schon gesprochen (s. S. 56 f.).

Am häufigsten bewähren sich die Formeln

>»Ich bín und bléibe
ganz rúhig und fréi«
>»Ich bléibe gebórgen«

Diese Formel kann mit Zusätzen versehen werden, die entweder ebenfalls noch allgemein gehalten werden:

>»Ich bin und bleibe
ganz ruhig und frei von aller Angst« (»... von Ángst und Zwáng«)

Die Angst kann auch konkret bezeichnet werden. Aus zahlreichen Beispielen sei hier das deutlichste berichtet:

Eine Rentnerin litt Jahrzehnte bis zu ihrem 69. Lebensjahr unter einem ständig sich
steigernden Waschzwang, der sie schließlich mehr als 12 Stunden täglich quälend
beherrschte, da sie sich – fast schon im Sinn von Wahnvorstellungen – von Bazillen
bedroht fühlte, die nur durch Waschen zu entfernen wären. Der Zustand wurde
deshalb besonders bedrohlich, weil einerseits eine schwere Arthrose sie schließlich
ans Bett fesselte, andererseits ein fortschreitender grauer Star ihr das Waschen nicht
mehr ermöglichte. Zwölf Jahre hindurch übte die Patientin (bei der wegen des Alters
eine Analyse ausgeschlossen erscheinen mußte) die Formel

>»Ich bin ganz ruhig und frei von aller Bazillenfurcht«

Die Formel wurde einmal wöchentlich in kurzer Hypnose unterstützt. Ihre letzten
zwölf Lebensjahre war die Patientin von ihren Ängsten und Zwängen mit dieser
Behandlung frei; doch mußte bei längerer Abwesenheit des Arztes rechtzeitig für
einen Vertreter gesorgt werden, der die Hypnose in gleicher Weise fortsetzte.

Alle die zahlreichen möglichen Varianten der Formel hier anzuführen,
erscheint überflüssig.

>»Ich bín und bléibe
ganz fréi von Fúrcht«

lautete eine andere Fassung, oder:

> »... frei von Sorgen«
> »Wó ich sítze,
> ist gánzlich gléich«

Mit dieser Formel läßt sich die *Platzangst* zusätzlich angehen.

Bei der **Flugangst** ist zu unterscheiden, ob es sich um ein bloßes gewöhnungsbedürftiges Unsicherheitsgefühl, um eine Form der Höhenangst handelt, um eine Claustrophobie (Angst vor dem Eingeschlossensein) oder um eine zutiefst religiöse Angst, wenn nämlich das Schließen der Türen unterschwellig erlebt wird als ein Schließen des Sargdeckels. Im letztgenannten Falle bedarf es einer seelsorgerlichen Klärung des Todesproblems; meist genügt das Autogene Training z. B. mit folgenden Formeln:

> »Wie hóch auch díe Maschíne séi,
> ich bléibe rúhig, sícher , fréi«
> »Ich flíege rúhig óhne Sórgen
> (Beim Fliegen schwinden alle Sorgen/ich ...)
> und bín auch ín der Lúft gebórgen«
> »Bei jédem sórgenvóllen Flíegen
> wird dóch die Rúhe überwíegen«

Wo Flugangst nur als Teil einer allgemeinen **Höhenangst** auftritt, helfen allgemeines Beruhigen, Gewöhnen, zunächst nicht am Fenster sitzen und ein »Lernen von Vertrauen«, wie es früher vorbildlich der Psychotherapeut und Pilot Helmut SCHULZE in Baden Baden mit seiner Flugtherapie durchführte.

Das Fliegen mit der Richtungsvorstellung nach oben, mit dem Gefühl der Todesangst und mit der Er-innerung an den sprachlichen Doppelsinn von »Himmel« veranlaßte schon mehrfach (bisher neunmal) Patienten, von sich aus *religiöse Fragen* anzusprechen. Dann empfehlen wir auch für das Autogene Training eine religiöse Formel:

> »Ich flíege ganz fréi – ohne Sórgen –
> und bléibe im Gláuben gebórgen«

Ähnliche Formeln lassen sich für das *Reisen allgemein* einsetzen:

>>Ich réise rúhig óhne Sórgen
und fühle mích ganz fést und fréi,
ich bléibe überáll gebórgen
und bín gesúnd und fróh dabéi<<

Für zahlreiche Berliner bedeutete die unüberwindliche *Reiseangst* vielfach zugleich ein Stück >>Gefangenschaft<<, und die guten Ergebnisse des Autogenen Trainings wurden von vielen Patienten als Befreiung erlebt.

1953 rieten wir erstmals einem 63jährigen Rentner, der seit Beginn der Kriegszeit seine Kinder in der Bundesrepublik nicht mehr besucht und seine Enkel noch nie gesehen hatte, an das Training die Formel anzuschließen:

>>Ich fáhre rúhig mít der Báhn
und kómme gánz gelássen án<<

Dieselbe Formel mit gleich beglückenden Ergebnissen erhielt eine 43jährige Hausfrau mit dem Zusatz, den auch zahlreiche Autofahrer in den vergangenen Jahren (mit vielfachen Schikanen an der innerdeutschen Grenze) als entscheidende Beruhigung empfanden:

>>Was áuch die Vópos vón mir wóllen,
ich kómme gút durch díe Kontróllen<<

Bei der üblichen *Höhenangst* hat sich die folgende Formel bewährt:

>>Ich stéhe sélbst am Ábgrund
ganz rúhig, sícher, fést<<

Bei **Kontaktstörungen** können je nach ihrer Auswirkung angegeben werden:

>>Ich géh' unter Ménschen
ganz *fröhlich* und *fréi*<<
>>Was ándere dénken,
läßt mich kált<<
>>Beobachtetwerden ist gänzlich gleichgültig<<
>>Andere Menschen sind gleichgültig<<

Bei der letzten Formel ist sorgfältig zu prüfen, ob eine solche Zielvorstellung gerechtfertigt ist. Meist z.B. kann unbedenklich bei übertriebener Furcht vor Vorgesetzten trainiert werden:

»Mein Chef ist gänzlich gleichgültig«

(gegebenenfalls mit dem Zusatz »nur die Arbeit ist wichtig«) oder

»Chéf und Kollégen sind gånzlich egál«

Doch schon bei nahen Familienangehörigen ist größte Behutsamkeit erforderlich. Nur selten konnten wir raten:

»Mein Váter ist gånzlich egál«

und bisher erwies sich erst einmal die Formel gerechtfertigt

»Mein Mann ist gleichgültig«

wie dies bei zerrütteten Trinkerehen grundsätzlich möglich ist.

Vielfach fanden wir Ängste mit **Minderwertigkeitsgefühlen** und/oder Sprechhemmungen verbunden (vgl. S. 122 ff.). Als Beispiel mag eine mehrfach hilfreiche Formel gelten:

»Ich spréche mít den Ménschen
ganz rúhig, sícher, fréi,
was ánd're dávon dénken,
das bléibt mir éinerléi«
»Ich stehe darüber«

Weit über die üblichen Aufgaben der Charakterbildung hinaus reichten einige Erfordernisse, schwere, zum Teil lebensgefährliche *Zwänge und Aggressionen* zu überwinden.

Eine 45jährige Mutter fühlte sich überfordert durch die Erziehungsaufgaben an ihren drei Kindern. Sie wurde heftig und schlug immer wieder einmal zu, was sie dann tief bedauerte. Die üblichen Formeln zur Geduld blieben wirkungslos; doch dann stellte sie ein:

»Wenn Kínder nícht gleich hóren
und trödeln nóch dabéi,
so múß mich dás nicht stóren,
ich bléibe stíll und fréi«

Fünfmal jedoch hatten wir Mütter zu behandeln, die unter dem unwiderstehlichen Zwang standen, sie müßten ihre Kinder töten.

»Ich líebe méine Kínder«

brachte ihnen Erleichterung. Bei einer aber mußten die Worte ausführlicher lauten:

> »Wénn ich méine Kínder séhe,
> bléib' ich rúhig, hérzlich, fréi,
> líebe íhre wárme Náhe,
> bín zufríeden áuch dabéi«

Alle Messer mußten aus ihrer Umgebung entfernt werden; so aber konnte sie für ihre Familie nicht mehr das Essen vorbereiten.

> »Messer sind ganz gleichgültig«

erst schuf die Voraussetzungen dafür. Eine (selbst-)analytische Klärung der eigentlichen Ursachen trug erst später zur Heilung bei.

Eigentliches **Lampenfieber** reagiert auf Autogenes Training recht zuverlässig (wenn nicht eine der oben erwähnten, tiefer greifenden Störungen zugrunde liegt).

> »Ich *bín* auf der *B*úhne
> ganz *f*róhlich und *f*réi«

so lautet die bewährte Formel, oder auch:

> »Ich spíele ganz rúhig, sícher und fréi«

Doch können sich auch evtl. zusätzlich genauere Zielvorstellungen empfehlen:

> »Públikúm, Musík und ích sind éins«

Nur bei übertriebener Abhängigkeit vom Publikum ist die Formel ratsam:

> »Das Publikum ist ganz gleichgültig«

Häufiger kommt schon in Frage:

> »Die Kritiker sind ganz gleichgültig«
> »Die Jury ist ganz gleichgültig«

Meist empfiehlt sich ein Zusatz:

»Ich spíele ganz ríchtig,
die Kúnst nur ist wíchtig«

Einige Sänger und Sängerinnen, darunter auch weltberühmte, sahen im
Autogenen Training eine entscheidende Grundlage für ihre Laufbahn:

»Ich géh' auf die Búhne ganz fréudig und fréi,
behérrsche den Téxt und das Síngen dabéi«
»Sobáld ich séh' aufs Míkrofón,
weiß ích die náchste Zéile schón«
»Das Líed und ích sind éins«
»Beim Síngen schwínden die Sórgen,
ich bléibe in Fréude gebórgen«
»Áuf der Búhne jéderzéit
bléibt Baláance und Sícherhéit«
»Die Stímme ist sícher und klár,
der Átem strömt fréi und léicht«
»Ich behérrsche jetzt Téxt und Musík«
»Die Stímme klíngt an jédem Táge
ganz fréi entspánnt in jéder Láge«
»Ich sínge ganz mútig, sícher und fréi,
das Gedáchtnis behált, ich bin fréudig dabéi«
»Der Áuftritt (Das Singen) macht Fréude«
»Die Stímme klíngt ganz réin und fréi,
der Átem flíeßt von sélbst dabéi«
»Der Kéhlkopf ist lócker, entspánnt und fréi«
»Ich *sínge* ganz *sícher*«
»Stímmbänder bléiben ganz lócker und wárm«

Entsprechende Formeln für Instrumentalmusiker lauteten:

»Ich spíele die Géige (den Báß) ganz rúhig und fréi«
»Ich spíele den Bách wie ímmer dahéim«
»Musík und ích sind éins;
ich liebe die Musik«
»Tánz, Musík und ích sind éins«
»Ich bín in Músik (wie zu Háuse)«
»Vorspielen ist ganz gleichgültig«

Insgesamt rechtfertigen die Erfahrungen an mehreren dutzend vielfach hochrangigen Musikern, das Autogene Training nicht nur zum Befreien von Lampenfieber einzusetzen, sondern auch durch Entspannung, Konzentration und Selbstsicherheit die Leistungen nennenswert zu steigern.

I. H. Schultz empfiehlt auch allgemein:

>Ich bin in Kunst«

Schauspielern wurde ähnlich wie Rednern (und gelegentlich Pfarrern) am häufigsten die Formel nahegebracht:

>Ich spréche ganz rúhig, sícher (*f*ließend) und *f*réi« (etwa 40mal)

Zwänge: Ein verbreiteter, aber offenbarer Irrtum ist die Annahme, daß *Zwangssymptome* ausschließlich auf die (freilich wünschenswerte) psychoanalytische Therapie reagieren. Zahlreiche Zwänge werden ja – wie I. H. Schultz häufig betont – nur als Fehlgewohnheiten beibehalten und lassen sich autogen relativ leicht »abgewöhnen«. Ein deutliches Beispiel war schon berichtet (s. S. 104). Grundsätzlich erscheinen bei Zwängen negative Formeln wenig erfolgversprechend, und wir haben – etwa bei Zählzwang – bei der Formel

>Ich zähle nicht«

kein positives Ergebnis beobachtet.
Dagegen wirken sich die beiden Grundvorstellungen ». . . gleichgültig« und ». . . frei« oft recht günstig aus.

Buchstäblich von A bis Z reichen die inneren Einstellungen, mit denen sich ängstliche und gespannte Menschen *Ruhe und Abstand* verschaffen können:

>Angriffe sind ganz gleichgültig«
>Bemerkungen sind ganz gleichgültig«
>Depressionen sind gleichgültig«
>Essen ist ganz gleichgültig«

Mit dieser Formel nahm eine »freß-« und fettsüchtige 18jährige Schülerin in drei Monaten 15 kg ab (vgl. S. 77).

»Fernsehen ist ganz gleichgültig«
»*Grübeln* ist *ganz gleichgültig*«
»Harndrang ist ganz gleichgültig«

(bei mehreren Patienten mit »nervöser Reizblase«)

»Kontrollen sind ganz gleichgültig«
»Krebs ist ganz gleichgültig«

(bei einer 35jährigen Krankenschwester mit Krebsphobie)

»Lachen ist ganz gleichgültig«

(bei Zwangslachen und bei störender Neigung zum Lachen während des Autogenen Trainings)

»Fremde Menschen sind ganz gleichgültig«
»Nasenbohren ist ganz gleichgültig«
»Onanie ist ganz gleichgültig«
»Polken ist ganz gleichgültig«
»Reisen ist ganz gleichgültig«

bei Reisefieber und -angst

»Spielen ist ganz gleichgültig«
»Telefon ist ganz gleichgültig«
»U-Bahn ist ganz gleichgültig«

(bei Angst, öffentliche Verkehrsmittel zu benutzen)

»Waschen ist ganz gleichgültig«
»Zählen ist ganz gleichgültig«
»Zucken ist ganz gleichgültig«

Mehr als 150 solcher sogenannter Indifferenzformeln haben sich bei unseren Patienten bewährt.

Innere Unabhängigkeit ist eine Aufgabe für viele neurotische Kranke, besonders häufig aber, wenn sie an einer sog. »ekklesiogenen Neurose« leiden.

Ein 25jähriger Student mit sexuellen Skrupeln übte daher:

»Den Máßstab dés Gewíssens
Wéiß ich in Zúkunft sélbst«

Eine 46jährige Katechetin mußte ebenfalls innerlich unabhängig werden und übte deshalb:

>Ich bin in allen Lagen
Gelassen, sicher frei,
Was andre von mir sagen,
Das ist mir einerlei«

Zahlreiche *Formeln zur Ich-Stärkung* gehören inhaltlich so eng zur Charakterbildung, daß sie dort abgehandelt werden (vgl. S. 132 f.).

In ähnlicher Weise suchten andere Formeln die innere Selbständigkeit zu stärken:

>Das Úrteil der ándern ist vőllig egál«
>Ich bléibe rúhig állemál,
was ándre dénken, íst egál«
>Fremde Menschen sind ganz gleichgültig«
>Was ímmer mít den ándern séi,
ich bléibe rúhig, kűhl und fréi«
>Ich bín bei ándern Ménschen
gelássen, rúhig, fréi«
>Ich bléibe ganz rúhig, sícher und fréi,
die Méinung der ándern ist gánz einerléi«
>Was Váter schímpft, ist gánz egál«
>Ich géh' auf ándre Ménschen zú
gelássen, fréi und gánz in Rúh'«

Die Formel gegen Kraftausdrücke auch in bestimmten konkreten Abwandlungen (die hier absichtlich nicht wiedergegeben werden), erwies sich als wertvolle Unterstützung in der analytischen Behandlung von Skrupulanten – fast immer mit »ekklesiogen Neurosen«, die besonders bei heiligen Worten oder Handlungen gezwungen waren, Worte aus dem analen oder sexuellen Bereich zu sprechen oder doch mindestens zu denken.

>Ich bin ganz ruhig (gelassen) und frei von jedem Zwang«

so lautet wiederum die allgemeine Formel, die durch bestimmte Angabe des jeweiligen Zwanges konkret gestaltet werden kann. Bewährt hat sich auch die Umleitung des Zwanges auf eine andere Tätigkeit, z. B. mit der Formel

»Ich bin ganz ruhig, tätig und frei (von allem Zwang)«

Eine 84(!)jährige Rentnerin war durch ihren Zwang ans Haus gefesselt und isoliert; denn u. a. stand sie unter einem Lesezwang, so daß sie an jeder Litfaßsäule und an jedem Geschäft alle Plakate genauestens studieren mußte und daher nie weitergehen konnte. Sie erhielt sechs Hypnosen und übte im Autogenen Training:

»Gedrucktes ist ganz gleichgültig«
»*Zw*áng und *Zw*éifel állemál
sínd jetzt fórt und gánz egál«

Und schließlich:

»Zwang und Ängste sind jetzt *w*eit *w*eg«

Zwar behielt sie typischerweise einen Restzwang zurück; sie mußte nun beim Gehen ihre Formel im Takt der Schritte sich vorsprechen; aber sie konnte wieder frei und unbeschwert das Haus verlassen.

Die Patientin wurde fünf Jahre nachbeobachtet, dann erst, in ihrem 90. Lebensjahr, entwickelte sie einen anderen Zwang: sie konnte unwichtige Kleinigkeiten nicht fortwerfen; so erinnerte sie sich an Hypnose und Autogenes Training und übte:

»Die kléinen Éinzelhéiten
sie bléiben éinerléi,
ich schréite dúrch die Zéiten
ganz frísch und fróh und fréi«

Verbreitet ist ein ticartiger Zwang, das bekannte Beißen an den Fingernägeln. Oft reicht zur Hilfe die einfache Formel:

»Die Hände bleiben unten«
oder:
»Die Hände bleiben ruhig und frei«

Eine 17jährige Schülerin mußte fast ununterbrochen an ihrem Pullover nesteln. Bei ihr genügten die Formeln:

»Die Hände bleiben ruhig«
»Pullover sind ganz gleichgültig«

Eine 37jährige Angestellte biß sich beim Nägelkauen die Finger blutig, lernte aber, diesen Zwang zu beherrschen, und übte:

>»Die Fínger bléiben ganz rúhig und fréi,
die Hände sind únten und héilen dabéi«

Die zugrunde liegenden heftigen Aggressionen gegen ihren Vater mußten freilich zusätzlich verarbeitet werden.

Ähnlich wurde die Formel eingesetzt:

>»Wás ich áuch am Táge túe,
*H*érz und *H*ánde *h*álten Rúhe«

Die Symptome einer typischen Zwangsneurose zeigte ein 30jähriger Diplom-Ingenieur, der alle Schriftstücke und Schreibinstrumente genau symmetrisch auf dem Tisch ordnen mußte, bevor er mit der Arbeit beginnen konnte. Zu diesem Ordnen brauchte er schließlich mehrere Stunden täglich Zeit. Unterstützt durch (neuroleptische) Medikamente setzte er im Autogenen Training die Formeln ein:

>»Órdnungszwáng und Sýmmetríe
belásten mích in Zúkunft níe«
»Zwáng und Órdnung állemál
sínd jetzt fórt, da gánz egál«

Pünktlichkeit: Einige Störungen reichen von Nachlässigkeiten bis zu Zeichen seelischer Erkrankung, beide aber sind vielfach dem Autogenen Training zugänglich.

Fast zwanghaft wirkte sich bei einem 30jährigen Studenten die Unpünktlichkeit aus, die ihn Jahre hindurch zu Vorlesungen, privaten Verabredungen, aber auch zum Arzttermin mit mindestens halbstündiger Verspätung erscheinen ließen. Er übte:

>»Ich géhe (kómme) jetzt pünktlich«
»Ich géh' in Zúkunft früher fórt
und bín dann pünktlich stéts am Órt«
»Trödeln hört áuf«
»Ich fánge óhne Wárten án,
was gléich geschíeht, ist léicht getán«

Nach dreimonatigem Üben (mit gleichzeitiger Gabe eines neuroleptischen Medikamentes) waren und blieben seine Fehlhaltungen verschwunden (ein Jahr nachbeobachtet).

Ein 30jähriger Diplom-Ingenieur mit schweren *Ordnungszwängen* und einem »Perfektionsdrang« wählte sich zunächst die Formel:

> »Sáuberkéit und Pérfektión
> Órdnung líeb' ich lánge schón,
> wíll sie kúnftig máßig líeben,
> óhne zwánghaft síe zu úben«

Später empfand er diese Formel als zu lang und übte statt dessen:

> »Zwáng und Órdnung állemál
> sínd jetzt fórt, da gánz egál«

Recht verbreitet ist *zwanghaftes Jogging* von Männern, das oft als Entsprechung zur weiblichen Magersucht gilt.

Ein 38jähriger Angestellter fühlte sich gezwungen, jeden Morgen 18 km lang zu »joggen«, ehe er seinen Dienst antreten konnte. Ihm half die einfache »Indifferenzformel«:

> »Jogging ist ganz gleichgültig«

Eine 36jährige Hausfrau konnte den Zwang des Ehemannes, ständig halblaut zu zählen, nicht länger ertragen. Ihre Formel lautete:

> »Vom Záhlen bín ich jetzt fréi,
> die Éhe wird fríedlich und néu«

Abhängigkeit: Dem Zwang verwandt ist die Sucht. Für grundsätzliche Ausführungen muß hier – auch im Blick auf die praktischen Erfahrungen – verwiesen werden auf das vierte Kapitel meines »Handbuchs der Selbstmordverhütung« und auf mein Buch: »Die künstlich gesteuerte Seele«, Kap. 6–8 (Stuttgart 1970). Über 200 Alkoholkranke wurden in den letzten 20 Jahren mit einer »mehrdimensionalen« Therapie medikamentös, fürsorgerisch, psychagogisch, z. T. analytisch, alle aber auch hypnotisch und autogen behandelt. Nur eine Minderzahl konnte ausreichend lange nachbeobachtet werden, so daß ein verbindliches Urteil über ein positives (relativ selten negatives) Dauerergebnis möglich ist. Die Mehrzahl aber schrieben die günstigen Ergebnisse in erster Linie dem Autogenen Training und der Hypnose zu.

Es erscheint unverständlich, warum in der verbreiteten Alkoholkrankheit diese einfachen therapeutischen Möglichkeiten nicht häufiger eingesetzt werden.«

»Ich trinke keinen Alkohol, zu keiner Zeit, an keinem Ort, bei keiner Gelegenheit«
»Alkohol ist ganz gleichgültig«

Wiederum können Zusatzformeln individuell ratsam sein:

»Wírtshäuser sind gléichgültig«
»Das Trinken anderer ist ganz gleichgültig«

Diese Formel wurde einmal abgewandelt in den Wortlaut:

»Was ánd're trínken,
réizt mich nícht«
»Ich séhe der Fréiheit verpflíchtende Gában,
ich stéhe darűber und bléibe erhában«
(oder: ... ich bín über jéde Versúchung erhában)
»Wie stárk auch díe Versúchung séi,
ich stéh' darűber, bléibe fréi«
»Ich begínne jetzt néu
und bléibe ganz fréi«
»Jedes Glás mit Álkohol weckt Ábscheu und *É*kel.
Ich wéise es áb, ich lásse es fállen«
»Die vólle Fréiheit íst das Zíel,
das érste Glás (der érste Schlúck) schon wắr' zuvíel«
»Ich kánn jetzt frőhlich séin und láchen,
entháltsam béss're Árbeit máchen«
»*Fr*éiheit macht *Fr*éude,
Fréude wird bléiben« (nach vielen Jahren der Alkoholkrankheit fünf Jahre Enthaltsamkeit nachbeobachtet)

Einmal half erst die negative Formel

»Ich vertráge kéinen Álkohol«

Besonders kurz ist die kategorische Verneinung

»Ich trínke nícht!«

Einem 40jährigen Versicherungskaufmann half besonders die Formel

»Entháltsamkéit macht Fréude«

Leicht lassen sich die hier erwähnten Formulierungen auch auf das Rauchen übertragen.

So lautet die schon oben erwähnte klassische Entziehungsformel, die bei Nikotinabusus sinngemäß abgewandelt wird:

> »Ich rauche nicht, Zigaretten sind ganz gleichgültig«
> »Zigarétten sind (ganz) wúrscht«

Aus den Jahren 1977 bis 1979 liegt ein erstes Ergebnis unserer EDV-Anlage vor: in diesen drei Jahren suchten 15 Patienten zwischen 26 und 61 Jahren eine Raucherentwöhnung aus zwingender gesundheitlicher Notlage.

Das Schwergewicht der Behandlung lag bei allen im Autogenen Training, unterstützt durch 4,5 Fremdhypnosen. Der Zigarettenverbrauch lag bei Behandlungsbeginn bei 30 bis 100 (sic!) täglich.

Alle übten mit der Formel:

> »Ich rauche nicht, ich brauch' es nicht,
> es bleibt dabei, ich bleibe frei« und:
> »Freiheit macht Freude«

Am Ende der Behandlung, nach 10 Wochen, hatten sich acht Patienten das Rauchen völlig abgewöhnt (mindestens drei Monate nachbeobachtet), fünf hatten den Verbrauch auf drei bis sieben Zigaretten täglich reduziert, bei zwei war das Langzeitergebnis unbekannt.

Die Ergebnisse von über hundert weiteren Raucherentwöhnungsbehandlungen mit Hypnose und Autogenem Training liegen genauso günstig, wurden aber bisher nicht ebenso genau erfaßt.

Eine 35jährige Patientin, die seit fast 20 Jahren täglich 60 Zigaretten rauchte, stellte zusätzlich zu den genannten Formeln ein:

> »Ich rauche nicht,
> um meinetwillen nicht,
> um meiner Gesundheit willen nicht,
> um meiner Kinder willen nicht,
> um meines Mannes willen nicht,
> um meiner Zukunft willen nicht;

ich fásse es und lásse es«
»Ich bin stárker als die Stábchen«
»Wie stárk auch díe Versúchung séi,
ich bléibe vón dem Ráuchen fréi«
(oder: ›. . . ich stéh' darúber, bléibe fréi‹)

Nach einem anfänglichen Erfolg, durch eine hypnotische Kur unterstützt, wurde die Patientin nach 14 Tagen rückfällig.

Ein 37jähriger Angestellter reagierte buchstäblich allergisch auf seine – im Büro rücksichtslos rauchenden – Kollegen und schuf sich Erleichterung mit der Formel:

»Náse und Brónchien sind rúhig und fréi,
das Ráuchen der ándern ist gánz einerléi«

Eine 62jährige Oberstudienrätin gerät spontan bei der Formel: »Ich rauche nicht, Zigaretten sind ganz gleichgültig« (s. S. 117 oben) in Oberstufen-Bilderlebnisse und berichtet:

»Ich befand mich in einem abgeschlossenen Raum, es war wie ein Keller oder Burgverlies, und alle Wände waren zugewachsen mit Zigaretten, auch Decke und Fenster. Ich war wie beerdigt. Immer wenn ich die Worte erlebte »Zigaretten sind ganz gleichgültig«, dann wurde jedesmal der Raum einen Schein heller. Ich hatte den Eindruck, ich werde aus dem Verlies erlöst, es kommt Luft herein.«

Ein Beispiel mag illustrieren, wie nach anfänglich negativem Ergebnis gelegentlich Sonderformeln doch den gewünschten Erfolg zeitigen: Ein Ehepaar, beide um fünfzig, hatte gemeinsam an einem Kursus für Autogenes Training teilgenommen, weil der Nikotinmißbrauch von je über 40 Zigaretten zu verschiedenen gesundheitlichen Beschwerden, besonders an Magen und Herz, geführt hatte. Die üblichen Formeln versagten. Entwöhnung war ärztlich dringend geboten. Hypnotisch verstärkt wurde nun nach Rücksprache die Formel eingebaut:

»Zigarétten entfállen den Fíngern«

Beiden war es überaus lästig und peinlich, daß ihnen von da an die Zigaretten ständig zu Boden fielen, so daß sie zu ihrer Überraschung und Freude schon aus diesem äußeren Grunde nicht mehr rauchen konnten.

Ein 60jähriger Privatgelehrter übte erfolgreich:

»Der Geschmáck des Tabáks stößt mich áb«

Medikamentenabhängigkeit läßt sich einerseits mit allgemeingültigen Formeln angehen:

>»Ich baue mir mein Leben neu
>und bleibe von Tabletten frei«
>»Und wénn ich Géld die Fúlle hátte,
>ich néhme kéine Schmérztablétte (Schláftablétte)«
>»Ich bléibe vón den Schmérzen fréi,
>Kópfwehpíllen éinerléi«

Recht sinnvoll aber ist es, die Medikamente konkret zu benennen:

>»Ich trínke kéinen Báldrián,
>weil ích mich sélbst entspánnen kánn«
>»Ich bléibe schmérzfrei állemál
>gánz ohne Míttel, auch óhne Fortrál«
>»Ich néhme níe mehr Dólestán,
>und kám' ich nóch so léicht heŕan«
>»Ich bín ganz únabhángig schón
>von Mítteln únd vom Cáptagón«
>»Ich néhme jetzt níe mehr Léxotaníl,
>die wínzigste Ménge schon wáre zuvíel«

In den letzten Jahren hat die Abhängigkeit von Drogen, besonders vom Haschisch (und den Halluzinogenen) eine wachsende und verhängnisvolle Bedeutung gewonnen. Das Autogene Training wirkt hier nicht nur vorbeugend, weil es dem berechtigten Bedürfnis der Jugendlichen nach Entspannung und (in der Oberstufe) nach Bilderlebnissen Rechnung trägt. Auch zur Heilung hilft es. Die oben genannten Formeln werden dann entsprechend abgewandelt, z. B.

>»Was ándere ráuchen, ŕeizt mich nicht«
>»Haschisch ist ganz gleichgültig« u. a.

Für alle Abhängigen und »Genußgierigen« lautet die Grundvoraussetzung: der entschlossene eigene Wille kann durch das Training gestärkt, aber nicht ersetzt werden.

Eine Sondergruppe bilden die »Spielsüchtigen«, von denen zehn in unserer »Ärztlichen Lebensmüdenbetreuung« mit Autogenem Training (und anderen therapeutischen Maßnahmen) behandelt wurden. Von der

Hälfte lassen sich mindestens befriedigende Ergebnisse berichten. Die häufigsten Formeln lauten:

> »Ich méide jédes Spíellokál; sie sind *ganz* gleichgültig«
> »Das Géld geht nach Háuse«
> »Das Géld bleibt in der Tásche«

Bei einigen Patienten nahm das Rundfunkhören und/oder Fernsehen zwanghaften Charakter an, so daß sie ständig dem Programm folgten, statt ihrer Arbeit nachzugehen. Sie übten erfolgreich die Formel:

> »Rundfunk (Fernsehen) ist ganz gleichgültig«

— *Vorwiegend psychologische und berufliche Schwierigkeiten*

Hilfen bei der Technik des geistigen Arbeitens: Geistiges Arbeiten beginnt in der Schule. Dem Verfasser ist es nach vier Jahrzehnten täglicher Unterrichtserfahrung als Oberstudienrat völlig unverständlich, warum (abweichend von vereinzelten, recht günstigen Erfahrungen in den USA) in Deutschland noch nicht der Versuch unternommen wurde, die Hilfe des Autogenen Trainings für die geistige Arbeit und die Erhöhung der Konzentration in der Schule auszunutzen. Dabei zeigen die Schüler durchweg ein starkes Interesse und eine weitgehende Mitarbeit.

Der Verfasser hatte bei zahlreichen Schülern Gelegenheit, die ungemein günstigen Ergebnisse des Autogenen Trainings auf die Leistungen und das ruhige konzentrierte Verhalten im Unterricht zu beobachten, wenn sie einzeln den Rat befolgt hatten, an einem Kursus der Lessing-Hochschule teilzunehmen.

Einmal, im Jahre 1966, nahmen alle Schüler der Prima eines Berliner Gymnasiums geschlossen an einem solchen Kursus teil. Hier ließ sich das Ergebnis konkret feststellen: Ein halbes Jahr später waren die durchschnittlichen Leistungen in allen Fächern um eine halbe Note angestiegen.

Vergleichbar günstige, aber nicht ziffernmäßig erfaßte Beobachtungen ergaben sich an einer anderen Schule in Berlin-Zehlendorf, in der in sämtlichen Klassen (nachdem zahlreiche erforderliche Genehmigungen eingeholt waren) im Rahmen von je zehn Biologiestunden das Autogene Training vermittelt worden war.

In diesem Bereich liegen wichtige Zukunftaufgaben für Schulärzte, die I. H. SCHULTZ schon vor 50 Jahren forderte: »Das Autogene Training gehört an alle Schulen!«

Die einzelnen folgenden Formeln bedürfen keiner weiteren Erläuterung.

»Ich árbeite gérne«
»Ich árbeite Wíchtiges gérne und gléich«
»Die Schúle macht Fréude«
»Schularbeiten machen Spaß«
»Das Lérnen macht Fréude«
»Ín der Schúle páß ich áuf,
néhme téil am Árbeitsláuf«
»Lésen und Dénken fréut und entspánnt«
»Ich árbeite rúhig, gesámmelt und gérn (klár)«
»Ich árbeite frúchtbar, rúhig und fréi«
»Ich ántworte rúhig, (sícher) und fréi«
»Der Léhrgang lérnt sich léicht«
»Was ich für mein Leben lerne
tu' ich konzentriert und gerne«
»Ich scháffe méine Árbeit gút,
bewáhre Rúhe, Tátkraft, Mút«
»Ich bín bei der Árbeit ganz rúhig und fréi
und wáre ich áuch überlástet dabéi«
»Mít der Árbeit hált' ich Schrítt,
mách' im Únterrícht jetzt mít«
»Wás ich fúr die Prúfung lérne,
tú' ich sícher, gút (kónzentríert) und gérne«
»Das Gedáchtnis behält,
was ich lése, bleibt háften«
»Háb' ich nur Mút,
dann árbeit' ich gút«
»Zur Árbeit háb' ich fríschen Mút,
denn síe gélingt mir gleich und gút«
»Die Árbeit gelíngt mir jetzt léicht«
»Am Árbeitsplatz wérd' ich gebráucht«

Als häufigste Arbeitsstörung wird (fast) in jedem Kursus und in jeder Schulklasse über *Konzentrationsschwierigkeiten* geklagt. I. H. SCHULTZ antwortete dann: »Die Frage ist nicht: ›Wie lernen wir Konzentration?‹ sondern: ›Wo lernen wir Autogenes Training?‹ denn Autogenes Training *ist* Konzentration.«

Doch innerhalb des Trainings tun einige Formeln besonders gute Dienste, besonders

>Die Gédanken bléiben beim Théma«

Leicht abgewandelt hilft diese Formel den Vielen, die beim Üben abschweifen:

>Die Gedánken bléiben beim Tráining«

Viele Schüler, die Konzentrationsmangel beklagen, fand ich nicht *un*konzentriert, sondern ihre Gedanken waren auf *andere* starke Erlebnisinhalte gerichtet, z. B. auf die Freundin oder den Freund.

Andere bewährte Formeln lauten:

>Der Gedánkengang bléibt«
>Das Gedächtnis nimmt áuf und behált«
>Ich lése und hőre ganz fréi,
bin rúhig, gesámmelt dabéi«
>Ich schálte das Únwicht'ge áb«
>Ich schréibe méine Árbeit
ganz rúhig, sícher, fréi,
ich kánn mich kónzentríeren
und hábe Spáß dabéi«
>Ich spréche ganz rúhig, sícher (flíeßend) und fréi«

Die letztgenannte Formel bewährt sich auch bei Sprechhemmungen. Den *Stotterern* ist zu empfehlen, die Atemübung als letzte zu lernen. Atemgymnastik kann wichtige Unterstützung geben. Zusätzlich empfiehlt es sich, die Schultern beim Ausatmen bewußt zu senken und locker fallenzulassen. Als erste Formel rät I. H. Schultz, vier Wochen lang zu üben:

>Sprechen ist ganz gleichgültig«

Bei hysterischem Stottern empfiehlt sich auch die Ablenkung:

>Stottern ist ganz gleichgültig«

Danach weitere vier Wochen:

>Das Spréchen géht von sélbst«

Auch folgende Formeln kommen in Frage:

>»Ich spréche ganz flíeßend und fréi,
bin gelőst und entspánnt auch dabéi«
>»Ich spréche ganz rúhig, verstándlich und klár«
>»Ich spreche ganz klar, entspannt und frei«
>»Das Spréchen flíeßt ganz (rúhig und) fréi«
>»Ich átme (spréche) ganz rúhig, sícher und fréi,
das Spréchen fließt vőllig von sélber dabéi«
(»vertráue mir sélbst und bin mútig dabéi«)
>»Ich spréche mít den Ménschen
ganz rúhig, sícher, fréi,
was ánd're dábei dénken,
das íst mir éinerléi«
>»Die Spráche fließt léicht von den Líppen«
>»Die Líppen bléiben lócker und fréi«
>»Ich kénne méinen Wért
und spréche (lébe) únbeschwért«
>»Ich spreche ruhig, fest und fréi,
bin selbstbewußt und klar dabei«
>»Ich spréche ganz rúhig, deútlich (oder: flíeßend) und fréi«
>»Ich spreche ganz klár, entspánnt und fréi«
>»Das Gedáchtnis behált, das Réden fällt léicht«
>»Ich hőre mich spréchen«
>»Auch die náchste Réde (der náchste Vórtrag) gelíngt«
>»Ich réde und hándle ganz rúhig, sícher und fréi«
>»Ich spréche rúhig, fést und fréi,
bin sélbstbewußt und klár dabeí«

Fünfmal suchten *Universitätsprofessoren* Rat wegen ihres Stotterns. Bei ihnen wirkte Autogenes Training als Rettung für ihre Berufsfähigkeit.

>»Ich spréche bei *Fré*mden ganz rúhig und *fré*i,
der Átem strömt vőllig von sélber dabeí«
>»Ich spréche freí und sícher schón,
besónders klár am Télefón«

Ein Professor der Naturwissenschaften litt unter Sprechhemmungen, die ihn um seine Berufung zum Ordinarius fürchten ließen. Mit Autogenem Training konnte er die Hemmungen überwinden.

»Ich léhre stéts im Séminár
rúhig, sícher, freí und klár«
»Ich spréche ganz mútig, sícher und freí,
klár, verstándlich und déutlich dabeí«

Relativ häufig fanden wir *Pfarrer* betroffen: Manche Sprechschwierig-
keiten wurzeln in einer Art von Tic, z. B. litt ein 57jähriger Priester unter
dem Zwang, daß er sich am Altar wie auf der Kanzel ständig räuspern
mußte. Er übte erfolgreich:

»Vom *R*éiz zum *R*äuspern bín ich freí,
das Sprechen ist mir eínerleí«

Außerdem stellte er ein:

»Ich bín von jédem Zwáng befreít,
der Háls bleibt lócker, freí und weít«

Ein 30jähriger, zuvor stotternder Pfarrer wurde erst dienstfähig durch
die Formel:

»Das Spréchen géht von sélbst,
fließt rúhig, sícher, fréi«

In ähnlicher Weise konnte ein 31jähriger Vertreter nicht sprechen. Er
stellte die Formel ein:

»Der Zwáng ist mír jetzt eínerleí,
ich bleíbe vón dem Hústen freí«
»Die Múskeln sínd – es bleíbt dabeí –
vom Zúcken únd vom Hústen freí«

Immer wieder bewährt sich der Stabreim:

»Ich spreche ganz *r*úhig und *r*íchtig,
*f*líeßend und *f*réi,
*l*ángsam und *l*éicht«
»Die Átmung (Das Átmen) strőmt ganz léicht und fréi,
das Spréchen flíeßt (die Stímme schwíngt) von sélbst dabéi«
»Stímme gelőst und fréi«
»Kéhlkopf strőmend wárm«
»Stímmbänder lócker und wárm«
»Die Spráche fließt rúhig und fréi,

die Rúhe wird bléiben«
»Die Stímme klíngt ganz réin und fréi,
der Átem flíeßt von sélbst dabéi«
»Die *Lí*ppen b*l*éiben *ló*cker«
»Die Zúnge íst gelöst und fréi,
der wéiche Gáumen wéit dabéi«
»Ich spréche ganz rúhig, sícher und fréi,
ich vertráue mir sélbst und bin mútig dabéi«
»Ich bléibe beim Spréchen ganz rúhig und fréi«
»Das Spréchen ist sícher, léicht und fréi«

Ein 19jähriger Fleischergeselle übte:

»Ich spréche ganz flíeßend und fréi,
bin gelöst und entspánnt auch dabéi«

Einem 14jährigen stotternden und äußerst kontaktgehemmten Schüler
halfen die Worte

»Ich spréche ganz mútig, sícher und fréi;
die Verbíndung zu ándern fällt léicht (macht Fréude)«
oder
»Die Ménschen sind Fréunde«
oder
»Ich géh' auf ándre Ménschen zú,
gelássen, fréi und gánz in Rúh'«
»Ich bléibe bei *Fr*émden ganz sícher und *fr*éi,
ich spréche ganz offen und *fr*éundlich dabéi«

Auch bei gegenteiligen Schwierigkeiten den fehlenden Sprechhemmungen, leistet das Training gute Dienste. I. H. Schultz berichtet von einem
»logorrhoischen« Schwätzer, der erfolgreich übte:

»Ich höre mich spréchen«

Die Formeln können auch konkreten Fächern zugeordnet werden:

»*La*téin fällt mir *l*éicht«
»Das *G*riechisch *g*eht *g*út«
»Ich spréche *F*ranzösisch ganz *f*líeßend und fréi«
»Ich schréibe die Árbeit von *F*éhlern ganz *f*réi,
selbst *M*áthe *m*acht *m*ír noch Fréude dabéi
(bin rúhig und mútig und sícher dabéi)«

Einige Mathematikstudenten brauchten Sonderformeln:

>>Ich behálte (wéiß) die Bewéise<<
>>Ich fínde die Lösung ganz *r*ichtig und *r*ásch<<
>>Die *L*ósung fällt *l*éicht<<
>>Begríffe, Sátze und Bewéise
lérn' ich schnéll auf jéde Wéise<<
>>Ich scháffe méine Árbeit gút,
bewáhre Rúhe, Tátkraft, Mút<<
>>Ich árbeite mútig, enérgisch und klár,
ich wírke lebéndig, gelássen und wáhr<<
>>Ich árbeite Wíchtiges gérne und gléich<<
>>Ich wéiß, was ich kánn<<
>>Ich spréche in der Prüfung
ganz sícher, rúhig und fréi<<
>>Ich bín in der Schúle ganz rúhig und fréi,
das Gedáchtnis behált, ich bin éifrig (múnter) dabéi<<
>>Ich kénne méinen Wért und schréibe únbeschwért<<

Solche Formeln können freilich niemals die eigene intensive Arbeit, z. B. des Vokabellernens, ersetzen. Auch bringt das Autogene Training eine Unterstützung mit Formeln, die sich später besonders im Studium bewähren:

>>Das Gedáchtnis behált<<
>>Das Gedáchtnis gibt wíeder<<
>>Ich pásse jetzt áuf<<
>>Das *L*érnen fällt *l*éicht (gelingt)<<
>>Die Gedánken bléiben beim Théma<<
>>Ich lerne ganz ruhig, sicher und frei<<
>>Ich arbeite stetig<<
>>Ich árbeite rúhig, gesámmelt und gérn<<
>>Ich scháffe méine Pláne<<
>>Was gelérnt (studíert) ist, wird bléiben<<
>>Ich árbeite (dénke) rúhig, gesámmelt und klár<<
>>Ich spreche (hándle) und denke ganz ruhig, sicher und klar<<
>>Mein Stúdium ist wíchtig<<
>>Die Árbeit zúm Exámen
gelíngt mir léicht und gút<<
>>Die Árbeit scháff' ich gút,

behálte méinen Mút«
»Der Vórtrag (Die Arbeit) macht Fréude«

Werden schriftliche Leistungen verlangt, die vielleicht wegen eines *Schreibkrampfes* zusätzliche Anforderungen stellen, so sind die folgenden Worte zu empfehlen:

»Der Árm ist entspánnt«
»Das Schréiben fällt léicht«
»Das Schréiben géht von sélbst«
»Die Feder fließt ganz frei und leicht«
»Rechte Hand und rechter Arm
bleiben ruhig, schwer und warm«
»Jegliches Schreiben
heißt ruhig zu bleiben«
»Ich schreibe und bleibe ganz ruhig, locker und frei«
»Ich bléibe ganz rúhig, sícher und fréi
das Schréiben fließt vŏllig von sélber dabéi«
»Ich schreibe und lebe ganz sicher und frei«
»Ich schreibe ganz ruhig, gesammelt und frei
und fühle mich leicht und gelassen dabei«
»Ich schréibe und bléibe ganz lócker und fréi,
Spánnung und Ängste sind nícht mehr dabéi«
»Der Dáumen bléibt entspánnt und fréi,
die Hánd schreibt gánz von sélbst dabéi«
»Der Árm und die Hánd
sind wárm und entspánnt,
und sóll ich was schréiben,
dann wérden sie's bléiben«
»Ich schreibe ganz ruhig, fließend und schnell«
(oder: ... locker und leicht)
»Ich schréibe meine Árbeit
gelássen, rúhig, fréi«
(ganz grŭndlich, pŭnktlich, gút)

So übten erfolgreich mehrere Primaner.

Belastende Anforderungen stellt oft die **Prüfung** mit ihrer Erwartungsspannung. Zu kritischer Auswahl werden hier die folgenden bewährten Formeln mitgeteilt:

»Die Prüfung ist ganz gleichgültig«
»Die Prüfung ist wichtig, gesichert und leicht«
»Die Prüfung macht Freude«
»Der Prüfer ist ganz gleichgültig«
»Ich bín in der Prúfung ganz rúhig und fréi,
das Gedáchtnis trägt álles Erlérnte herbéi«
(das Gedáchtnis behált, ich bin rúhig dabéi)

Die letztgenannte Formel wurde für über 20 Studenten (außer dem Lernen!) zur wichtigsten Examensvorbereitung, die ihnen half, die Prüfung angstfrei abzulegen.

—   *Straßenverkehr*

Viele Formeln sind geeignet, die *Sicherheit im Straßenverkehr* nennenswert zu erhöhen.

»Straßenverkehr ist ganz gleichgültig«
(»Wie ándere fáhren, íst mir gléich«)
»Ich fahre ruhig im Verkehr,
kein Rasen und kein Hetzen mehr«
»Im Verkéhr und áuf den Stráßen
bléib ich rúhig und gelássen«
»Und bín ich gefángen
in Stóckung und Stáus,
kein Sórgen (Bében) und Bángen,
ich kómme nach Háus«
»Ich fáhre rúhig únd entspánnt
in der Stádt und áuf dem Lánd«
»Ich fáhre rúhig ím Verkéhr,
kein Hétzen und kein Rásen méhr«
(... und kénne kéine Ängste [keinen Ärger] méhr)
»Ich fáhre rúhig Áutobáhn
und kómme gánz gelássen án«
»Ich fáhre auf den Stráßen
gebórgen und gelássen«
»*Fú*ßgänger háben die *Vór*fahrt«

Eine besondere Art von Zwangs-verkehrsangst hatte eine 71jährige Rentnerin in Lebensgefahr gebracht. Sie stand unter dem Zwang, den Fahrdamm nur bei rotem Licht der Ampel überschreiten zu können und war dadurch schon dreimal in Verkehrsunfälle (mit leichten Verletzungen) verwickelt. Sie übte

> »Nur bei Grün geht's über'n Damm«

Schon nach wenigen Wochen war und blieb sie von diesem Zwang befreit (sechs Jahre nachbeobachtet).

Sechs Patienten suchten Rat, weil sie mehrfach durch die Führerscheinprüfung gefallen waren. Bei fünf von ihnen konnte die zugrunde liegende neurotische Angst mit Autogenem Training erfolgreich angegangen werden. Nach unseren Erfahrungen verdienen wenigstens einige der folgenden Formeln weiteste Verbreitung angesichts der erschreckend hohen Verkehrsunfallziffern.

> »Ich fáhre rúhig, sícher, fréi
> und bléibe gánz entspánnt dabéi«
> »Ich beáchte die Zéichen,
> die Prúfung gelíngt,
> das Zíel zu erŕeichen,
> gesámmelt, beschwíngt«
> »Ich fáhre rúhig im Verkéhr
> (Ich séhe rúhig den Verkéhr)
> und kénne kéine Ängste méhr«

Ein 52jähriger, etwas neurotisch-depressiver Taxifahrer fühlte sich arbeitsunfähig, bevor er übte (ebenso wie ein 33jähriger hypochondrischer Beamter):

> »Schwíndel, Ängste sind vorbéi,
> ich fáhre rúhig, sícher, fréi«
> »Auf Réisen wíll ich mich fréuen«

Einem 76jährigen, nicht mehr fahrtüchtigen, aber rüstigen Rentner erleichterte die folgende Formel das »Umsteigen«:

> »Fáhr' ich Táxi, *B*áhn und *B*ús,
> íst mir dás ein Hóchgenúß«

»Wie ándre fáhren,
íst mir gléich«

Mit dieser Formel verlor ein 36jähriger Vertreter seine gefährlichen Aggressionen im Straßenverkehr.

»Ich *f*áhre im Verkéhr
ganz sícher, klár und fréi«

(oder ähnlich:)

»Ich fáhre und bléibe
ganz rúhig, sícher und fréi«

so übte unter mehreren anderen ein 37jähriger Sparkassenangestellter, der zuvor mehrfach in Unfälle verwickelt war (zwei Jahre nachbeobachtet).

Berufsprobleme: Vielfältig sind die beruflichen Anforderungen, für die sich geeignete Formeln finden lassen.

»Die Verhandlung ist ganz gleichgültig«
»Ich arbeite ruhig, gelassen und gut«

Ein Bankprokurist, der zu Hause nicht »abschalten« konnte, übte mit guten Ergebnissen

»Die Bank ist abends (heute, jetzt) ganz gleichgültig«

Andere brauchten ähnliche Vorsätze:

»Die Spannung bleibt in der Schule (im Geschäft)«
»Der Ärger bleibt im Büro«
»Die Arbeit bleibt im Büro«
»Das Toben vom Chef ist gänzlich egal«
»Der Chef ist ganz gleichgültig«

Ein Assistent (31) bevorzugte morgens die Formel

»Mich kánn heute níemand verlétzen«

Ein 56jähriger Dozent war zu abhängig von der Meinung anderer Menschen.

»Kritik ist ganz gleichgültig«
»Bei Kritik und in Konflikten
bleib' ich ruhig, sicher, stark«
»Was ándere ságen,
läßt mich kált!«
»Ich stéhe jetzt űber den Díngen,
die Árbeit wird ríchtig gelíngen«

Während der Jahre 1956 bis 1966 bildeten die Pfarrer die am häufigsten vertretene Berufsgruppe in unserer Ärztlichen Lebensmüdenbetreuung (denen auch das Autogene Training zu vermitteln war). Seither sind es die Lehrer, die außerordentlichen nervlichen Belastungen ausgesetzt sind (Lehrstoff vermitteln, ständiges Eingehen auf wechselnde Reaktionen vieler verschiedener Schüler, Zeitplan beachten, Disziplin halten usw.).

Lehrer aller Schularten brauchen daher das Autogene Training besonders nötig, z. B. mit den Formeln:

»Ich stéhe vór den Klássen
ganz rúhig und gelássen«
»Wenn mích die Schűler stőren
und tóben nóch dabéi
so múß ich dás nicht hőren,
ich bléibe fést und fréi«

Eine 57jährige, anfangs etwas neurotische Studienrätin litt unter Disziplin- und anderen Schulschwierigkeiten. Sie übte:

»Die Schüler sind Freunde«

und erlebte eine völlige Wandlung ihrer Berufssituation.

Ein Lehrer mit Minderwertigkeitsgefühlen brauchte die Formel:

»Ich léhre als Mánn,
und ich wéiß, was ich kánn«

Eine 28jährige Verkäuferin in einer Bäckerei (und zugleich Kellnerin in der dazugehörigen Konditorei) war wegen einer gehemmten Depression behandelt worden. Beim Abklingen halfen ihr zwei Formeln zur rascheren Genesung:

»Ich fühl' mich wíeder frísch und júng,
bedíene mit dem álten Schwúng«
»Ich bín jetzt rúhig, frísch und fréi
und ím Berúf mit Schwúng dabéi«

Der Verfasser übt selbst seit vielen Jahren mit besten Ergebnissen:

»Jéder Stréß vertíeft die Rúhe«

—— *Charakterbildung*

Wenn auch systematische Arbeit am eigenen Charakter (KÜN-
KEL) mit dem Ziel einer Wandlung der Persönlichkeit zu einem positiven
Leitbild hin vorwiegend eine Aufgabe der Oberstufe des Autogenen
Trainings ist, so vermag doch formelhafte Vorsatzbildung Einzelzüge
des Charakters im Verlauf einiger Wochen oder Monate meist erstaun-
lich weitgehend zu beeinflussen.

Am häufigsten ließ sich dies beobachten bei Formeln, die weibliche Persönlichkeiten zu bestimmtem Handeln und fester Haltung führen sollten. Manche dieser Formeln dienten zugleich der Behandlung
von homo- oder bisexuellen Männern (seltener Frauen), die unter Leidensdruck Hilfe suchten.

»Ich sétze mich dúrch«
»Ich *w*éiß, *w*as ich *w*íll,
ich *w*íll, *w*as ich *w*éiß«
»ich néhme mich án«
»Ich sétze mich éin«
»Ich kómme vorán«
»Ich wérde (bín) ein Mánn«
»Ich hándle als Mánn, und ich wéiß, was ich kánn«
»Ich wéiß es genáu,
ich bín eine Fráu«
»Ich bín ein Mánn und kómme án«
»Ich stéhe meinen Mánn«
»Als *M*ánn bin ich *m*útig«
»Ich vertréte mein Récht«

»Ich bín bei ánderen Ménschen
ganz rúhig, fést und fréi«
»Ich hándle ganz klár, bestímmt und fést«
»Ich bín ganz mútig, gelássen und fréi«
»Ich rúhe sícher ín mir sélbst«
»Ich wéiß meinenWért,
ich kénne mein Zíel,
ich bléibe jetzt stárk«
»Den Máßstab des Géwissens
weiß ích in Zúkunft sélbst«
»Mein Lében gestálte ich sélbst«
»Ich hándle únabhängig und fréi,
bin mútig und stárk und auch sícher dabéi«
»Ich árbeite Wíchtiges gérne und gléich«
»Ich fráge nícht mehr nách mir sélbst,
nur ándre sind wichtig«
»Greift héut' mich jémand án,
dann hándle ích als Mánn«
»Der Ángriff der ándern prallt áb«
»Réden ándre vón mir schlécht,
dánn vertréte ích mein Récht«

Gelegentlich eignen sich auch Sprüche aus der Dichtung als Formeln für
das Training, z. B.:

»Im Herzen werden wie ein Kind,
die Menschen nehmen, wie sie sind.
Es schwinden Unruh', Angst und Pein,
im Herzen still und ganz gelassen sein«
(Schluß von B. NEUKIRCH)
»Ich begégne den Ménschen ganz óffen und fréi«

Bei Minderwertigkeitsgefühlen:

»Ich séhe mein Ántlitz genáu
und scháu' meine Schönheit als Fráu«
»Ich léhre als Mánn,
und ich weíß, was ich kánn«

Bei Ungeduld:

>Ich bléibe ganz óffen und fréi
und wárte gedúldig dabéi«
>Ich lérne zu wárten«

Bei einer 28jährigen Hausfrau drohte die Ehe zu zerbrechen, da sie nicht Ordnung halten konnte; dann gelang ihr dieses Ziel mit der Formel:

>Ich scháffe und hálte jetzt Órdnung«

Auch eine 56jährige Geschäftsfrau ist überzeugt, ihre Wandlung den Formeln zu verdanken:

>Ich räume jetzt áuf«
>Ich fínde (géhe) méinen Wég«
>Ich bín und bléibe stárk«
>Ich séhe mein Zíel«

Bei einem 25jährigen Studenten gilt das gleiche von den Worten:

>Ich tráge díe Verántwortung«
>Ich hábe mich fést im Gríff«
>Ich wérde aktív (Ich bín jetzt aktív)«
>Ich erfülle mein Lében aktív«
>Ich wénde mích nach vórn«
>Ich árbeite mútig, enérgisch und klár,
(oder: Ich hándle besónnen, gesammelt und klár)
ich wírke lebéndig, gelássen und wáhr«
>Ich árbeite gérn«

Die letztgenannte Formel ist wegen der verbreiteten Arbeitsunlust und Verdrießlichkeit als besonders wirkungsvoll und wichtig zu unterstreichen.

Einer 65jährigen Rentnerin mit einer z. T. altersbedingten neurotischen Depression war keine Aussicht auf eine Besserung ihrer vielfältigen Beschwerden gegeben worden. Ihr half die Formel:

>Jetzt kánn ich wíeder hóffen,
Ich spréche fést und fréi,
Der Blíck ist klár und óffen,
Die Rúhe bléibt dabéi«

Eine 40jährige Medizinisch-technische Assistentin mit neurotischen Minderwertigkeitsgefühlen half sich mit den Worten:

>>Ich wéíß (Ich kénne méinen Wert), um méinen Wért
und lébe únbeschwért<<

Eine gleichaltrige Chemikerin in ähnlicher Lage übte:

>>Ich hándle rúhig, sícher, fréi
und fühl' mich völlig wóhl dabéi<<

Eine 29jährige Hausfrau lebte in einem Ehemartyrium, konnte und wollte sich aber nicht scheiden lassen. Sie lernte ihr Leben meistern:

>>Bin ich áuch des Zórnes vóll,
Stíll ertrág' ich wás ich sóll, –
Dóch behándelt ér mich schlécht,
Só vertréte ích mein Récht<<

Eine Anzahl von Formeln wurde mehreren Patienten gegeben, um ihre Lebenseinstellung zu ändern.

>>Ich séhe das Gúte<<
>>Ich séhe das Gánze<<
>>Ich séhe den Zusámmenhang<<
>>Ich séhe den Ánderen<<
>>Ich séhe die Aúgen des Ánder'n<<
>>Ich órdne mich éin<<
>>Ich schlíeße mich áuf<<
>>Ich tú', was ich wéíß<<
>>Ich túe, was récht ist<<
>>Die Vernúnft ist mein Fúhrer<<
>>Erst Éinsicht, dann hándeln<<
>>Ich hándle nach Éinsicht<<
>>Ich stélle mích der Wírklichkeit<<
>>Ich schlíeße Fríeden mít mir sélbst<<

Einem 44jährigen Personalchef halfen die Formeln:

>>Ich gébe ándern Sícherhéit<<

Von den zahlreichen Beispielen für eine günstige Charakterbeeinflussung sei hier zusammengefaßt von dem Schicksal einer 25jährigen Lehrerin berichtet, die völlig unter dem autoritären Einfluß ihrer Eltern stand. Da der Schwiegersohn den Eltern nicht zusagte, setzten sie sogar eine Scheidung durch. Die Tochter wurde immer unfreier und konnte vor Hemmungen schließlich nicht mehr unterrichten. Sie nahm an einem Kursus für Autogenes Training teil und übte systematisch die Formel:

>Ich vertréte mein Récht«

Nach einigen Monaten konnte sie ihren Schuldienst wieder aufnehmen, sie löste sich äußerlich und innerlich von den Eltern und heiratete ihren geschiedenen Mann ohne elterliche Zustimmung wieder. Sie ist überzeugt, dem Autogenen Training diese Wende ihres Lebens zu verdanken.

In vergleichbarer Weise wurde eine 53jährige Studienrätin zum Opfer von Intrigen. Gegen ihre vorzeitige Zwangspensionierung klagte sie und stand alle nervlichen Belastungen mit den Formeln durch:

>Will mích das Schúlamt drúcken,
geráde bléibt der Rúcken«
>Prozéß muß dúrchgestánden séin
(Drängt sích der Chéf zu Únrecht éin),
ich bléibe fést und ságe: néin«

Sie wurde voll rehabilitiert und gewann den Prozeß.

Eine recht eigensinnige, etwas querulatorische Kollegin von ihr brauchte dagegen die Formeln:

>Ich gébe jetzt nách«
>Ich pásse mich án«
>Was ímmer díe Behórde wíll,
ich ságe já und hálte stíll«

Charakterbildende Formeln sollten in aller Regel erst nach der Beratung durch einen kundigen und erfahrenen Seelenarzt eingesetzt werden, eben weil sie so sorgfältig individuell anzupassen und so wirksam sind.

Selbstmordverhütung: Die Formeln und Beispiele dieser Arbeit sind den bisher 22 500 Krankenblättern der »Ärztlichen Lebensmüdenbetreuung« entnommen, wobei ein wesentlicher Teil (40%) die Behandlung suizidgefährdeter Patienten betraf. Schon die Therapie körperlicher Erkrankungen, weit mehr noch neurotischer Leiden, dient also bei bedrohten Patienten, wenn auch nur mittelbar, der Suizidverhütung. Verallgemeinert gilt: Jede fachgerechte Therapie schwerer Neurosen verhütet Selbstmord. Darüber hinaus befreien einige Formeln zielgerichtet Patienten aus ihrer Gefahr.

Zunächst müssen auch dabei die Grenzen gesehen werden. Schwer Depressive sind oft zur Entspannung des Trainings nicht fähig. Sie bedürfen zunächst, nicht zuletzt der Suizidgefahr wegen, der intensiven psychiatrischen Behandlung mit antidepressiven Medikamenten. Dennoch haben einige von ihnen die Kurse als Gruppentherapie und ansteckende Ermutigung durch andere als wohltuend empfunden.

Bei ernsten »*psychotischen*« (Geistes-)*Krankheiten* wäre das Autogene Training weit überfordert ohne die pharmakopsychiatrische Behandlung (mit sogenannten »neuroleptischen« Medikamenten) ließe sich eine Therapie kaum rechtfertigen.

Die Mehrzahl der Bücher über diese Fragen nennt sogar das Vorliegen einer schizophrenen Erkrankung als unbedingten Gegengrund für das Einsetzen des Autogenen Trainings. Wir haben jedoch bei fast der Hälfte der Patienten, die sich nicht in einem akuten »Schub« ihrer Erkrankung befanden, nach dem Eigenbericht der Patienten gehört: »Am besten hat mir das Autogene Training geholfen.«

Eine 37jährige Schizophrene hatte schon sieben ernste Selbstmordversuche hinter sich, stand aber immer noch unter der zwanghaften Neigung, sich vor ein Auto werfen zu müssen. Sie übte:

»Im Geiste bleib ich leicht und frei
der Zwang des Ziehens ist vorbei«

Sie berichtete, nachdem diese Formel hypnotisch verstärkt wurde: »Jetzt ziehen mich die Autos nicht mehr zwanghaft an.«

Zwanghaftes Grübeln und Kreisen der Gedanken wich bei ihr nach dem Vorsatz:

»Ich laß die Vergangenheit liegen und löse mich los«

Ein 20jähriger Student erlebte (ähnlich wie andere) das besonders quälende Rufen fremder Stimmen in seinen Ohren. Er lernte die Formeln einstellen:

»Die Stimmen in der Stirn sind still«
»Die Ohren bleiben ruhig«
»Die Stimmen verschwinden,
Stimmen sind ganz gleichgültig«

Jeweils zwei dieser Formeln fügte er beim Üben ein und erlebte die Wirkung als so befreiend, daß er sie allwöchentlich hypnotisch verstärken ließ. Drei Wochen später konnte er das Bett verlassen, wieder einkaufen und selbständig Autofahren. »Die Stimmen reden zwar noch zu mir, aber ich höre sie nicht mehr«, so erlebte er den wachsenden Abstand zu seinen Sinnestäuschungen.

Manchmal unterstützen schon sehr allgemeine Formeln die Behandlung, wie z.B. bei einer 22jährigen neurotisch-depressiven Studentin nach einem Partnerverlust:

»Vorbéi sind die Sórgen,
ich bléibe gebórgen.«

Eine andere übte:

»Vom Gústav bín ich fréi,
der Kúmmer íst vorbéi«

Gelegentlich fühlen sich aber auch *Depressive* erleichtert, z.B. mit der Formel:

»Wénn ich *w*éinen *w*íll, – die Tränen sind béreit«

Häufig wurden die folgenden Formeln empfohlen:

»Ich bin stárk«
»Ich líebe das Lében«
»Das Lében macht Fréude«
»Ich bin und bleibe ganz ruhig und frei,
Leben und Arbeit macht Freude dabei«
»Ich habe Freude am Leben«

»Ich séhe die Fréude«
»Ich bin in Freude«
»Ich bin und bleibe ganz fröhlich und frei«

Gegen das verbreitete »Morgentief« wirkt oft:

»Mórgens erwáche ich múnter und frísch«
»Früh und fröhlich steh ich auf,
freu' mich auf den Tageslauf«
»Ich zwinge die Zukunft«
»Ich schaffe es«
»Ich sehe das Gute, ich finde jetzt Frieden,
ich fühle mich frei, ich liebe das Leben«
»Ich stehe darüber«
»Ich kann meine Freiheit und Freude jetzt fassen,
Ich stehe darüber und bleibe gelassen«
»Ich kann jetzt klar Entschlüsse fassen,
Ich bleibe ruhig und gelassen«
»Ich lerne, mich klar zu entscheiden«

Ein Arzt gab sich gegen sein depressionsbedingtes Morgentief selbst den
Vorsatz:

»Spring' ich morgens aus der Daune,
bin ich gleich ganz guter Laune«

Eine 41jährige depressive Hausfrau (ebenso wie einige andere Patienten) fühlte sich in ihrem »Morgentief« erleichtert durch die Formel:

»Mórgens erwáche ich múnter und fréi,
die Árbeit macht Spáß, ich bin glúcklich dabéi«

Viele Formeln dienen der bewußten *Lebens- und Zukunftsgestaltung*:

»Ich erkenne fréi und klár,
wíe mein Lében früher wár
únd gestálte stárk und fróh
meine Zúkunft ébenso«

Eine 24jährige übte

> »Was ímmer áuch im Lében sei,
> ich bléibe sícher, héiter, fréi«
> oder:
> »Rúhe únd Gelássenheit fréi von der Vergángenheit«

Ein ähnlicher Vorsatz wurde mehrfach empfohlen:

> »Was ímmer mír die Zúkunft (dieser Tag) bringe,
> ich bléibe stárk und gúter Dínge«

Ein 26jähriger Maschinist ermunterte sich selbst mit den Worten:

> »Nur Mut, es geht gut«

Einer 75jährigen Witwe halfen die Vorsätze:

> »Tun, was vorliegt,
> Abwarten, was fernliegt«

In einem späteren Stadium fortgeschrittener Auflockerung bewährte sich auch das Wort

> »Ich zíeh' in die Zúkunft
> ganz frőhlich und fréi«

Gelegentlich leistet das Autogene Training auch an den Grenzbereichen der Medizin gute Dienste. Ein 60jähriger Bankbeamter litt seit dem Tode seiner Mutter an einer teils neurotischen, teils reaktiven Depression und fand Trost in den Formeln:

> »Die Mútter hat Friéden,
> und ích hab' ihn aúch«
> »Die Schúld ist vergében,
> ich hábe jetzt Friéden«

Über das vielschichtige und schwierige *Schuldproblem* in der Psychotherapie ist durch die günstigen Erfahrungen dieses Patienten, der außerdem auch in seelsorgerischer Betreuung stand, keine Aussage in diesem begrenzten Rahmen möglich.

Ähnlich begrenzt sind die Möglichkeiten des Autogenen Trainings, in tiefem *Leid* einen Trost zu bieten. Doch die 33jährige Mutter eines geistig behinderten Kindes erlebte eine deutliche Erleichterung nach dem Üben mit der Formel:

>Ich bléibe gedúldig«

Wir suchen, auch aus Gründen sachlicher und wissenschaftlicher Redlichkeit, ärztliche Behandlung nicht mit seelsorgerischem Trost zu vermischen. Wir sind aber gehalten, die eigentlichen Nöte und Bedürfnisse unserer Patienten zu sehen und nicht zu verdrängen.

Wenn das Lebenszentrum des Patienten im religiösen Bereich beheimatet ist, bestehen keine Bedenken, die wünschenswerten Wertvorstellungen diesem geistlichen Bereich zu entnehmen, der dem Patienten vertraut ist. Abstrakte Begriffe von Mut, Zuversicht, Hoffnung sind bei diesen Patienten untrennbar mit Glaubensvorstellungen verbunden. Dieser Tatsache sollte auch der Arzt Rechnung tragen.

Manche fühlten sich gestärkt und getröstet mit der Formel:

>Ich werde gelenkt und behütet«

andere durch das Schriftwort (Jos. 1, 9):

>Siehe, ich habe dir geboten, daß du getrost und sehr freudig seist!«

Wieder andere übten:

>Ich lerne, mein Leid überwinden
und bleibenden Frieden zu finden«

Manche Patienten klagen, sie vermißten seit Jahren den »Sinn ihres Lebens«. Sicher ist dann zunächst ein depressives Krankheitsbild auszuschließen. Auch danach sehen wir unsere Aufgabe nicht sogleich darin, etwa den Lebenssinn zu vermitteln; vielmehr empfehlen wir zunächst die Formel:

>Ich súche nicht länger vergébens
und *finde* den Sínn meines Lébens«
(gelegentlich auch in dem Wortlaut:
... das Lícht meines Lébens)

Eine 53jährige Pfarrerin fühlte sich in ihren affektiven Belastungen gestärkt durch die Formel:

»Ich bléibe ganz rúhig, gelássen und fréi,
erwárte des Hérrgottes Hílfe dabéi«

Eine 40jährige Angestellte übte:

»Ängste und Sórgen verschwúnden,
bléibender Fríede gefúnden«

Eine 55jährige fromme medizinisch-technische Angestellte, die zugleich seelsorgerisch betreut wurde, übte:

»Mein Hírt führt mich héute und mórgen,
ich bléibe im Gláuben gebórgen«

»Ich bín ganz umgében von góttlicher Gúte«
»Ich bín bei Beschwérden gebórgen
und wérfe auf íhn meine Sórgen«

Ein 37jähriger katholischer Priester war nicht mehr imstande, die Messe zu lesen, da seine Hände mit dem Kelch beim Erheben zu stark zitterten. Eine wünschenswerte umfassende Psychotherapie war aus äußeren Gründen nicht möglich; sie mußte auf das Autogene Training beschränkt bleiben:

»Ich erhébe den Kélch des Héils mit Fréuden«
»Die Hände bléiben rúhig;
ich bléibe berúfen«

Der Verlust des Lebenspartners ist keine Krankheit, die der Psychotherapie zugänglich wäre. Aber das Autogene Training vermag in gleicher Weise gesunde Verhaltensweisen zu fördern wie krankhafte abzubauen. Bei mehreren Leidtragenden ließ sich die tröstende Kraft mancher Formeln erleben:

»Ich lérne das Léid überwínden
und ínnersten Fríeden zu fínden«
»Meine Fráu hat jetzt Fríeden
und ích find' ihn áuch«
»Die Mútter rúht in Góttes Hánd,
ich wándre nóch im éignen Lánd«

Das oben genannte Beispiel, aber auch ein kurzes Nachdenken legen nahe, wie eng bei kirchlichen Amtsträgern (wir hatten bisher 1600 als Patienten! sic!) Berufskonflikte mit Glaubensfragen gekoppelt auftreten. Bei allem Streben nach klaren Grenzen lassen sich dann Übergänge auch bei den Formeln nicht immer vermeiden.

>»Ich wírke, den ínnersten Fríeden zu pflegen,
und géhe der Zúkunft gelássen entgégen«

Gewiß vermögen einzelne Formeln nicht, als »hypnotischer Zauber« einen Menschen in abgrundtiefer Verzweiflung an der Grenze seines Lebens alle Probleme zu lösen und alle Krankheiten zu heilen. Andererseits aber ist in dreißigjähriger täglicher Arbeit der Ärztlichen Lebensmüdenbetreuung an einigen tausend Patienten offenkundig geworden: Das Autogene Training ist unter den zahlreichen Methoden der Psychotherapie die wichtigste und am besten bewährte.

Es gibt uns aber zugleich Anlaß, nachdenklich auf jene jahrtausendalten Überlieferungen zurückzublicken, die zwar ohne Wissen um neurophysiologische Schaltvorgänge im Gehirn, aber doch mit reichem Erfahrungsschatz berichtet haben, wie kranken Menschen mit hypnotischen Methoden geholfen wurde. Dabei lehnen wir abergläubische Praktiken und die kurpfuscherische Laienhypnose vom Mittelalter bis in die Neuzeit mit ernsten Bedenken radikal ab.

Wenn wir aber die medizingeschichtlichen Forschungen zum Asklepioskult (bes. von H. J. von SCHUMANN) studieren, in dem sorgfältig ausgebildete Priesterärzte selbst schwierige Operationstechniken in hypnotischer Schmerzlosigkeit des Patienten durchführten, so haben wir manchen Grund zur Ehrfurcht.

Wer gar aus heidnischer Urzeit etwa die Merseburger Zaubersprüche der alten Germanen liest, der entdeckt dort dieselben Gesetze des Rhythmus und des Stabreimes wieder, die sich in dieser Arbeit begründet und angewendet finden. Beschwört doch Wotan

>»Wie er es wohl konnte:
Sei's *B*einrenkung, sei's *B*lutrenkung,
sei's Gliederrenkung,

Bein zu *Beine!*
Blut zu *Blute!*
Glied zu *Gliedern,*
daß sie *g*elenkig sind!«

Vor allem auch christliche Überlieferung weiß seit dem Alter-
tum als Folge einer Gebetsversenkung – auch, aber nicht nur in dem
oben erwähnten Herzensgebet – von einer Harmonisierung und Heilung
von Kranken zu berichten.

Oberstufe des Autogenen Trainings

☰ Verlauf der Kurse

Etwa drei Prozent der Teilnehmer berichten schon im Unterstufenkursus von spontanen Farb- oder Bilderlebnissen, die meist recht lebhaft und eindrücklich, oft auch klärend und anfangs beglückend erscheinen. Wer solche Bilderschau für die Selbstfindung und Selbstverwirklichung nutzen will, bedarf dazu einer sorgfältigen Anleitung, die wiederum zweckmäßigerweise in Kursen bzw. als Gruppenarbeit vorgenommen wird.

Seit 50 Jahren finden in Berlin (und in Bad Bellingen, oft auch im Ausland) solche Oberstufenkurse mit je höchstens 20 Teilnehmern jährlich fünf- bis zehnmal statt, damit die individuellen Bilderlebnisse und die Protokolle der häuslichen Übungen in der Gruppe oder unter vier Augen besprochen werden können, so daß für jeden Teilnehmer eine persönliche Anleitung beim Erleben seiner zentralen Persönlichkeitsfragen gewährleistet ist.

In Berlin umfaßt ein Oberstufenkursus sieben Doppelstunden zu je 120 Minuten im Abstand von 8 bis 14 Tagen. Auch hier sind die ersten und die letzten 20 Minuten dem praktischen Üben gewidmet. Etwa die gleiche Zeit bleibt den Berichten der häuslichen Erfahrungen vorbehalten. Grundsätzliche Fragen der Oberstufe, des wissenschaftlichen Schrifttums, anderer praktischer Erfahrungen und der jeweils folgenden Übung mit ihren Formeln füllen den restlichen Teil der Doppelstunden aus.

Auch im Oberstufenkursus wird in jeder Stunde nach etwaigen unangenehmen Beobachtungen gefragt, damit jedem möglichen Schaden vorgebeugt wird. Dabei bleiben die Bilderlebnisse während der ersten Wochen meist noch verschleiert, flüchtig und unbestimmt, sie erscheinen zunächst mehr als Gedanken und Vorstellungen denn als klare Bilder. Während innerhalb eines Unterstufenkursus über 95% der Teilnehmer eindeutig Schwere- und Wärmeerlebnisse berichten, erreichen bei Oberstufenübungen nur etwa 80% der Versuchspersonen vergleichbar deutliche Bilderlebnisse. Bestimmte Typen – wer zu solchen

Bilderlebnissen gelangt und wer nicht – ließen sich weder nach der Konstitutionsbiologie von KRETSCHMER aufstellen, noch fühlen wir uns berechtigt, von »eidetischen Typen« im Sinne von JAENSCH zu sprechen. Doch zeigte sich – vermutlich durch das Einführen eines zweimaligen Übens in jeder Stunde – eine durchschnittliche Steigerung der positiven Ergebnisse von 65% 1968 auf über 85% 1985. Eindeutig ergaben sich jedoch um so bessere Ergebnisse, je einheitlicher die Berufsgruppen der Übenden zusammengesetzt waren. Bei bisher 70 Ärztekursen, zur Hälfte für die Oberstufe, lernten fast alle Teilnehmer sämtliche Übungen mit eindrucksvollen Erlebnissen zu beherrschen.

Ähnliche Kurse für (meist katholische) Geistliche und andere kirchliche Amtsträger sowie Sonderkurse für Strafanstaltsinsassen brachten vergleichbar günstige Ergebnisse. Über die Unter- und Oberstufenkurse für Kinder soll später gesondert berichtet werden.

LEUNER verdanken wir nach PONTVIK, TEIRICH u. a. den erneuten Hinweis, nach dem leise, klassische Musik die Fähigkeit zu Bilderlebnissen entscheidend fördere. Wir fanden jedoch mehr Teilnehmer, die sich durch Musik beeinträchtigt glaubten, als solche, die sich von ihr gefördert fühlten.

Als besonders hilfreich erweist sich die fünfte Übung, der »Weg auf den Meeresgrund« bei der die Mehrzahl der bis dahin enttäuschten Teilnehmer zu deutlichen Bilderlebnissen gelangen.

So berichtete eine 31jährige Juristin, die als Gast an einer fünften Stunde teilnahm und nie zuvor irgendeine Verbindung zum Autogenen Training oder zu Bilderlebnissen hatte, in unverfälschtem Wiener Dialekt, wie sie auf dem Meeresgrund »zwei herzige Lindwürmer« gesehen habe, auf ihnen geritten sei und ihnen sogar von innen den freundlichen, weit aufgesperrten Rachen gestreichelt habe.

Frau Dr. B. JENCKS, die seit 1970 an der psychiatrischen Universitätsklinik von Salt Lake City (Utah, USA) auch Oberstufenkurse im Autogenen Training leitet, verdanke ich folgende Beobachtung:

Ein Oberstufenkursus war in Berlin im März 1971 zu Ende gegangen, in dem erstmals nur 11 von 21 Teilnehmern Bilder gesehen hatten. Die zehn anderen wurden zu einer Sonderstunde eingeladen. In einer »hypnotischen Imagogik« gab Frau Dr. JENCKS einem Teilnehmer die Bilder eines Weges auf den Berg. Die anderen

Teilnehmer versuchten, dieser Hypnose bildhaft zu folgen. Das gelang (mit einer Ausnahme) allen.

Ähnliche Erfahrungen konnten wir später mit und ohne Frau Dr. B. JENCKS noch öfter sammeln.

Unter den ersten 6000 Teilnehmern an Oberstufenkursen berichteten drei über Schwierigkeiten beim Üben: Die Konzentration strenge sie zu stark an, der Weg auf den Meeresgrund insbesondere sei mühselig, ihre Füße blieben im Schlamm stecken, Schlinggewächse hinderten sie am Fortschreiten usw. Sie empfanden keine Erleichterung durch die Übung und gaben sie schließlich auf.

Insgesamt also gilt für die Oberstufe eine unvergleichlich größere individuelle *Freiheit* in Blick auf alle Einzelheiten, Haltung, Zeitdauer, Gegenstand und Reihenfolge der Übungen usw. Manche Teilnehmer legen beim Üben gern den Kopf auf den Tisch (z. B. mit einem Kissen), besonders, wenn sie dabei einen leichten Druck auf die Augäpfel empfinden. Wenn dabei die Ergebnisse erst nach längerer Zeit offenbar werden und sich nicht bei allen Übenden einstellen, so wird dieser Nachteil ausgeglichen durch die Intensität, die Bedeutsamkeit und Heilsamkeit der Bilderschau bei den Erfolgreichen, bei denen sich die Wirkungen nur mit denen der Psychoanalyse vergleichen lassen. Übereinstimmend mit den Beobachtungen von HENGSTMANN, BERTA, DESOILLE, I. H. SCHULTZ u. a. halten wir diese Oberstufe in vielen Einzelheiten und Ergebnissen einer Psychoanalyse überlegen.

≡ Erste Doppelstunde: Farberlebnisse

Die erste Doppelstunde hat eine Auseinandersetzung mit der Welt der Farben zum Ziel und will eigene innere Farberlebnisse vermitteln.

Eingangs werden die Teilnehmer eingeladen, aus einer großen Zahl von Papier- und Stoffresten in allen Farben diejenigen auszuwählen, die ihrer »*Lieblingsfarbe*« entsprechen; auch sollen sie solche Farben kennzeichnen, die sie innerlich ablehnen. Nach einer einleitenden und vor einer auswertenden Besprechung des PFISTER-HEISS-*Farbpyramiden-*

tests wird das Originalmaterial so ausgegeben, daß jeder eine solche Pyramide seiner Eigenart gemäß aus den etwa 50 vorliegenden Farbtönen selbst kleben kann.

Kritisch werden dann der kleine und der große Farbtest von LÜSCHER sowie der REICH-TUANIMA-Farbtest nach den Originalfarbtafeln demonstriert, besprochen und zu individuellen Selbstversuchen verteilt.

Wenn die praktische Ausführung dieser Tests als innere Auseinandersetzung mit den Farben in Sympathie- und Antipathieerlebnissen bereits als **erste Übung** bezeichnet werden kann, so schließt sich die **zweite Übung** an mit dem *Auffinden zunächst irgendeiner Farbe überhaupt, die in den dunklen Augen erscheint und dann der Eigenfarbe.* Zum Unterschied von dem obengenannten Sympathieerlebnis der Lieblingsfarbe geht es bei dem Selbstfindungserlebnis der Eigenfarbe um die – oft überraschende – Entdeckung, welche Farbe dem Wesen der eigenen Persönlichkeit am meisten Rechnung trägt.

Diese Übung beginnt, wie alle anderen, mit der genauen Durchführung der Unterstufe des Autogenen Trainings gelegentlich mit zusammenfassenden, gemeinsamen Formeln:

»Arme und Beine sind ganz schwer und warm –
Herz und Atmung sind ruhig und gleichmäßig –
Der Leib ist warm, die Stirn bleibt kühl –
Die Ruhe wird immer tiefer«

Dann wird der »Augenschluß nach oben-innen« zur Wahl gestellt, den Kurzsichtige nicht durchführen können, d. h. nach kurzer Besprechung der Wirkungen wird im Kursus die Formel gebraucht:

»Wer Neigung hat, wendet die Augäpfel unter den geschlossenen Lidern nach oben oder nach oben und innen, bis die Augäpfel schwer und müde heruntersinken«

Zu Hause können diese Worte in der Ich-Form die Oberstufenerlebnisse einleiten. Zu etwa gleichen Teilen empfinden die Übenden diese Formel als Erleichterung, als unwichtig oder störend.

Die folgenden Worte lauten:

»Vor meinem inneren Auge entwickelt sich eine Farbe«, später mit dem Zusatz: »es ist meine Farbe«

nach etwa fünfmaliger, langsamer Wiederholung dieser Worte schließt sich an:

»Die Farbe wird immer deutlicher« und später
»Die Farbe steht klar vor mir«

Etwa die Hälfte der Teilnehmer empfinden den abschließenden Satz als förderlich:

»Ich verstehe, was die Farbe mir zu sagen hat«

Nach insgesamt zwei bis vier Minuten der Farbübung beginnt das Zurücknehmen der Formel:

»Die Farbe zieht sich allmählich zurück«
(Nach Bedarf zwei- bis viermal wiederholt)

Sie mündet in den bestimmt gesprochenen Satz

»Die Fárbe íst verschwúnden«

Schon bei diesen ersten Farben und erst recht bei allen späteren Bilderlebnissen ist das vollständige Zurücknehmen eine unerläßliche Voraussetzung, die vor jedem eigenen häuslichen Üben in gemeinsamem Versuch mit dem notwendigerweise *ärztlichen* Versuchsleiter eingeübt werden muß. Ernste Schäden durch bleibende Bilder bis hin zu schizophrenieähnlichen Zuständen im Sinne einer induzierten Psychose können auftreten, sind in der Literatur beschrieben und wurden in eigener Praxis beobachtet bei Patienten, die auf anderen Wegen Bilderlebnisse zu gewinnen versuchten.

Wir haben früher Wert darauf gelegt, daß vor dem Zurücknehmen alle Farb- und Bilderlebnisse sich – spontan oder mit hypnotischer Hilfe – zurückgezogen haben müssen; – systematische Untersuchungen haben auch dann niemals ungünstige Nachwirkungen oder gar Schäden gezeigt, wenn ausnahmsweise Bildreste zurückgeblieben waren. Wer Schwierigkeiten erlebt, weil Farben (oder Bilder) bestehen bleiben, mag in der Vorstellung gleichsam die »Aus-Taste« eines inneren Fernsehgerätes bedienen, und die Bilder verschwinden sogleich.

Die Oberstufenerlebnisse werden grundsätzlich mit der ausführlichen Formel zurückgenommen:

>Ich zähle von sechs bis eins, bei eins fühle ich mich ganz wach und wohl, frisch und frei; alle Glieder gehorchen dem Willen, und alle Sinne nehmen die Wirklichkeit richtig wahr<

Bei späteren Übungen (bes. dem »Weg auf den Meeresgrund«, S. 172 ff.) und bei weit »entrückten« Teilnehmern kann die Ergänzung ratsam sein:

>Ich weiß, wo ich mich befinde, nämlich... (z. B. im I. H. SCHULTZ-Institut) und ich kenne die Uhrzeit... (z. B. es ist Freitag abend...)<

So ist volle örtliche und zeitliche Orientierung gewährleistet.

Sechs, die Beine sind leicht –
fünf, die Arme sind leicht –
vier und drei, Herz und Atmung sind ganz normal –
zwei, die Stirn hat die normale Temperatur –
eins, Arme fest, tief Luft holen, Augen auf!«

Die vorstehend beschriebene zweite Übung kann auch mit der vierten von dem Spektrum verbunden werden.

In einer **dritten Übung** von etwa 10 Minuten kann jeder Teilnehmer unter den reichlich vorhandenen *Farbpapieren* aller Nuancen eine oder mehrere auswählen, sie intensiv *betrachten*, dann bei geschlossenen Augen die gleiche Farbe im Zustand des Autogenen Trainings wieder vor sich erstehen lassen und *nacherleben*. Solche inneren Nachbilder sind keineswegs mit den rein optischen, rasch verschwindenden Nachbildern identisch, die in den Komplementärfarben auftreten.

Die **vierte**, die **Hauptübung** dieser ersten Doppelstunde, dient aber dem *Erleben des gesamten Spektrums*.

Diese Übung wird wesentlich erleichtert, seit wir ein großes Tuch in allen Regenbogenfarben während der ganzen Stunde im Übungsraum aufhängen. Es ist etwa 8 Meter breit und zeigt jede Farbe auf einer fast einen qm großen Fläche, so daß die Augen schon lange Zeit vor dem Üben die Farben betrachten können. Unmittelbar vor der Übung lassen wir auch in dem verdunkelten Raum ein großes Glasfaserbündel nacheinander in den Farben des Spektrums aufleuchten.

Die Übung beginnt genau wie oben (S. 148 f.) beschrieben und fährt dann, dem Spektrum folgend, fort (jede Formel zwei- bis dreimal wiederholt):

»Vor meinem inneren Auge entwickelt sich eine Farbe;
es ist ein klares Violett –
Das Violett wird immer deutlicher –
Das Violett steht klar vor mir –
(Ich verstehe, was das Violett mir zu sagen hat) –
Das Violett wandelt sich allmählich in Blau –
Das Blau wird immer deutlicher –
Das Blau steht klar vor mir –
Ich sehe und erlebe Blau –
(Ich verstehe, was das Blau mir zu sagen hat) –
Das Blau wandelt sich allmählich zum Grün –
Das Grün wird immer deutlicher –
Das Grün steht klar vor mir –
Ich sehe und erlebe Grün –
(Ich verstehe, was das Grün mir zu sagen hat) –
Das Grün wandelt sich allmählich in Gelb –
Das Gelb wird immer deutlicher –
Das Gelb steht klar vor mir –
Ich sehe und erlebe Gelb –
(Ich verstehe, was das Gelb mir zu sagen hat) –
Das Gelb wandelt sich allmählich in Orange –
Das Orange wird immer deutlicher –
Das Orange steht klar vor mir –
Ich sehe und erlebe Orange –
(Ich verstehe, was das Orange mir zu sagen hat) –
Das Orange wandelt sich allmählich in Rot –
Das Rot wird immer deutlicher –
Das Rot steht klar vor mir –
Ich erlebe das Rot –
Die Farben ziehen sich allmählich zurück –
Die Farben sind verschwunden«

Die Übung schließt mit intensivem Zurücknehmen (S. 150 f.):

»Ich zähle von sechs bis eins...«

Auch bei den Oberstufenkursen empfiehlt sich zum Schutz der Teilnehmer die Formel

»Nur ein Arzt wird Sie je hypnotisieren können«

Etwa die Hälfte der Kursusteilnehmer pflegt anschließend bei der ersten Diskussion von ihren Farberlebnissen zu berichten, meist von zunächst blassen Gedanken und Erinnerungen, in denen die jeweiligen Farben mit Gegenständen verbunden waren; ein violettes Kleid oder eine violette Kirchenfahne tauchen auf, der blaue Himmel oder ein tiefblauer See; bei grün herrschen Naturbilder von Wiesen und Wäldern vor. Bei den anderen Farben sind es in ähnlicher Weise gelbe oder sonst bunte Blumen, bei rot vielfältige politische Erinnerungen; doch auch ein glühender Sonnenball, Feuer im allgemeinen oder ein feuerspeiender Vulkan sollen hier als Beispiele genannt sein usw.

Manche Teilnehmer erleben alle oder nur einzelne Farben als glatte Flächen, selten als geometrische Figuren. Einige sind tief beeindruckt von dem strahlenden Leuchten einzelner Farben oder auch von Farbverbindungen, selten werden, nur mittelalterlichen Kirchenfenstern vergleichbar, kaleidoskopähnliche, immer wieder als strahlend, leuchtend und beglückend bezeichnete Farben hervorgehoben, während etwa ein Drittel der Übenden nach der ersten Doppelstunde enttäuscht über gar keine oder nur ansatzweise auftauchende Farben berichtet.

Andere wissen sich zu helfen: »Ich stelle mir einen Farbeimer vor, der überläuft, dann kann ich die Farben auf dem Fußboden ausbreiten und sehe sie deutlich.«

»Ich muß die Farben als Aktion erleben, sonst gelingt es nicht. Darum renne ich farbigen Vorhängen entgegen.«

»Ich muß die Farben erst mit einem Pinsel aus meinem Tuschkasten tuschen, dann kann ich sie sehen.«

Wir stellen den Kursusteilnehmern darum – auch später für die Bilderlebnisse – Zeichenblöcke und Filzstifte in mehreren dutzend Farben zur Verfügung.

Einige wenige Teilnehmer erleben schon bei der ersten Übung – oder bei der häuslichen Wiederholung – Synästhesien, d. h. bestimmte Töne oder Melodien, selten Buchstaben oder Wörter, oder gar eine Verbindung zwischen Farben und bestimmten Menschen; ein Name, eine Erinnerung oder gar dessen Bild tauchen mehr oder minder eindrucksvoll auf. Solche Berichte verstärken dann den nicht beweisbaren Eindruck, nach dem Farberlebnisse auch die Fähigkeit wecken, sich auf verschiedene Menschen einzustellen und sie besser zu verstehen.

Für alle Einzelheiten der ersten wie der folgenden Übungsstunden ist nochmals auf das Grundwerk von I. H. Schultz zu verweisen.

≡ Zweite Doppelstunde: Wahrnehmen konkreter Gegenstände

In der zweiten Doppelstunde beginnen wir in einer **ersten Übung**, die Eigenfarbe und das Farbspektrum der ersten Stunde zu wiederholen und die häuslichen Erfahrungen beim Üben zu besprechen. Dann regen wir dazu an, – und die museumsartigen Sammlungen des I. H. Schultz-Instituts bieten reiches Anschauungsmaterial dazu – Motive mit symbolischem Wert oder schlichte Gebrauchsgegenstände oder Kunstwerke bewußt zu betrachten.

> Dazu gehören Blumen und Früchte von besonderer Schönheit, eine brennende Kerze, das Modell eines Leuchtturms, eines Flugzeuges oder Schiffes (Weite!) u. a. m. Doch auch ein Brot kann zu innerer Schau und zum Nachsinnen anregen.
> Ein römischer Brunnen, zu dem das gleichnamige Gedicht von Conrad Ferdinand Meyer gelesen wird, ist für die Teilnehmer von ihrem Übungsplatz aus auf der Terrasse zu sehen. Manchmal lassen wir einen stillen, klaren Bergsee oder Landschaftsbilder als Dias wenige Minuten auf die Teilnehmer einwirken.

Die **zweite Übung** dieser Stunde besteht dann darin, diese Gegenstände oder Bilder sinnend zu betrachten und eines davon auszuwählen, das zum Gegenstand des folgenden Übens werden soll. Später

werden die Unterschiede zwischen diesen wachbewußten Erinnerungs-
bildern und den – meist wesentlich deutlicheren – »außerwachen« hypnotischen Bilderlebnissen des Autogenen Trainings besprochen.

Die **dritte Übung** beginnt dann wieder mit der Grundstufe des
Autogenen Trainings, an das sich ähnlich wie in der ersten Doppelstunde die Formeln anschließen:

> »Vor meinem inneren Auge entwickelt sich ein Bild –
> Ich sehe ... (es folgt die Bezeichnung des Gegenstandes, z. B.
> eine brennende Kerze) –
> Das Bild wird deutlicher (nach Bedarf drei- bis fünfmal inner-
> lich wiederholt) –
> Das Bild steht klar vor mir«

Seit 1980 ergänzen wir dann die »Kerzenübung« durch die Worte:

> »Ich sehe ein Licht«

und dann:

> »Ich sehe Licht«

In fast jedem Kursus berichten seither einige Teilnehmer von – zum Teil
überwältigenden – *Lichterlebnissen.*

Carl ALBRECHT, der mit I. H. SCHULTZ befreundete Psychiater, hat in seinem Buch
»Das mystische Erkennen«, (»Gnoseologie und philosophische Relevanz der mysti-
schen Relation«, Mathias Grünewald Verlag Mainz 1982/Carl Schünemann Verlag
Bremen 1958), das Lichterleben genau aufgegliedert. Er schildert es als »Verklä-
rung«, als »Erleuchtetsein«, als »Umleuchtet« und »Durchleuchtet«, als »In-Licht-
getaucht-sein« oder als ein »das Licht in sich hineingegossen Erleben«, als ein »Ein-
und Ausgeleuchtet-werden«, als ein »Vom-Licht-umflutet-sein«, als ein »eigenes
Leuchten« und als ein »In-Licht-verwandelt-werden«.

ALBRECHT belegt die verschiedenen Arten der Lichterlebnisse mit Protokollen mittel-
alterlicher Mystikerinnen.

Jahrzehntelange Erfahrungen bei Meditationskursen hatten uns solche Lichterlebnisse zuvor nur als Folge von oder in Verbindung mit religiös-geistlichen Erscheinungen beobachten lassen. Bei diesen Übungen aber traten solche Lichterlebnisse zunächst eher unabhängig von religiösen Erfahrungen, doch auch hier besonders eindrucksvoll, auf, sie lösten aber nicht selten ihrerseits religiöse Erfahrungen, z. B.
Christusvisionen, aus. Eine Statistik über Oberstufenerlebnisse liegt nicht vor.

Eine 32jährige Lehrerin schreibt ein Protokoll über eine Übungsstunde am 15.1. 1988: ».. . Plötzlich ergossen sich gelbe und weiße Lichtströme in die braunen Ackerfurchen... Mein Körper wurde auf einmal von Lichtstrahlen, die wie Pfeilspitzen auf mich zeigten, angestrahlt. Es war ein seltsames Leuchten, ich sah auf die Pfeilspitzen, die meine Haut fast berührten, als diese sich in ihrer Richtung umkehrten, fing ich gleichsam an, zu strahlen. Unter meiner Standfläche sah ich ein Gitter aus den Ackerfurchen. Es war ein Lichtnetz, von dem ich wußte, daß es mir im Notfall immer Halt geben würde. . .«

Ein 51jähriger Arzt gibt folgendes Protokoll:

»Die Kerze, die im Kurs auf dem Tisch stand, konnte ich in der Übung der Oberstufe nicht sehen. Es zeigte sich dann aber eine schlankere Kerze mit rotem Wachs. Ich sah sehr schön und deutlich die Flamme brennen und das Flackern. Das Bild stand klar und deutlich vor mir.

Auf die Mohnblume kam ich, als ich vor meinem inneren Auge eine Landschaft sah. Ich sah sehr schön die hellgrüne Wiese, den dunkelgrünen Wald sowie das gelbe Kornfeld und an dessen Rand die Mohnblume, die dann deutlich allein vor meinem Auge stand, ein wunderbarer Anblick.«

Wenn Zeit zur Verfügung steht, werden in einer ergänzenden Zwischenübung nacheinander andere von den zuvor betrachteten Bildern oder Gegenständen vor das innere Auge gerufen, bis sie klar und deutlich erscheinen.

Der Bildwechsel geht dabei mit ganz ähnlichen Formeln vor sich wie der oben beschriebene Farbwechsel, d. h.:

»Das Bild zieht sich allmählich zurück (nach Bedarf etwa dreimal wiederholen) –
Das Bild ist verschwunden –
Vor dem inneren Auge sehe ich jetzt... (es folgt der Name des neuen Gegenstandes, z. B. eine Orchidee) –
Das Bild wird deutlicher usw. . . .«

Eine **vierte Übung**, die auch gesondert durchgeführt werden kann, ruft dann Gegenstände oder auch Personen vor das innere Auge, die zunächst blaß, später aber immer deutlicher und leibhaftiger erscheinen. Im Unterschied zu den ersten Übungen sind diese Gegenstände oder Menschen zuvor nicht real sichtbar.

Mit den sinnesphysiologischen, optischen Nachbildern hat dieses Bilderleben konkreter Gegenstände nichts zu tun; es handelt sich vielmehr um ein psychologisches Einüben intensivierter Vorstellungen, die das spontane Bilderleben in der hypnotischen Umschaltung vorbereiten und erleichtern. Nicht selten berichten die Versuchspersonen (oft nach anfänglichen Schwierigkeiten), wie die herbeigerufenen Gegenstände (und gelegentlich auch ganz andere) ihnen äußerst plastisch vor Augen traten, wie sie öfter auch zum Ausgangspunkt für weiterführende symbolische Szenen würden und wie manchmal solche Bilderlebnisse erst nach dem Abschluß der Übungen, gelegentlich Stunden später, sich einstellten. Zum Beispiel sah ein Akademiker von etwa vierzig Jahren bei der Vorstellung des Bergsees »den kleinen Teich« im Riesengebirge. Als er dann auf ihn zuschritt und sein Spiegelbild darin betrachten wollte, gewahrte er zu seinem Staunen und Entsetzen ein Kaninchen mit langen Ohren. Ein Pfarrer erblickte den – in Wirklichkeit sprudelnden – römischen Brunnen im anschließenden Autogenen Training ausgetrocknet. Beiden gaben diese Bilder viel Grund zum Nachdenken und trugen nicht wenig zu vertiefter Selbsterkenntnis bei. Als der Pfarrer dieselbe Übung ein halbes Jahr später wiederholte, spendete sein Brunnen Wasser.

In den Kursusstunden bevorzugt die Mehrzahl der Teilnehmer das Bild der brennenden Kerze. Gelegentlich finden sich dann optische mit akustischen Erlebnissen eng verbunden. Eine 46jährige medizinisch-technische Assistentin z. B. sah nicht nur Kerzen, sondern hörte gleichzeitig einen Chor den Liedvers von DIETRICH BONHOEFFER aus »Von guten Mächten wunderbar geborgen« singen:

> Laß warm und still die Kerzen heute flammen,
> Die Du in unsere Dunkelheit gebracht,
> Führ', wenn es sein kann, wieder uns zusammen.
> Wir wissen es, Dein Licht scheint in der Nacht.

Dadurch fühlte sie sich innerlich gestärkt.

Fast in jedem Kursus sahen Teilnehmer die Kerze sich verwandeln in einen Lichterbaum oder wenigstens einen Adventskranz mit vielfach bewegenden Erinnerungen an Weihnachtsfeste in ihrer Kindheit. Ein weiteres, doch selteneres Standardbild wird von älteren Teilnehmern berichtet: Sie sehen die Kerze als »Hindenburglicht«, eine Art Teelicht, im Luftschutzkeller oder gar den Lichtschein der Feuersbrunst einer brennenden Stadt.

Einige *Hilfsvorstellungen* lassen Bilderlebnisse von verschwommenen Erscheinungen zu immer plastischeren, wahrnehmungsähnlichen Erfahrungen fortschreiten:

Ein Gegenstand kann gemalt vorgestellt werden, so daß der Beschauer schrittweise näher herantritt von 20 über 15, 10 m usw., bis er schließlich davor steht. Ist das Bild auch dann noch undeutlich, so lassen sich Schleiervorhänge vor dem Bild zur Seite ziehen. Der letzte mag gar den Blick auf eine Bühne freigeben, in die das Bild sich verwandelt, bis die Bühne in die Realität übergeht.

Dr. K. WOLFF, Basel, verdanke ich den Rat:

Das Schwarz der Augen kann als Theatervorhang gedacht werden, der sich dann in der Mitte teilt; oder schwarze Wolken ziehen fort und lassen die Wirklichkeit erkennen. Oder dieses Schwarz wird als dunkler Tunnel vorgestellt, dessen Ausgang der Betrachter entgegengeht, so daß ein zunächst kleiner Lichtpunkt sich zunehmend erweitert.

Wieder anderen, vorwiegend Hausfrauen, half die schlichte Vorstellung, sie würden ein schmutziges Bild durch fortgesetztes Staubwischen säubern. Das gilt nicht nur für einzelne Gegenstände, sondern vor allem für Szenen, wie sie besonders als Übungen der siebenten Doppelstunde besprochen werden.

Wenn die Bilder zu schnell verschwinden, hilft oft die Formel:

»Die Bilder bleiben stehen,
ich kann sie deutlich sehen«

Weiterhin hat sich als Bilderschau eines konkreten Gegenstandes in jedem Kursus (meist zu Beginn der dritten Stunde) bewährt:

». . . ich sehe das Haus meiner Kindheit«

Viele wichtige unverarbeitete Kindheitserinnerungen tauchen dabei –

fast regelhaft – auf und geben Anlaß zu Gruppen- und Einzelgesprächen. Gelegentlich gewinnen solche Bilder auch tröstenden Charakter. Ein 30jähriger arabischer Student aus Israel sah in der Oberstufe regelmäßig seine Heimat und verlor dadurch seine Depression.

Der individuellen Neigung der Übungsteilnehmer bleibt es überlassen, welche Gegenstände sie wählen, wie lange sie üben und ob sie alle vier Übungen aneinander anschließen oder sich nur eine oder wenige auswählen.

≡ Dritte Doppelstunde: Schau abstrakter Werte

Eine Anzahl konkreter Gegenstände sind zu Inbegriffen *abstrakter Werte* geworden, deren Schau das Ziel dieser Stunde ist. So gilt ein Herz als Symbol für die Liebe, ein Anker als Bild der Hoffnung usw.

Die christliche Religion ist in vielfältiger Weise reich an solchen Symbolen, von denen einige auch auf weltliche Bereiche übergegangen sind. Seit der Arche Noah gilt die Taube als Sinnbild des Friedens (wenn gleich der Verhaltens- und Tierforscher LORENZ kürzlich nachwies, daß ihr dieser Ruf zu Unrecht verliehen wurde.) Später wurde die Taube dargestellt, um das Niedersinken des Heiligen Geistes zu verdeutlichen.

Vom Symbol des Kreuzes selbst über »das Schwert des Geistes« und den »Helm des Heils« bis hin zu »Brot und Wein« oder dem »guten Hirten« reicht die unübersehbare Welt der religiösen Sinnbilder.

Doch auch in der anderen Richtung vermitteln Übungen, die bei abstrakten Begriffen einsetzen, dem Schauenden durch das Erleben konkreter Beispiele und Bilder eine lebendige Anschaulichkeit und ein vertieftes Verständnis. Gegenstände, Figuren und Farben, häufiger noch Erfahrungen und szenische Abläufe offenbarer oder zunächst verborgener Beziehung zu den Werten, auf die die Versuchsperson sich konzentriert, erscheinen vor dem inneren Auge.

In neuerer Zeit (1902 bis nach 1970) hat Frau MARION DUNLOP in Sussex (England) eine »Meditationstechnik« entwickelt, die sie in Schriften und vor allem in Kursen in ihrem Hause verbreitet und die ein Erleben abstrakter Werte vermittelt. Sie hat in England, vor allem in kirchlichen Kreisen, eine weite Verbreitung gefunden, obwohl oder gerade weil ohne sonstige Vorbereitung die Teilnehmer an solchen Übungen nur in völligem Stillschweigen einem einzigen Wort ausgesetzt werden, z. B. »Wahrheit« oder »Friede« oder »Gerechtigkeit«, und dann still sich selbst überlassen bleiben. Obwohl nach persönlichen Erfahrungen nur ein kleiner Kreis bei solchen Übungen zu inneren Bilderlebnissen gelangt, bedeuten sie für die Teilnehmer dann eine außerordentliche Bereicherung (Einzelheiten in dem Buch des Verfassers: Meditation, Verlag J. F. Steinkopf, Georg Thieme Verlag, Stuttgart 1973).

Eine 66jährige Hausfrau schreibt dazu:

»Wenn ich völlig entspannt bin im Bewußtsein, im Körper und der Atmung (»nicht denken, tun oder wollen; es geschieht alles ganz von selbst«), wenn ich also ganz passiv nur diesen einen abstrakten Begriff betrachte, dann bekomme ich immer eine Antwort: entweder im Traum, oder ich weiß es intuitiv, oder ich sehe ein Bild, oder ich höre im Ausnahmefall eine Stimme; ebenso erlebe ich immer eine Antwort, wenn ich eine wesentliche Frage stelle. Voraussetzung ist nur absolute, passive Geduld.«

Bei dem Begriff »Frieden« sah ich im Kursus den Pantheon-Kult-Bau nach oben zu offen, so daß die Sterne hereinschauten. Es herrschte eine absolute Stille.

Zu Hause dagegen sehe ich bei »Frieden« das Bild einer Madonna mit dem Jesus-Knaben.«

Die praktischen Übungen lassen erkennen, daß einige Begriffe viel leichter als andere Bilderlebnisse auslösen. Deshalb empfiehlt sich folgende Unterteilung:

Einleitende Übungen von Frieden, Ruhe und Stille: Im Wortlaut der Übungen setzen die Formeln wiederum nach der vollen Umschaltung der Unterstufe ein:

»Vor meinem inneren Auge entwickelt sich ein Bild:
Ich sehe und erlebe Frieden«

Bei diesen Worten kann Frieden auch durch »Ruhe« oder »Stille« ersetzt und nach Bedarf mehrfach wiederholt werden. Das Üben dauert 10 bis 20 Minuten, das Zurücknehmen erfolgt wie immer in der üblichen Weise:

»Die Bilder ziehen sich allmählich zurück –
Die Bilder sind verschwunden –
Ich zähle von sechs bis eins ...« (s. S. 150 f.)

Unter den Bildern sind solche von weiten Landschaften, Seen, Wiesen und Wäldern – im Abendschein – häufig.

Der bereits genannte 51jährige Arzt berichtet von der Übung »ich sehe und erlebe Frieden«:

»Ich sehe dabei von meinem Weekendhäuschen, das einige hundert Meter über einem Dorf am Rand eines großen Rebberges steht, die friedliche Landschaft vor mir liegen. Ich sehe links am Hang in der Wiese drei bis vier Schafe, höre die Glöcklein, die sie tragen, sehe in der Dämmerung die Wälder, wie sie sich die Berghäuser ins Tal hinunterziehen. Hin und wieder höre ich auch die Glocken läuten von den Kirchen ringsumher. Ich erlebe dabei intensiv Frieden, ein seliges Dahinträumen.«

Übungen der Schau existentieller Werte: Freiheit, Harmonie, Kraft, Gesundheit, Leben, Freude, Treue, Mut, Ehre, Geborgenheit, Glück, Arbeit, Leistung, Geduld, Gelassenheit, Vertrauen, Entfaltung, Erkenntnis, Tatkraft, Toleranz, Güte, Weisheit u.a. sind Beispiele für Wertbegriffe aus diesem Bereich, die oft Bilder von Zielvorstellungen, Idealen, vergangenen Erlebnissen oder zukünftigen Zielen oder Tätigkeit darstellen.

Ein 42jähriger Psychologe z.B. sah bei der Konzentration auf den Begriff »Harmonie« das herrlich gestaltete Kunstwerk einer goldenen Orgel, auf der er in vollendeter Meisterschaft eine Kantate von Bach gespielt hörte, so daß er gebannt den Klängen lauschte.

Solche Übungen bedürfen unbedingt ärztlicher Anleitung. Eine 32jährige Hausfrau z.B. übte »Harmonie« und erblickte dabei überdeutlich die Kammerecke, in der sie erstmals die Schnapsflaschen ihres Mannes gefunden hatte. Dies bedeutete für sie das Ende der Harmonie ihrer Ehe und ihres Lebens. Ein Weinkrampf schloß sich an, der sich erst nach intensiven – auch später fortgesetzten – psychotherapeutischen Bemühungen löste.

Die Formeln zum Üben sind die gleichen wie oben mit dem entsprechenden Satz:

»Ich sehe und erlebe Freiheit . . .« usw.

Übungen der Schau geistiger Werte: Schönheit, Wahrheit,
Güte, Gerechtigkeit sind Beispiele, von denen sich zu dem ästhetischen
Wert der Schönheit verhältnismäßig leicht Bilder von Natur- und
Kunsterlebnissen zeigen. Nicht selten stellen sich auch die Bilder oder
bestimmte Episoden mit Menschen aus dem jeweiligen Wertbereich ein,
die für den Übenden zu Vorbildern oder Inbegriffen der betreffenden
Werte wurden.

Am 6. Mai 1968 berichtet ein 50jähriger Arzt, der lange im Vorderen
Orient gelebt hat:

»Bei dem Wort ›Ich sehe und erlebe Wahrheit‹ erinnere ich mich bald an die beiden
Berge Ebal und Garizim bei Sichar, wo Jesus gesagt hatte: ›Gott ist Geist, und die ihn
anbeten, die müssen ihn im Geist und in der Wahrheit anbeten‹ (Joh. 4). Ich sehe mich
in den Ruinen der Kirche über dem Jakobsbrunnen und entdeckte dort zu meinem
Entsetzen einen Schaukasten mit der kommunistischen Propagandaschrift ›Die
Wahrheit‹. Dieses Bild verursacht mir psychisches und physisches Unbehagen, und
ich versuche, den Schaukasten zu verdrängen und die Kirchenwand ohne die Propagandaschrift zu sehen. Das gelingt nicht.

Ich überlege, ob ich den Kasten mit Gewalt entfernen, die Scheibe einschlagen, dann
wenigstens die Zeitung herausnehmen soll; doch erscheinen mir all diese Methoden
nicht richtig. Doch kann ich unter die Kirchenruine steigen, in der – genau wie in
Wirklichkeit – der Jakobsbrunnen zu sehen ist, auf dessen Rand Jesus einst gesessen
hat.

Teils als gedankliche Klarheit, teils als befreiendes Bild ergibt sich die Vorstellung:
Wie im Verlauf der Jahrhunderte sich eine Schicht über die andere legte, so daß heute
schon das Erdreich rund 10 Meter über dem aus der Zeit Jakobs liegt, so wird sich
dieser Prozeß fortsetzen. Die Schichten – die Geschichte – steigen allmählich höher
und bedecken die Wände der Kirche und den Schaukasten.

Jetzt erst fühle ich mich von dem körperlichen Unbehagen befreit und wende mich
dem Berge zu, hinter dem die Sonne leuchtet.

Je höher ich steige, um so mehr nähert sich der Weg der Rückseite des Berges, bis ich
dessen überaus merkwürdigen Bau erkenne. Es ist eine riesige, pyramidenähnlich
und terrassenförmig angelegte Bibliothek, die mich an die Treppen und Regale im
früheren Lesesaal der Staats- und der Universitätsbibliothek erinnert.

Nicht deutlich sichtbar, aber als Gewißheit vorhanden steht über dem Berg die Sonne als Bild der absoluten Wahrheit in Christus.«

Auf die Frage: »Was ist Wahrheit?« ergaben die Bilder insgesamt im Ablauf von weniger als sieben Minuten in deutlicher Gliederung die Antwort:

Wahrheit ist

- die gewaltlose Auseinandersetzung mit der Unwahrheit,
- der Weg in die Tiefe zum »Unbewußten«
- erkennbar in der Archäologie und dem Licht der folgenden Geschichte,
- offenbart im Weg zum Licht, auf die Bergeshöhe, zum »Einsiedler«, zum Heiligtum,
- der Gipfel allen Strebens der Wissenschaft, symbolisiert in den Büchern,
- gekrönt durch die absolute Wahrheit in Christus.

Als wesentliches Erlebnis blieb ein tiefer Eindruck zurück: Wiederum gewann durch die Oberstufe des Autogenen Trainings ein abstrakter Begriff durch Anschauung und Erinnerungen ein außerordentliches Maß an konkretem, lebendigem Gehalt!

Übungen der Schau religiöser Werte: Glaube, Hoffnung und Liebe dienen als Beispiele für geistliche Werte und Erfahrungen, die für die Mehrzahl der Übenden mit der Schau biblischer Bilder oder Symbole verbunden sind.

Ein Pfarrer z.B., der übte »Ich sehe und erlebe Glauben«, schaute zunächst einmal nur die blaue Farbe, die sich dann zu einem Himmelsdom wölbte, an dem schließlich eine weiße Rose sich entfaltete. Im Inneren der Rose erschien dann ein rotes Herz mit einem Kreuz darin; es bildete sich also das Wappen Luthers eindrucksvoll heraus, das schließlich wie eine Sonne am Himmel leuchtete.

Diese Übungen religiöser Werte können überleiten zu rein geistlichen Meditationsübungen, in denen sonst so schwer faßbare Begriffe wie »Gnade«, »Auferstehung« u. a. m. in deutlichen Szenen erlebt werden.

Die Oberstufe des Autogenen Trainings führt bis an die Grenze religiöser Erlebnisse heran; echt fromme Übungsteilnehmer berichten auch immer wieder von religiösen Bildern, die sie erfüllen und gar überwältigen. Das Autogene Training selbst aber als Methode überschreitet nicht die notwendige klare Grenze zur persönlichen Frömmigkeit, sondern bleibt, auch in der Oberstufe, ein rein medizinisch-psychologischer Weg der Selbstentspannung und -analyse.

Seit 1978 halte ich in jedem Jahr meist dreimal Kurse für Autogenes Training in dem Exerzitienhaus Werdenfels bei Regensburg, zwischen Weihnachten und Neujahr jeweils einen Oberstufen- und einen Meditationskursus mit den gleichen Teilnehmern. In der Weihnachtswoche 1986 baten die Teilnehmer (darunter 12 Priester), die beabsichtigte Bilderschau-Meditation eines Weges hinunter zum See Genezareth mit den Formeln des Autogenen Trainings einzuleiten (also »Ich bin ganz ruhig ... usw. bis: vor meinem inneren Auge entwickelt sich ein Bild. Ich gehe hinunter zum See, steige in ein Boot und rudere hinaus auf den See«).

Die Mehrzahl der Teilnehmer erlebte bildhaft und wirklichkeitsnah, daß Jesus auf dem Meer wandelte und zu ihnen ins Boot trat. Sie waren zutiefst bewegt und bezeichneten übereinstimmend diese Übung als die bisher fruchtbarste.

Dennoch konnte ich mich erst 1987 dazu entschließen, ein solches Üben nunmehr als reine geistliche Meditation mit unserem Berliner Arbeitskreis zu wiederholen.

≡ Vierte Doppelstunde: Übungen zur Charakterbildung

Die bedeutsamen Aufgaben der Charakterbildung werden meist vernachlässigt. Mit berechtigtem Aufwand bemühen sich Wissenschaft und Praxis in Erziehung und Seelsorge, Strafvollzug und Resozialisierung, Psychologie und Politik um eine Menschenführung, die eine Persönlichkeit entfalten und positiv wandeln soll. Die Resultate sind gelegentlich ermutigend, oft enttäuschend, fast immer aber recht begrenzt. Jedem Erfahrenen müssen dabei die Gegensätze der Ergebnisse auffallen: Wir beobachten z. B. systematisch rund 1500 Ehefrauen, die sich bemühten, ihre Männer zu ändern oder wenigstens zu erziehen. Ihr Streben zeigte nur höchst selten und auch dann nur geringen Erfolg. Fünf Frauen aber fragten während des gleichen Zeitraumes: »Wie kann ich mich ändern, daß ich meinem Mann eine bessere Lebensgefährtin werde?«; sie erlebten eine günstige Entwicklung der Ehe. Das umfangreiche Schrifttum zur Charakterforschung läßt dabei brauchbare Hinweise vermissen, wie denn die Arbeit am eigenen Charakter zu gestalten sei. Bloße ethische Forderungen, von theologischer oder philosophischer Seite erhoben, entarten in der Praxis meist zu kasuistischen Moralgesetzen, die oft genug das Gewissen durch leibesfeindliche Forderungen irreleiten, die Pflege der lauteren Gesinnung vernachlässigen und ein echtes sittliches Streben ersticken.

Schon die Unterstufe des Autogenen Trainings bereitet durch die innere Entspannung den Weg zu einer echten Persönlichkeitsbildung vor, weil verkrampfte Fehleinstellungen offenbart und dann vermieden werden. Auch können einzelne formelhafte Vorsätze bestimmte, erkannte Fehler ändern (vgl. S. 132 ff.). Die Oberstufe ermöglicht darüber hinaus eine planmäßige und systematische *Arbeit am eigenen Charakter*, für die sie nach unseren Erfahrungen das wichtigste Hilfsmittel ist.

Übungen zur vertieften Selbsterkenntnis stehen dabei am Anfang der Charakterbildung. In zweifach verschiedener Weise lassen sich die Formeln bilden; in der bisher schon geübten Form lauten sie:

>»Vor meinem inneren Auge entwickelt sich ein Bild, das Bild zeigt mir, wer ich bin«
>Oder:
>»Das Bild zeigt mir, was ich eigentlich suche«
>»Das Bild zeigt mir, worin ich Unrecht habe« usw.

Solche Fragen finden oft auch abgekürzt ohne Bilder eine Antwort:

>»Wer bin ich?«
>»Was will ich eigentlich?«
>»Worin sollte ich mich ändern?«
>»Worin habe ich Unrecht?«
>»Was sollte ich eigentlich tun?«

Eine 45jährige Buchhändlerin z.B. sah sich bei einer solchen Übung in eine Tropfsteinhöhle versetzt. Als sie sie entlangging und dabei in immer dichteren Regen geriet und spontan fragte: »Was soll das bedeuten?«, da hörte sie eine Stimme: »Das sind die Tränen, die andere wegen Deines Geizes und Deiner Hartherzigkeit weinen.« Wochenlang folgte der Patientin dieses Bild und ließ sie hinfort bei ihren Handlungen bedenken, wie sie sich bei ihren Mitmenschen auswirken würden.

Die gleiche Patientin übte:

»Vor meinem inneren Auge entwickelt sich ein Bild; es zeigt mir,
warum ich so jähzornig bin«

Sie berichtet nachher: »Ich sah einen Kessel, das Feuer darunter brannte zu stark, er
war zu voll, er lief immer wieder über.
In dem Kessel kochte Seifenschaum«, da merke ich: »Ich treibe lauter Schaumschlä-
gerei; zwar brauche ich Seife zum Reinigen, zum Arbeiten aber brauche ich nur Feuer
und Druck.«

In ähnlicher Weise sah eine etwa 40jährige Lehrerin als Antwort auf die Frage: »Was
mache ich falsch?« ein Gefängnis mit einer großen Schar gefesselter Menschen. Sie
war erschüttert durch die Feststellung: »Die habe ich alle mit meinen sinnlosen
Verboten hier angebunden.«

Der vertieften Selbsterkenntnis dient ebenfalls eine Reihe von
Übungen der Bilderschau, sie sowohl in der vierten Doppelstunde als
auch unter den Themenkreisen der siebenten Zusammenkunft besprochen und durchgeführt werden können. Sie gehören zu den empfehlens-
werten Standardbildern, zu denen bisher in jedem Kursus gemeinsam
die Worte führten:

»Vor meinem inneren Auge entwickelt sich ein Bild;
ich sehe einen großen Spiegel und erblicke mein Bild darin«

An die Stelle des Spiegels kann auch ein klarer, spiegelnder Bergsee
treten. Gelegentlich dient als Ergänzung die alte griechische Formel:

»Ich erkenne mich selbst«

Am häufigsten sehen die Versuchspersonen dann Tiere, meist über-
rascht, oft betroffen. An erster Stelle stehen Schwein und Bock, oft mit
deutlichen Hinweisen auf die sexuelle Sphäre, auch Kamel, Esel, Ziege,
Gans und Pfau, Adler und Geier, Schnecke und Nashorn traten wiederholt auf.

Eine 59jährige Hausfrau erblickte sich – ganz ähnlich wie es KAFKA in
seiner bekannten Erzählung »Die Verwandlung« schildert – als »großen
grauen Käfer mit vielen Beinen«.

Ein 40jähriger Jurist hatte – auch in der psychoanalytischen
Besprechung seiner Träume – den Gedanken weit von sich gewiesen, er

reagierte etwas zu weichlich auf die Anforderungen des Lebens. Bei dieser Übung erblickte er ein Kaninchen und war von der Stunde an überzeugt, er müsse wachsender Standfestigkeit seine Anstrengungen widmen. Öfter erschienen Schildkröte und Elefant, offenbar wegen des Panzers bzw. der Dickfelligkeit; ein 32jähriger Ingenieur sah ein Krokodil mit weit aufgerissenem Rachen und erklärte spontan: »ich muß wohl doch meine Aggressionslust etwas bremsen«.

Bei der Bilderschau am 15. 6. 1967 erblickte sich eine – etwa 35jährige Teilnehmerin – als zitterndes Reh am Abgrund. Ein etwa gleichaltriger männlicher Teilnehmer schritt als Hirsch sein Jagdrevier ab. Eine etwa 50jährige walkürenhafte Dame sah sich als Henne ihrer Küchlein sammeln.

Am 17. 6. 1967 wurden ein schwarzes Schaf, ein Entenküken und eine Schlange, die Gift verspritzt (der 42jährige Jurist hatte kurz zuvor einen etwas denunzierenden Brief geschrieben), als Spiegelbilder beschrieben. Nicht immer jedoch vermitteln Tiergestalten eine solche vertiefte Selbsterkenntnis; eine 30jährige Krankenschwester z. B. erlebt sich als »Marionettenpuppe«, bei der andere immer an den Fäden ziehen.

Ein etwa 50jähriger reaktiv depressiver Studienrat berichtet:

»Ich sehe ein vergittertes Zellenfenster und sehe von außen die Arme, die mit verzweifelter Anstrengung und so erheblicher Kraft an dem Gitter rütteln, daß sich schließlich die starken Eisenstäbe biegen, das Gitter aus den Fugen gerissen wird und die Stäbe und Stücke schließlich unaufhörlich durch die Luft wirbeln. Es fließt viel Blut.«

Am 23. 7. 1968 sieht ein 50jähriger Psychiater bei einem Kursus im Ausland eine Szene, die ihn tief beeindruckte:

»Im Spiegel erscheint mir zuerst ein Teufelsgesicht, schwarz mit Hörnern. Dieses gleicht allmählich mehr und mehr einem schwarzen Geißbock, später einem Minotaurus. Ich bin damit nicht zufrieden, es ist mir zu ›klassisch‹. Ich stelle mir deshalb einen großen Spiegel vor, sehe aber wieder das Gleiche, nur diesmal in ganzer Figur, eine Art Pan, mit zottigen Beinen und Bocksfuß, dazu mit lächerlichen roten Höschen und einem blauen Kittelchen, wie kleine Schimpansen im Zirkus. Wieder nicht zufrieden, denke ich, es könnte vielleicht etwas anderes herauskommen, wenn ich auf den Spiegel *zuschreite*. Wie ich das tue, erscheint Don Giovanni, festlich weiß gekleidet, triumphal, wie auf dem Bild von Slevogt. Aber wiederum gesellt sich ihm der Teufel zu. Sie reichen sich einträchtig die Arme. Auf die Worte des Versuchsleiters ›Das Bild zieht sich zurück‹ machen die beiden Arm in Arm rechtsum kehrt und verschwinden im Hintergrund des Spiegels«.

Weitere Übungen zu vertiefter Selbsterkenntnis s. S. 135 ff.

Übungen zur Selbstverwirklichung beginnen bei der Anerkennung und Harmonie des eigenen Ich und schreiten fort zu der Annäherung zwischen dem Selbst und dem erwählten Hochziel oder Vorbild.

> »Ich néhme mich án«
> »Ich schlíeße Fríeden mit mir sélbst«
> »Ich vertráue mir sélbst«
> »Ich wárte áuf mich sélbst«
> »Ich erlébe meínen Wért«
> Vgl. vorn S. 132 f.

Ein Primaner hatte seinen verstorbenen Vater, einen Arzt, als Vorbild erwählt:

> »Ich wándle mích in Váters Bild«

Auch jeder zweisilbige Name mit dem Ton auf der ersten Silbe fügt sich dem Rhythmus dieser Formel ein.

Für zwei- und dreisilbige Bezeichnungen und Namen eignet sich:

> »Ich wérde wíe mein Léhrer«
> »Ich wérde wié Franzískus«

Die Formeln können auch allgemeiner gefaßt sein, z. B.

> »Ich fólge meínem hőchsten Zíel«
> »Ich werde, was ich sein sollte«
> oder rhythmisch:
> »Ich wérde, wás ich sőllte séin«

Zum Charakter gehört weiterhin das Fortschreiten zur Selbstverwirklichung durch das *Überwinden von Leiden und Schwierigkeiten*. Einige bewährte Formeln aus der Reihe dieser Vorschläge lauten:

»Ich tráge méine Lást«
»Ich kámpfe bís zum Síeg«
»Ich rínge úm mein Récht«
»Mich kánn heute niémand verlétzen«

Nicht wenige der früher genannten Formeln können auch an dieser Stelle der Übungen eingebaut werden, z. B. übte ein 16jähriger Schüler:

»Ich hándle wíe ein Mánn«

Unentschlossenen dient die Formel

»Die Entschéidung ist klár«
»Der Wílle bleibt fést«

Charakter ist außer vielem anderen auch *Wahrheit in Erkenntnis und Äußerung*, Güte in Dienst und Hingabe, Treue gegen Menschen und Pflichten, Unabhängigkeit von Meinungen und Reden, aber auch Verantwortung vor dem Gewissen, vor anderen Menschen und vor Gott. Aus einem umfassenden soeben abgeschlossenen Manuskript über die Arbeit am eigenen Charakter können an dieser Stelle nur wenige Beispiele ausgewählt werden:

»Ich ságe die Wáhrheit«
»Die Wórte sind wáhr«
»Ich díene dem Náchsten«
»Ich fráge nach Pflíchten«
»Ich erkénne das Réchte
und hándle danách«
»Ich erfülle méine Pflícht«
»Ich láß die Léute lástern«
»Die Méinung der ánderen ist gánzlich gleichgültig« (». . . egál«)
»Ich trage die Verantwortung«
»Ich fólge nur méinem Gewíssen«

Die bereits erwähnte 45jährige Buchhändlerin suchte sich selbst im Autogenen Training eine Formel mit der Frage:

»Welche Worte brauche ich?«

Als gedankliche Gewißheit erschien ihr daraufhin die Formel:

»Líebe und Zúversicht stráhlen in mír«

In ähnlicher Weise suchte und fand ein 26jähriger Student seinen Vorsatz:

> »Mir wird klár, welche Fórmel ich bráuche«

Die Arbeit am eigenen Charakter ist eine lebenslange Aufgabe. Die entsprechenden Übungen sollten wenigstens über Wochen oder gar Monate hin ausgedehnt und mindestens einmal, möglichst jedoch mehrmals wöchentlich wiederholt werden. Die Anleitung durch einen kundigen Seelenarzt erscheint dabei als eine fast unerläßliche Hilfe, mindestens erleichtert sie das Auffinden geeigneter Formeln.

Das Protokollieren der Bilderlebnisse der Oberstufe ermöglicht dem Übungsleiter, die innere Entwicklung seiner Versuchspersonen auch nach dem Abschluß eines Kursus zu verfolgen, wenn sie im Abstand von je einigen Monaten zu individuellen Beratungen kommen.

Nur wenige Menschen haben die Bedeutung von Wandlungserlebnissen für das Leben der einzelnen und der Gemeinschaft erkannt. In pietistischen Gruppen wird zwar der Wert einer »Bekehrung« betont und gesucht, eine gesunde, eigenständige Entwicklung der Gesamtpersönlichkeit ist damit noch keineswegs gewährleistet. Systematische Arbeit am eigenen Charakter in der Oberstufe führt in der Regel zu einer bleibenden, günstigen Änderung der Persönlichkeit. Ein hohes Ziel der Menschenführung wird hier mit relativ einfachen Mitteln erstrebt und oft erreicht.

Ein 50jähriger Arzt in einer überdurchschnittlich schwierigen Umweltsituation hat systematisch und mit guten Ergebnissen nacheinander und zum Teil gleichzeitig, je nach den unmittelbaren Erfordernissen, die folgenden Formeln geübt:

> »Ich wárte gedúldig«,
> »Ich bléibe gedúldig«
> »Ich stéhe darǘber«
> »Ich wérde gefǘhrt«
> »Die nǽchsté Stúnde hálte ich dúrch«
> »Ich tú' meine Pflícht«
> »Ich dánke für glúckliche Stúnden«
> »Ich áchte auf jégliche Fréude«

Dr. H. Altmann hat bereits in einer hervorragenden Studie auf die Möglichkeit hingewiesen, die Charakterbildung eines jungen Menschen durch fortschreitende sinnvoll gewählte Vorsätze nachhaltig zu beeinflussen. Zwei Jahre hindurch hat er einen (zu Beginn der Beobachtung 16jährigen) Schüler mit Formeln begleitet, von denen einige (z. T. leicht – nämlich rhythmisch – abgewandelte Worte) lauten:

>>Hándeln bringt Fréude<<
>>Ich spűre státt Beéngung
jetzt éinen kláren Kópf<<
>>Ich rúhe ín mir sélbst<<
>>Ich géh aus mír heráus<<
>>Ich gébe níemals áuf<<
>>Mein Lébenswég geht áufwärts<<
>>Ich dénke klár und fréi<<
>>Ich líebe dén Berúf,
er ist mein Stéckenpférd<<
>>Ich scháffe und hálte Órdnung<<
>>Geschwíndigkeit wéckt meine Sínne<<

Seit vor einem Jahr ein (Buch-)Manuskript über >>die Arbeit am eigenen Charakter<< fertiggestellt wurde, haben wir Auszüge aus dem Kapitel >>Die Bedeutung des Autogenen Trainings für den Charakter<< in jeder vierten Stunde vorgelesen, die sich hier nur in den Überschriften andeuten lassen: Charakter ist die Frucht von Reife und Ganzheit; Autogenes Training erzieht systematisch zu beidem. Autogenes Training führt zur >>Einheit von Denken und Tat<< (A. Schweitzer), einem Hauptmerkmal des Charakters.

Autogenes Training führt zur Einheit zwischen Vorbild und Persönlichkeit, sowie zur Harmonie zwischen Über-ich, Ich und >>Es<< (nach Freud).

Autogenes Training führt zur Harmonie zwischen Wertwelt und Innenwelt, zwischen Selbsterkenntnis und Selbstverwirklichung.

Bilderlebnisse der Oberstufe leisten einen Beitrag, Leiden und Schicksalsschläge zu tragen und zu überwinden.

Autogenes Trainig trägt bei zum Erleben der Weite als Offensein für das Universelle und Konzentration auf das Wesentliche.

Autogenes Training festigt und klärt die eigene Überzeugung in dem Maß, wie es die Duldsamkeit fördert.

Zum Charakter gehört Tiefe im Denken und Sinnen, im Erleben und Gemütsempfinden. Das Einüben der vertikalen Richtungsvorstellung fördert »Tiefenerlebnisse« jeder Art.

Güte und Dankbarkeit, Treue zu Menschen und Pflichten lassen sich als Werterlebnisse üben; sie prägen den Charakter.

Entscheidungen und Willensentschlüsse werden durch formelhafte Vorsätze im Autogenen Training zu Taten.

Mut und echte Demut (als »Mut zum Dienen«), Klarheit in Stil und Handschrift sowie Unabhängigkeit von anderen Menschen und Meinungen lassen sich als Charakterwerte im Autogenen Training einüben.

Das Autogene Training vermittelt die Grundhaltung der Gelassenheit, die mit dem Abbau körperlicher und psychischer Spannungen zu einer Festigkeit ohne Starre verhilft.

Wahrheit in Erkenntnis und Äußerung sowie Echtheit als natürliche Ursprünglichkeit und bleibende Gültigkeit (nach H. STOFFER) kennzeichnen die Oberstufe als eine Einübung in Werterlebnisse.

Verantwortungsbewußtsein vor dem eigenen Ich, vor dem Gewissen, vor anderen Menschen und vor Gott lassen sich nicht trennen. Oberstufenerlebnisse führen den Übenden an die Grenzen zu religiösen Erfahrungen. Solche Grenzen sind zu achten, zu erforschen, nicht zu verdrängen und nicht zu verwischen.

Geduld als aktives Warten und als »Auskaufen der Zeit« gilt als Ziel und Zeichen vorbildhafter Charakterhaltung in einer gehetzten Welt. Durch persönliche Wertordnung hilft das Autogene Training, die Zeitnot zu überwinden.

Es dürfte schwer sein, eine dringendere Aufgabe für das persönliche Leben des Einzelnen zu finden mit so weitreichenden Auswirkungen auf die Gemeinschaft wie die »Arbeit am eigenen Charakter« (KÜNKEL).

Kein zweiter Weg ist mir bekannt, der annähernd so zuverlässig dieser Aufgabe gerecht wird, wie die Oberstufe des Autogenen Trainings.

≡ Fünfte Doppelstunde:
Der »Weg auf den Meeresgrund«

In Montevideo führte mich 1963 Professor BERTA an seiner psychiatrischen Universitätsklinik in die Bilderschau ein, die DESOILLE als »Rêve Éveillé Dirigé« geschaffen hat und mit der dort seit vielen Jahren die Mehrzahl der neurotischen Patienten behandelt wird. Der Grundgedanke dieser Methode besteht in der vertikalen Richtungsvorstellung. Der Patient wird angeleitet, sich nach unten – auf den tiefsten Meeresgrund – und später nach oben – auf einen hohen Berg – zu begeben. Diesen Gedanken hat DANTE bereits in dem »Inferno« und dem »Paradiso« seiner Göttlichen Komödie in dichterischer Vision gestaltet. Schon die Psychokatharsis von LUDWIG FRANK und die alte Hypnoseforschung von BORIS SIDIS, OSKAR VOGT u. a. haben auf die grundlegende Bedeutung solcher Bilderlebnisse hingewiesen.

Im Zustand hypnotischer Umschaltung aber treten diese Bilder wesentlich schneller und zuverlässiger, lebendiger und fruchtbarer auf. Solche »hypnotische Imagogik« ergänzt und verkürzt eine Psychoanalyse (nach den Erfahrungen von BERTA und in unserer Praxis) auf höchstens etwa ein Viertel der sonst üblichen Zeit.

Diese vertikale Richtungsvorstellung vertieft auch im wahrsten Sinne des Wortes die Oberstufen-Übungen. Als vor zwei Jahrtausenden die Goten die sturmbewegte Weite und die unergründliche Tiefe des menschlichen Herzens kennzeichnen wollten, wählten sie zum Vergleich die »wallende See«, die »sai-vala«, die dem deutschen Wort »Seele« wie dem englischen »soul« den Namen gegeben hat. »Seele des Menschen, wie gleichst du dem Wasser...« sagte auch aus dieser Erkenntnis GOETHE.

So läßt ein bildhafter Weg in die Tiefe des Meeres erkennen, was im Grunde der Menschenseele vorgeht. Mehr als die Hälfte der Teilnehmer, die bis dahin ohne Bilderlebnisse geblieben waren, erlebt nun und begründet: »Bei diesen Übungen können wir endlich aktiv werden; in bloß passivem Warten entwickelt sich nichts, aber einem Ziel entgegengehen, das können wir.«

Im Kursus ist vor dem Beginn der fünften Übung eine Rückfrage erforderlich: »Ist jemand wasserscheu?« Wer diese Frage bejaht, dem wird dringend empfohlen, nicht mitzuüben, sondern einen Termin zu einem persönlichen Gespräch zu vereinbaren, bei dem über die Gründe der »Wasserscheu« zu sprechen ist.

Harmlos und leicht zu überwinden sind dann die Ängste – meist durch frühere Träume bedingten – von Asthmatikern, sie könnten unter Wasser ersticken. Sie können sich leicht ein Taucher- oder Atemgerät vorstellen, das sie auf dem Unter-wasser-weg mitführen.

Das Beispiel einer Kursusstunde am 29. Dezember 1984 zeigt den Grund für den Rat: Trotz eindringlicher persönlicher Warnung nahm eine 35jährige Hausfrau an dem »Weg auf den Meeresgrund« teil, begann jedoch wenige Minuten später, aus Leibeskräften zu schreien. Zum ersten- und bisher einzigen Mal mußte eine Kursusstunde abgebrochen werden. Das anschließende dreistündige Gespräch mit der Patientin und ihrem Ehemann klärte den Zusammenhang:

Im Alter von sieben Jahren hatte die Patientin an einem Strand auf ihre drei Jahre jüngere Schwester aufpassen sollen; sie war dieser Aufgabe jedoch ungenügend nachgekommen, die Schwester ertrank; sie selbst aber litt deshalb lebenslang unter schweren Schuldgefühlen. 18 Jahre später ertrank vor ihren Augen der 26jährige Verlobte in einem Nordseebad. Beide Erlebnisse hatte sie nie verwinden können; die Erinnerung brach bei der Übung durch und überwältigte sie. Auch bei dem späteren Üben mußte diese Teilnehmerin die fünfte Übung aussparen, bis die Erlebnisse – auch im Rahmen einer seelsorgerischen Betreuung – ausreichend verarbeitet waren.

Die Formeln lauten:

>»Vor meinem inneren Auge entwickelt sich ein Bild –
>Ich stelle mir vor (oder: ich sehe), ich bin am Ufer des Meeres –
>(die Formel wird nach Bedarf zwei- bis viermal wiederholt)
>Das Bild wird deutlicher –
>Das Bild steht klar vor mir«

Fast 90% der Kursusteilnehmer lernen, das Meer einigermaßen als aktive Erinnerung, als bewußte Vorstellung oder als passiv auftauchendes Bild zu erkennen. Dazu werden noch Einzelheiten von Wellen, Wolken, Dünen, Strand usw. genannt. Manche brauchen zu ihrem Schutz einige vorher zu besprechende Formeln.

Obwohl negative Bilderlebnisse, Gefahren und Ungeheuer, ängstigende und Schrecken erregende Erscheinungen fast nur bei neurotisch Kranken auftreten, müssen alle Versuchspersonen sicher und geborgen den Weg in die Tiefe des Meeres antreten. Diese Sicherheit gewinnen sie nur in der Sprache, Bilder- und Vorstellungswelt jener magischen Symbole, in der die Bilder beheimatet sind. Nicht das Autogene Training also verläßt an dieser Stelle die stets notwendige naturwissenschaftliche Grundhaltung, sondern das Training erreicht die Bilderwelt in jenen tiefen Schichten, in der die Märchenbilder und Begriffe einer kindhaft-archaischen Zauberwelt herrschen. Darum lauten die folgenden Formeln:

>In meiner rechten Hand befindet sich ein Zauberstab –
Er läßt sich nach Belieben verwandeln,
in jede Waffe, um mich zu schützen,
oder in einen Schlüssel, einen Dietrich, der jede verschlossene Tür oder jeden Behälter öffnet.
Der Stab kann auch jedes lebende Wesen verwandeln.
An meiner linken Hand trage ich einen Zauberring;
seine Strahlen durchdringen jede Dunkelheit«

Bei den folgenden Übungen werden diese Formeln, nachdem der Inhalt einmal bekannt ist, immer weiter verkürzt. Sie lauten dann z. B.:

>In meiner rechten Hand befindet sich ein Zauberstab
als Waffe, als Schlüssel oder als Mittel zum Verwandeln,
an meiner Linken ein Ring zum Leuchten«

Noch später genügt der Hinweis

>Ich trage wieder Zauberstab und Ring«

Rund 95% aller Schwierigkeiten lassen sich mit diesen Vorstellungen beherrschen. Für die restlichen 5% lassen sich aus der Augenblickssituation Abhilfen finden, für die ebenfalls in den nachstehenden Protokollen Beispiele zusammengestellt sind.

Manche Patienten setzten den Zauberstab in virtuoser Eigeninitiative ein, um sich *Erleichterungen* zu verschaffen. Einige schufen sich, um schneller auf den Meeresgrund zu gelangen, propellergetriebene Zugmaschinen, kleine Unterseeboote oder gar Düsenraketen. Sie erfanden Seile, Leitern, je nach Bedarf Handwerkszeuge oder Fall-schirme, wenn sie befürchteten, bei einem Sprung in den tiefen Abgrund unsanft zu landen.

Bei neurotisch Kranken wird der Weg auf den Meeresgrund beim ersten Mal in einer Einzelstunde zurückgelegt, und selbst in der Gruppenstunde für die Gesunden wird den Teilnehmern vorsichtshal-ber gesagt, sie könnten jederzeit durch ein Erheben der Hand den ärztli-chen Versuchsleiter rufen und ihm persönlich Gefahren oder Ängste berichten. Das geschah zwar nur äußerst selten, doch schon diese Mittei-lung erhöht das Sicherheitsgefühl bei dem verantwortungsvollen folgen-den Versuch. Niemand darf diesen Weg also das erste Mal ohne fachkun-dige ärztliche Begleitung antreten. Die folgenden Zeilen also dienen als Bericht und Hinweis für Fachkollegen, keinesfalls jedoch als Anweisung zu unkontrollierten Selbstversuchen.

Die weiteren Formeln lauten:

> »Ich gehe ganz ruhig, Schritt für Schritt, immer weiter und immer tiefer hinunter auf den Grund des Meeres«

Bei der notwendigen, häufigen Wiederholung genügt meist die abge-kürzte Fassung

> »Immer weiter und immer tiefer hinunter auf den Grund des Meeres«

Schwierigkeiten, den Meeresgrund zu erreichen oder auch nur unter die Wasseroberfläche zu gelangen, treten – vor allem bei Neuroti-kern – häufig auf. Bei einigen zieht sich das Meer zurück, wenn sie ihm entgegengehen. Dann hilft das Bild einer Kaimauer oder Mole oder eine Bootsfahrt, an deren Ende die Versuchspersonen auf einer Leiter in die Tiefe steigen. Gelegentlich empfiehlt sich der Sprung von einer Klippe in das Wasser hinunter. Häufig gelangen die Teilnehmer nicht unter die Wasseroberfläche, entweder das Meer ist zu flach, oder sie sind zu leicht und schwimmen. Dann genügt die Anregung, die auch später nützlich ist:

> »Ich schaue mich um, ob ich ein tiefes Tal
> oder einen Abgrund auf dem Meeresboden finde«

Der Zauberstab verschafft auch ein paar Taucherschuhe mit schweren Bleisohlen, einen Rucksack mit Steinen oder Steigeisen, an den Felswänden unter dem Meeresspiegel, an denen sich die Übenden in die Tiefe hangeln. Ein 24jähriger Student schuf sich selbst mit dem Zauberstab ein Düsenrückstoßgerät, das er nach Belieben zum Antrieb in jede gewünschte Richtung, also auch nach unten benutzen konnte.

Eine 40jährige Hausfrau (in den USA) zauberte sich großzügig einen Fahrstuhl zum Meeresgrund, eine gleichaltrige deutsche benutzte eine Rutschbahn, um in die Tiefe zu gelangen.

Bei einem 28jährigen neurotischen Studenten wollte sich kein Bild vom Meer einstellen. Deshalb erhielt er die Vorstellungen eines Bergwerkes »mit dem Förderkorb immer tiefer und tiefer hinunter«. Dies gelang (!), und er begann einen aufschlußreichen Weg durch ein Schachtsystem, versperrt schließlich durch eine Gesteinswand. Der Patient verwandelte den Zauberstab in einen Preßlufthammer, doch schließlich mußte er sogar Laserstrahlen vom Zauberring einsetzen. Dann sichtete er in einem Kellerraum eine Falltür und erreichte endlich eine schwere Tür, die er aber zur Zeit des Berichtes noch nicht öffnen konnte. Der Rückweg ging ohne Schwierigkeiten vor sich.

Eine 26jährige Studentin mit schwerer Schichtneurose und paranoiden Ideen fühlte sich bei dem Weg ins Meer nicht wohl und klagte auch bei einem zweiten und letzten Versuch »Es ist zu anstrengend«. Andere konnten auf dem Wasser nur schwimmen, sie äußerten sowohl unüberwindliche Angst als auch die Unfähigkeit, unter die Wasseroberfläche zu gelangen. Den meisten anderen aber tat sich eine Wunderwelt auf, die vielfach bestimmt war durch Bücher, Bilder und vor allem durch Tiefseefilme von HANS HASS, COUSTEAU u. a. Die individuelle Gestaltung solcher Erlebnisse auf dem Meeresgrund ist jedoch äußerst mannigfaltig, klärend und therapeutisch bedeutsam.

Manche legen zunächst einen Weg durch die anorganische Welt – über den sandigen Meeresboden – zurück. In der Regel folgt ein Gang durch das Pflanzenreich. Unheimliche Schlingpflanzen oder undurchsichtiges stacheliges Gestrüpp mag dann den Weg versperren, und schon hier wirkt der Kampf mit dem zum Schwert verwandelten Zauberstab durch das Dickicht der Widerwärtigkeiten als befreiende aggressive Handlung.

Andere jedoch spazieren glücklich durch blühende Wiesen und rauschende Wälder. Oft nimmt die Dunkelheit mit wachsender Tiefe zu. Dann durchdringt der scheinwerferähnliche Strahl des Zauberringes die Finsternis.

Ein junger Angestellter jedoch mußte achtmal ansetzen, ehe er diesen Wegabschnitt durchdringen konnte. Der sumpfige Schlickboden ließ ihn einsinken, das modernde Wasser trübte sich bei jedem Schritt durch den aufgewühlten Boden.

Bei der Mehrzahl schließlich folgt das Reich der Seetiere. Vorwiegend Fische jeglicher Größe, Gestalt und Farbe erscheinen von munteren, zierlichen und farbenprächtigen Begleitern bis zu den unheilvoll drohenden Riesenfratzen der breitmäuligen tropischen Teufelsfische, die ein indonesischer Student erlebte.

Rudelweise bedrohen gelegentlich die Menschenhaie mit ihren messerscharfen Zähnen den einsamen Meereswanderer. Nicht weniger Grauen erregen Riesenkraken, die ihre schwarze Tintenflüssigkeit ausspeien und ihr Opfer umnebeln, so daß nur der immer mächtigere Druck der zahllosen Fangarme zu spüren ist, die sich um die Versuchsperson schlingen.

So geschah es mit einem 52jährigen Asthmatiker, den die Arme des riesigen Tintenfisches den Brustkorb so schnell und so fest umklammern, daß kaum Zeit blieb, ihn zu ermutigen, mit dem Zauberstab als Schwert die peinigenden Schlangenarme abzuschlagen. Er tat es, doch wie bei einer Hydra wuchsen sogleich aus jedem Stumpf größere neue empor. Mit der Angst schien ein neuer Asthmaanfall unvermeidlich, da befreite ihn der nächste Rat: »Berühren sie den Kraken mit Ihrem Zauberstab, um ihn zu verwandeln«; er tat es, und sofort stand vor ihm – seine Mutter. Er hatte nie geahnt, daß ihre bedrückende »Gluckensucht« und die ständig bevormundende angebliche Besorgtheit der betagten Dame (für die die Amerikaner die betreffende Bezeichnung »overprotective« anwenden) etwas mit seinem Asthmaleiden zu tun hatte. Diese Erkenntnis wirkte überraschend und befreiend, reichte jedoch für die Heilung noch nicht aus.

Nicht nur drachenartige Ungeheuer, Riesenkrokodile mit fletschenden Zähnen und – unbeschadet physikalischer Gesetze – feuerspeiendem Rachen; auch kleine Tiere können – schon durch ihre Zahl – nicht weniger Unheil ankündigen. Tausende von Wollhandkrabben marschierten konzentrisch auf eine 27jährige Studentin zu, um sie stückweise zu zerbeißen. Riesenstichlinge und Sägefische bedrohten eine andere, um ein Jahrzehnt ältere Patientin.

Die gesunden Kursusteilnehmer erblicken in erster Linie freundliche Landschaften und Lebewesen, Neurotiker erleben oft siegreiche, vor allem aber befreiende und heilsame Kämpfe, in denen sie einen stufenweisen zuverlässigen Schutz gegen alle Gefahren brauchen:

Defensive Maßnahmen: Im Training wie im Leben sollen die Patienten zunächst lernen, den Gefahren und Schwierigkeiten ins Auge zu sehen. Schon die einleitende Besprechung betont darum: Es gibt keine Flucht, kein Zurückweichen. Diese Einstellung prägt den Charakter und hilft Selbstmordgefährdeten, ihre passiv-depressive Grundhaltung zu überwinden.

Mehrere Ratschläge berücksichtigen das verständliche Bedürfnis nach Sicherheit, z. B.: »Wenn ein gefährliches Tier oder Ungeheuer Sie angreifen will, ziehen Sie in sicherer Entfernung von einigen Metern mit Ihrem Zauberstab einen Bannkreis oder eine Bannlinie, die das feindliche Wesen nicht überschreiten oder überwinden kann. Beobachten Sie dann ruhig, was das Tier von Ihnen will und was es tut.« Unter den rund 80 Versuchspersonen, die nach dieser Anweisung handelten, hat noch keine einzige ein Versagen des Bannkreises erlebt.

Ein weiterer Rat empfiehlt, zunächst mit dem Zauberstab ein Abbild von sich selbst – etwa in Pappe – anzufertigen und in sicherer Entfernung von etwa zwanzig Metern aufzustellen. Das jeweilige Untier mag dann das Pappbild angreifen, während die Versuchsperson selbst das Geschehen beobachtet. Dabei erweist sich meist das Ungeheuer als ungefährlich. Es sucht vielleicht nur eine klärende Auseinandersetzung. Jedenfalls bedeutet dieses Vorgehen im wahrsten Sinne ein »Objektivieren« der Konfliktsituation.

Die symbolische und persönliche Bedeutung eines Tieres wird oft klar, wenn der Übende es bittet, mit an die Meeresoberfläche zu kommen, wo es sich beim Auftauchen nicht selten verwandelt. Gelegentlich ist es sogar bereit, mit auf die Bergeshöhe oder ins Sonnenlicht zu folgen.

Offensive Maßnahmen: Wenn ein Angriff erfolgt, so soll die Versuchsperson kämpfen. Grundsätzlich sind die Zauberstabwaffen stärker. Das Schwert als Hieb- und Stichwaffe durchdringt jeden Panzer. Unzählige Male haben sich auf dem Meeresgrund der sieghafte Kampf eines Nibelungenhelden, aber auch des Heiligen Georg und Michaels »Kampf mit dem Drachen« wiederholt.

FRIEDRICH SCHILLERS gleichnamige Ballade entsteht bis in die Einzelheiten vor den Augen der Patienten und den Ohren des Arztes. Die Übenden durchbohren Haifische mit Spießen, erschlagen Schlangen mit Knüppeln, zerhacken Molche mit Beilen, zerschneiden Tintenfische mit riesigen Messern, und selbst Heere von Wollhandkrabben rösten sie mit einem Flammenwerfer zu Tode (vgl. S. 177).

Die nächste Stufe der Abwehr besteht dann in dem Verwandeln mit dem Zauberstab. Falls auch das nicht ausreichen sollte – bisher trat diese Situation noch niemals ein, doch berichtete davon DESOILLE in einem persönlichen Gespräch – dann kann der Arzt durch seinen beruhigenden Beistand Auswege weisen. Bei häuslichem Üben pflegen Ängste und Gefahren ohnehin milder aufzutreten als bei den vorausgegangenen intensiveren in Gegenwart des Versuchsleiters. Er kann das Ungeheuer zum Rückzug zwingen; er kann als sichtbarer oder – wie Siegfried mit der Tarnkappe – als unsichtbarer Begleiter notfalls in einen Kampf eingreifen. Erforderlich war es noch nicht.

Eine 39jährige katholische Ärztin sah beim ersten Weg auf den Meeresgrund ein merkwürdiges Wesen im Nachthemd ihr folgen. Erst später erkannte sie zu ihrer Überraschung ihren Beichtvater, der sie hinfort schützend auf sämtlichen Wegen begleitete.

Eine 59jährige Hausfrau erlebte eine beängstigende Situation:

»Eine größere Menschenmenge, deren Gesichter im Dunkeln waren, ging mit Knüppeln auf mich los. Der Zauberstab verwandelte sie in gackernde Hühner, die davonliefen. Sie kamen zurück als Vögel mit riesigen wagenradähnlich gestellten Federn, und ich fürchtete, daß sie mich mit diesem starken Gefieder und ihren Schnäbeln angreifen würden. Darum flüchtete ich zurück an die Meeresoberfläche. Ein anderes Mal war ich halb Fisch und halb Mensch und ließ mich an einem Schiffstau schnell hinunter auf den Meeresgrund.« Die analytisch durchsichtige, sprachlich doppelsinnige Angst der Patientin vor Vögeln wurde ihr absichtlich nicht bewußt gemacht. Doch half ihr wie 12 anderen Patientinnen mit solcher »Vogelphobie« die Formel

»Vögel sind ganz gleichgültig«

Als ein 65jähriger Masseur sich auf dem Meer bedrängt und geängstigt fühlte, rettete er sich schnell mit einem herbeigezauberten Hubschrauber an das Ufer zurück.

Als letzter Ausweg, gleichsam bei höchster Gefahrenstufe, bleibt immer noch das energische und sofortige Zurücknehmen übrig, das den Patienten wie aus einem schweren Angsttraum erwachen lassen würde. Beruhigend und klärend können dann die Erlebnisse mit ihm besprochen werden. Erforderlich war dieser Schritt noch nie.

Aggressive Maßnahmen sind vor allem wichtig für unsere zahlreichen selbstmordgefährdeten Neurotiker. Wahre Heldenkämpfe haben sie zu bestehen mit Drachen, Ungeheuern, Haifischen, Krokodilen oder Giftschlangen. Sie endeten fast stets mit immer wiederholten, meist blutigen Gemetzeln, mit grausamsten Marterungen, mit dem Foltern, Zerstückeln, Schlachten, Zerhacken, Aufspießen, Zerquetschen und sonstigem Vernichten der jeweiligen Feinde. Eben diese Ersatzhandlungen aber haben sich als ausschlaggebende Befreiung erwiesen. Wir leiten deshalb diese Patienten an, mindestens ein- bis zweimal wöchentlich zu Hause mit diesen Übungen ihre Aggressionen abzureagieren, die sie sonst selbstzerstörerisch nach innen wenden. STEKEL hatte nur allzu recht, als er sagte: »Es tötet niemand sich selbst, er wolle denn einen anderen töten«. Diese intensiven Aggressionsäußerungen stiften keinerlei Schaden und bewirken mit einem Minimum an ärztlichem Zeitaufwand ein Maximum analytischer Genesung. So ist das Autogene Training die wichtigste Therapiemethode in unserer Ärztlichen Lebensmüdenbetreuung. Der Satz gilt auch umgekehrt: Selbstmordverhütung kann und sollte auf diese psychotherapeutische Methode nicht verzichten.

Der Meeresgrund bietet aber nicht nur negative Bilder. Selbst die universelle *Begegnung mit einer Hexe* kann durchaus günstig wirken. Dabei scheint es belanglos, ob den Versuchspersonen die Hexe als »verdrängtes negatives Mutterbild« bekannt ist, ob dies später besprochen wird oder nicht. Als wichtig erweist sich fast ausschließlich die Auseinandersetzung innerhalb der Bilderwelt der Symbole.

Ein 41jähriger Angestellter sah tief unten auf dem Meeresgrund eine Höhle mit einem Schild darüber und der Aufschrift: »die Höhle der Hexe«. Als er eintrat, fand er ausgemergelte Gestalten in einem Käfig eingepfercht, die er alsbald befreite. Die finstere Hexe am Ende der Höhle ließ er unbeachtet. Spontan aber entfernte er die Aufschrift über der Höhle und ersetzte sie durch eine andere: »die Höhle der Freiheit«. Niemals hat er versucht, die Bedeutung der Gestalten zu enträtseln. Seither aber fühlt er sich entscheidend erleichtert.

Ein typisches Protokoll mag hier für mehrere ähnliche stehen:

Ein 26jähriger Student der Landwirtschaft berichtet von seinem Weg auf den Meeresgrund am 27. Januar 1966:

»In Erwartung eines Heeres von Ungeheuern war ich zunächst enttäuscht über die Leere. Ein großer Tintenfisch hatte es, von unten her kommend, auf mein Genitale abgesehen. Die Verwandlung zeigt ihn als eine sexuell nimmersatte Dame. Im übrigen verhielten sich die Tiere erstaunlich friedlich: Sie taten, was ich von ihnen verlangte. Ein Nashorn, an dessen Horn ich mich festhielt, schleuderte mich in die Runde, ein Saurier ließ mich aufsitzen; auf einem schwarzen Flügelpferd jagte ich einmal eine große Strecke hin und wieder zurück. Wenn ich einmal große Seesterne, Kraken oder Tintenfische abschlachte – es geschieht immer mit Wonne – so bin ich darauf bedacht, daß die Reste nicht herumliegen: ich verfüttere sie oder verbrenne sie zu Asche und verscharre auch diese noch im Sand. Mühe machen nur die Schlangen, die sich um die Glieder winden und einem die Bewegungsfreiheit nehmen. In einem mannshohen Tangwald dringe ich ein und sehe Maria mit dem Kind in der Krippe; ich kann nicht umhin, es anzubeten. Die Maria mit dem Kind wiederholt sich oft in Höhlen, manchmal ist Josef dabei, oder die Maria ist meine ›Freundin‹ und das Kind mein Sohn. Immer wieder sehe ich die Hexe in der Höhle: Trotz ihres Protestes dringe ich ein zu den Leuten, die sie gefangen hält. Hinten in der Ecke sitzt meine Mutter so, wie in Wirklichkeit auch ist, grübelnd, von Arthritis gebeugt. Ich beordere zwei Engel herbei und lasse sie hinausführen! Während der Diskussion über die Sinnlosigkeit ihrer Maßnahmen schlage ich die Hexe mit der Breitseite meines Schwertes. Unabsichtlich schlage ich ihr den Kopf ab.

In einer anderen Höhle sehe ich in einer Katakombennische einen schwarzhaarigen Teufel mit golden leuchtenden Augen gefangen. Auf meine Frage nach dem Grund, höre ich, er habe den Menschen so viel Böses gesagt und getan. Ich zweifle nicht daran, daß ich das selber bin.

Neuerdings wiederholt sich die Begegnung mit einem kleinen Wal. In ihm finde ich in einem lampenerhellten Zimmer einen mittelgroßen älteren Mann, der behauptet, mein Vater zu sein und mich jedesmal als seinen Sohn begrüßt. Vor- und hinterher nimmt mich der Wal mit nach unten und wartet dort, um mich nach meinen Erkundungsgängen wieder mit hinaufzunehmen.

Neuerdings schwimmt mir ein dicker Fisch nach: harmlos, aber da er mich ärgert, spieße ich ihn auf oder nehme ihn in den Arm, um ihm den Kopf abzuschneiden. Es ist mein Mädchen.«

Oft begegnen die Übenden auf dem Meeresgrund *Totengebeinen*. Felder von Knochen und Skelettresten erschienen auch solchen Versuchspersonen, die versicherten, niemals im Alten Testament das

37. Kapitel des Propheten HESEKIEL mit dieser Schilderung gelesen zu haben. Eindrucksvolle Tänze führen die Totengebeine auf und verwandeln sich auf die Berührung mit einem Zauberstab in lebende oder zumeist gestorbene Angehörige, unter denen Mutter und Vater an erster Stelle stehen.

Häufig sind am Meeresgrund lagernde *Schiffswracks* zu erkennen, aber auch ausgedehnte *Orte* und *Landschaften.* Die Teilnehmer sollten Schiffswracks wie Häuser betreten, vor allem Treppen in die unteren Gemächer suchen, verschlossene Räume, Möbelstücke und Behälter mit ihrem Schlüssel öffnen und die Einzelheiten erforschen. Mehrfach haben – meist die Männer – dort in Särgen, Koffern oder Kisten die Leiche ihres Vaters entdeckt.

Häufig aber beglücken freundliche Bilder den Wanderer. Sie zeichnen dann weite Landschaften mit Gebirgen, Tälern, Flüssen und Ortschaften. Wie auf einer Entdeckungsreise erkunden sie eine Gegend nach der anderen. Dabei bewahrheitet sich das weise Wort des Bischofs FRANZ VON SALES: Eine einzige Menschenseele ist ein Bistum, groß genug für einen Bischof.

Gelegentlich wird auch die Landschaft selbst zum Anreiz für höchst *aktive Arbeit.*

Ein selbstmordgefährdeter Student hatte vergeblich den ärztlichen Rat nach körperlicher Betätigung, insbesondere Holzhauen, zu befolgen gesucht. Als er auf dem Meeresgrund durch einen Wald schritt, erinnerte er sich an den Rat, verwandelte seinen Zauberstab in Säge und Axt und zersägte mit allen Kräften Bäume, um dann leidenschaftlich Holz zu hacken. Dies setzte er mehrere Wochen hindurch regelmäßig fort und fühlte sich dabei jedesmal deutlich erleichtert von seinen Aggressionen.

Hier lassen sich aus der Überfülle der Protokolle nur wenige Beispiele anführen. Die volle Freiheit für die individuellen Eigenschaften wird durch solche Vor-Bilder nicht beeinträchtigt.

Wer diesen klärenden Weg auf den Meeresgrund kennt, bezeichnet ihn oft mit Superlativen als eines der wichtigsten, bereichernden, klärenden, befreienden und beglückenden Erlebnissen. Im

Autogenen Training wird es vielen Menschen auf einfache Weise zugänglich.

Besonders sorgfältig muß vom tiefen Meeresgrund aus der Rückweg angetreten werden; der wenigstens zwei Minuten Zeit erfordert. Er gelingt zuverlässiger, wenn dabei bewußt die einzelnen Stationen des Hinweges erinnert und genannt werden: die Höhle der Hexe, das Tal, der Brunnen, das Schiffswrack u. a.

Die Formel lautet:

>»Ganz allmählich löse ich mich von den Erlebnissen und gehe ganz ruhig Schritt für Schritt meinen Weg zurück«

Nach Bedarf werden die letzten Worte wiederholt:

>»Ich kehre ganz ruhig Schritt für Schritt zurück bis zum Ufer des Meeres«

Wem dieses Zurückkehren Schwierigkeiten bereitet, der mag der Erfahrung einer Patientin folgen, sich eine »Life-Weste« mitzunehmen, sie bei Beginn des Rückweges aufblasen und sich von ihr schneller nach oben tragen lassen. Das weitere Zurücknehmen erfolgt erst, nachdem sich der Versuchsleiter durch Rückfrage mit der Bitte um ein Handzeichen davon überzeugt hat, daß alle Teilnehmer wieder an der Ausgangsstelle angelangt sind. Erst dann schließt die Übung mit den auf S. 150 ausführlich angegebenen Formeln:

>»Die Bilder ziehen sich zurück –
>Die Bilder sind verschwunden –
>Ich zähle von sieben bis eins...
>Sieben: die letzten Reste von Bildern sind verschwunden,
>sechs, die Beine sind leicht ...
>Arme fest, tief Luft holen, Augen auf«

☰ Sechste Doppelstunde:
Der »Weg auf die Bergeshöhe«

Der **Richtungsvorstellung** nach unten entspricht und folgt in der sechsten Übung die Richtungsvorstellung nach oben. Sie könnte auch unmittelbar an die Übung vom Meeresgrund anschließen, doch wären dazu wenigstens siebzig Minuten anzusetzen, und die Versuchspersonen würden zu stark ermüden. Jeder mag zu Hause selbst entscheiden, wann er nach einigen gründlichen Besuchen auf dem Meeresgrund den Weg in die nicht minder aufschlußreiche Höhe antreten will.

Ob dabei diese Bereiche mit SIGMUND FREUD als »*Es*« und »*Über-Ich*« oder ob sie anders gekennzeichnet werden, erscheint relativ belanglos gegenüber den tatsächlichen Erlebnissen. Die Übungen werden ähnlich eingeleitet wie der Weg auf den Meeresgrund:

> »Vor meinem inneren Auge entwickelt sich jetzt ein Bild –
> Ich stelle mir vor (oder: ich sehe) einen hohen Berg –
> Das Bild wird deutlicher –
> Das Bild steht klar vor mir«

Hier erübrigt sich der Schutz durch Zauberstab und -ring; denn die Höhendimension der oberen »Himmels«welt wirkt freundlich. Sollten je unangenehme Situationen eintreten (erst achtmal wurde von gefährlichen Abgründen oder Gebirgsklippen berichtet), so stünden aus der Erinnerung an die früheren Wege auf dem Meeresgrund noch immer die erforderlichen Schutzeinrichtungen zur Verfügung. Wird der Berg erblickt, so lautet die folgende Formel (mehrfach wiederholt):

> »Ich steige ganz ruhig Schritt für Schritt
> immer höher und höher hinauf«

BERTA bevorzugt als Bild einen Ballon und sagt (hier mit seinen Worten in der Fassung für die Fremdhypnose wiedergegeben):

> »Sie besteigen die Gondel des Ballons –
> Der Ballon löst sich und steigt immer höher
> und höher hinauf in das Reich der Wolken«

Wir haben beide Arten sorgfältig miteinander verglichen und

uns für die erstgenannte von DESOILLE entschieden, da das aktive Mitwirken zusätzlich ermutigt. »Jetzt kann ich endlich selbst zur Überwindung meiner Schwierigkeiten beitragen; ich merke, daß ich vorwärtskomme und daß es aufwärts mit mir geht«, so begründete ein etwa 40jähriger Kaufmann seine vergleichenden Erfahrungen.

Dabei gelten nicht immer die Gesetze der nüchternen Überlegung: Einer 72jährigen Patientin, mit schwerer Arthrosis deformans, die nur mühsam an Krücken ging, riet ich, zum Weg nach oben einen Ballon zu benutzen.

Der Versuch gelang nicht. Bei den Worten: »Ich besteige die Gondel des Ballons« bereiteten ihr die steifen Glieder ein unüberwindliches Hindernis. Den Fußweg auf die Bergeshöhe konnte sie dagegen in der folgenden Stunde ohne Schwierigkeit und ohne Hilfsmittel zurücklegen.

Manchem aber genügt nicht einmal der Ballon für seine Höhenflüge; ein 36jähriger Wissenschaftler schwebt mit höchstem Glücksgefühl »in freiem Flug im Weltenraum zwischen den Planeten- und Sonnensystemen«, ehe er dann auf die Bergeshöhe zurückkehrt, wo er das Sonnenlicht und die weiten Ausblicke genießt.

Ähnlich fliegt eine 27jährige Stenotypistin »als Vogel über herrliche Landschaften«.

Am 30. Dezember 1987 fühlte sich eine 27jährige Buchhändlerin von dem Ballon auf einen entfernten Stern hinaufgetragen, von dem sie nicht zurückkehren konnte. Sie gab das (zuvor vereinbarte) Not-Handzeichen. Als Kursusleiter gab ich ihr das Bild einer Rakete, die sofort von einem Raumfahrtzentrum startete und sie alsbald sicher zur Erde zurückbrachte. Ein Sonderflugzeug brachte sie zu dem Übungsort.

Die Erlebnisse auf der Bergeshöhe sind nicht minder mannigfaltig als auf dem Meeresgrund. Wiederum aber stehen einige Gruppen im Vordergrund:

Lichterlebnisse: Oft mit wohltuender Wärme verbunden, leisten sie einen wesentlichen Beitrag zu der allgemeinen *Euphorie*, einem Zustand des deutlich gesteigerten Wohlbefindens. Mehrfach weisen die Patienten auf die verschiedenen Körperseiten hin: Am häufigsten bezeichnen sie die linke Körperhälfte als kalt oder fröstelnd. Wenden sie sich auf dem Berg der Sonne zu, so durchströmt eine angenehme Wärme, gelegentlich mit dem Empfinden des »Auftauens« verbunden, den Körper, und gefühlskühle Patientinnen berichten oft nach solchen Übungen über eine erhöhte Zuwendung zu der »Herzensseite« ihres Lebens.

Religiöse Erlebnisse: Zahlreiche Teilnehmer berichteten von religiösen Erfahrungen im weitesten Sinne dieses Wortes. An den Ausnahmen mag das Wesen dieser Erfahrungen deutlich werden: Wenn die Teilnehmer das Empfinden haben, daß sie auf der Bergeshöhe angelangt sind, geben sie sich die Formel

»Ich schau mich um, was ich sehe und erlebe«

Fünf Versuchspersonen fanden den Himmel nur leer und blau, einer bemerkte vereinzelte weiße Wölkchen.

Ein 21jähriger Inspektor entdeckte erst bei der dritten Übung einen Hubschrauber, der an dem Berg vorbeiflog.

Dabei decken sich bewußte Überzeugungen und Bilderlebnisse in keiner Weise, und als eines der Hauptergebnisse dieser Übungen werden viele Veränderungen religiöser Wünsche, Sehnsüchte und Erlebnisse deutlich.

Typisch lautet der Bericht eines 31jährigen Ingenieurs, der lediglich die Tatsache gehört hatte, daß religiöse Erlebnisse häufig seien. »Mir kann das nicht passieren, denn in meinem Leben spielen solche Fragen keine Rolle«, so hatte er gedacht. Auf der Höhe des Berges sah er ein Kreuz aufgerichtet, an dem Jesus Christus lebend hing und zu ihm sagte: »Wie lange willst Du noch der Entscheidung ausweichen? Du weißt doch längst, daß Du sie treffen mußt.« Der Ingenieur erinnert sich, aufs tiefste betroffen, erst jetzt einiger Erlebnisse vor 18 Jahren, in denen er sogar den Wunsch hatte, Pfarrer zu werden. Dann aber sei er von all diesen Fragen abgekommen. Er bezeichnete dieses Christusbild als sein stärkstes religiöses Erlebnis.

Bei ihm ist nichts über ein Ergebnis nach dem Abschluß des Kursus bekannt. Mehr als 60 Teilnehmer wußten von vergleichbar intensiven Begegnungen mit Jesus Christus zu erzählen.

Am 30. Dezember 1987 berichteten 17 von 23 Teilnehmern an einem Oberstufenkursus bei Regensburg (teils in der Gruppe und teils unter vier Augen) von tief sie bewegenden Christusvisionen. Acht Teilnehmer waren Priester, alle bewußte Christen.

Keineswegs alle religiösen Erlebnisse sind christlich geprägt. Allgemeine Eindrücke der Größe, der Güte oder der Allmacht Gottes im Angesicht der Weite seiner Schöpfung, die sich zu Füßen des Berges ausbreitet, sind ebenso vertreten wie Erlebnisse sittlicher Läuterung, der Reinigung in einem Bergquell oder des Empfindens von Ehrfurcht, Demut und Dankbarkeit.

Oft gehen religiöse Erlebnisse auch mit künstlerischen einher, wie bei jenem (S. 160) erwähnten Professor der Psychologie, der ergriffen einer Bachschen Kantate vor einer goldenen Orgel lauschte.

Engelwesen, die z. B. auf einer Treppe oder Leiter (Jakobsleiter!) zum Himmel auf- und niedersteigen, Erlebnisse des Paradieses, der himmlischen Herrlichkeit des goldenen Jerusalem mit den Perlentoren u. a. m. gehören zu häufigen Bildern, die zugleich manche prophetische Schau der Bibel, besonders der Offenbarung Johannes, in neuem Licht verständlicher erscheinen lassen.

Klärungserlebnisse: Der Weg auf die Bergeshöhe bringt Einsichten, was zu tun ist, und Klarheiten, besonders auch bei ausstehenden Entscheidungen. Ein Gebiet aber sei hier als Beispiel herausgehoben, für das sich in keiner sonstigen Methode der Psychotherapie Parallelen finden ließen. Unter drei ähnlichen Beispielen sei aus den Protokollen eines 62jährigen, wegen Krankheit vorzeitig pensionierten Bankbeamten, folgender Bericht zusammengefaßt:

Unmittelbar nachdem sechs Jahre zuvor seine betagte Mutter gestorben war, erkrankte er an verschiedenartigen spastischen Lähmungen und reaktiv-depressiven Verstimmungszuständen mit schweren Schuldgefühlen. Er klagte sich vielfältiger Lieblosigkeit und konkreter Unterlassungssünden seiner Mutter gegenüber an. In hypnotischer und autogener Imagogik suchte er mehrfach (mit der »Ballonmethode«) das »Reich der Wolken« auf, fand dort die Paradiespforte und begegnete schließlich seiner Mutter. Ohne jede Einwirkung von außen führte er an drei verschiedenen Tagen ein je halbstündiges Gespräch mit seiner Mutter, das schließlich mit einer ausdrücklichen Verzeihung endete. Diese außerordentlich starke Erleichterung führte zwar nicht zu einer Heilung (allenfalls zu einer Besserung) seines körperlichen Zustandsbildes, wohl aber zum endgültigen Verschwinden seiner Depressionszustände und seiner Schuldgefühle (sieben Jahre nachbeobachtet).

Eine 24jährige nüchterne Geschäftsfrau in den USA suchte dagegen vor allem Klarheit über ihre berufliche Zukunft. Bei der ersten (hier hypnotischen) Bilderschau mit dem »Ballonerlebnis« war sie so überwältigt von der Freiheit des Fluggefühles, daß sofort ihr Entschluß feststand: »Ich werde Fliegerin.« Schon am nächsten Tag meldete sie sich zur Pilotenausbildung an. Durch mehrere Monate verglich sie die realen Flugerlebnisse mit denen der autogenen Imagogik, die sich nun gegenseitig durchdrangen. Ihre Überzeugung, in dem Freiheitserleben des Fliegens ihre Lebensbestimmung gefunden zu haben, hat bei unverminderter Begeisterung keine Änderung erfahren. Sie ist heute Fluglehrerin (2 1/2 Jahre nachbeobachtet).

Gerade weil mehrere Teilnehmer von einem äußerst harmonischen friedeerfüllten Wiedersehen mit verstorbenen Angehörigen berichteten, das jedoch keinesfalls absichtlich gesucht werden sollte, sei hier das einzige negative Gegenbeispiel von einer 59jährigen Hausfrau mitgeteilt:

»Beim ersten Mal traf ich einen jungen, ernsten Mann im langen Mönchsgewand. Aber wir sprachen nicht miteinander. Beim zweiten Mal traf ich ihn wieder und wußte plötzlich, daß es mein Sohn war, den ich vor 27 Jahren im Alter von 6 Monaten plötzlich verlor. Er hob seine Hände, als wollte er mich abwehren. Ich wich zurück und ging tränenüberströmt den Berg hinunter. Auch nach dem Zurücknehmen mußte ich weinen und war so erschüttert, daß ich von diesem Zeitpunkt ab den Weg auf die Bergeshöhe nicht mehr gegangen bin.«

Gewissenserlebnisse: Alle Teilnehmer sollten auf der Bergeshöhe die Formel einstellen:

> »Ich schaue mich um, ob ich die Höhle eines Einsiedlers entdecke –
> Ich suche ein Gespräch mit ihm«

Fast ausnahmslos erscheint dann ein weiser Eremit, der als Verkörperung des Gewissens gelten kann. Er weiß bei schweren Lebensfragen Rat, und seine Antworten tragen oft in erstaunlicher Weise den Gesetzen psychotherapeutischer Beratungen Rechnung, besonders wenn er z. B. Gegenfragen stellt oder scheinbar andersartige Weisungen gibt z. B.: »Warum willst Du voreilig Pläne schmieden? Warte lieber ab, dann wirst Du selbst wissen, was zu tun ist.« Eine andere Antwort lautete: »Frage nicht so viel, denke lieber nach!«, eine weitere: »Was ist denn wichtiger, jetzt die kurze Erleichterung oder der Lebensplan für die Zukunft?«

Einer 40jährigen Ehefrau in ernster Krisensituation bot der Einsiedler neben der Höhle ein möbliertes Zimmer an, damit sie es im Bedarfsfall nicht so schwer hätte, ihn zu erreichen. Dadurch fühlte sie sich sichtlich geborgen und beruhigt.

Ein 53jähriger Arzt sieht mehrfach ein wenig unterhalb des steilen Berggipfels die Hütte des Einsiedlers, manchmal aus rohen Felssteinen gefügt, manchmal weiß verputzt. Aus der Nähe läßt sich der Einsiedler nur so erkennen, daß sein Gesicht dabei verdeckt ist.

»Bei meinem letzten Besuch auf der Bergeshöhe stand er verdeckt hinter einem Bogen der Vormauer, hieß mich niederknien, legte mir die Hände auf das Haupt und sprach langsam und deutlich den Friedensgruß als Segen: Meinen Frieden gebe ich euch, meinen Frieden lasse ich euch . . .«

»Aus diesen Worten und aus der Tatsache des verdeckten Antlitzes schließe ich, daß der Einsiedler niemand anderes ist als Jesus selbst.«

Eine wesentliche Schwierigkeit in der psychoanalytischen Behandlung liegt in der drohenden oder schwer zu lösenden Abhängigkeit der Patienten von ihrem Analytiker. Eine Therapie soll aber die Patienten zu reifer, innerer Selbständigkeit führen. Die Gestalt des Einsiedlers in der autogenen Imagogik löst diese Aufgaben in idealer Weise. Die Patienten lernen, statt des Analytikers ihren Einsiedler zu fragen, also auf die Stimme des eigenen Gewissens zu lauschen. Der Analytiker kann ihnen diese Aufgabe nicht abnehmen: »Was soll ich nur tun?«

Nur allzu oft wenden sich unselbständige Patienten mit dieser Frage an ihren Arzt, besonders, wenn es um sittliche Entscheidungen geht. »Darf ich wohl die Einladung meines Verlobten zu dieser gemeinsamen Reise annehmen?« Offenbar lautet die einfachste und richtigste Antwort: »Fragen Sie doch Ihren Einsiedler, was er dazu meint!« Die Gewissensforschung wie die Religionspsychologie im allgemeinen finden in dieser Methode ein objektives und fruchtbares Arbeitsmittel.

Das Zurücknehmen der Bilder geschieht ähnlich und nicht minder sorgfältig wie bei der Rückkehr vom Meeresgrund. Relativ einfach ist wieder die Formel nach dem üblichen Weg auf den Berg:

> »Ich löse mich allmählich von meinen Erlebnissen und gehe ganz ruhig, Schritt für Schritt, meinen Weg zurück«
> Oder in anderer Fassung:
> »Ich steige ganz ruhig, Schritt für Schritt, hinunter zum Fuß des Berges«

Wird das Bild des Ballonaufstieges benutzt, so lautet die Formel

»Der Ballon sinkt sanft zu seinem Landeplatz nieder«

BERTA empfiehlt, daß die Versuchsperson von dem Landeplatz jeweils in Gedanken noch den Weg zurücklegt bis zum gegenwärtigen Aufenthaltsort, z. B. in die Arztpraxis: Sorgfältiges Zurücknehmen mit dem auf S. 150 f. angegebenen Zurückziehen der Bilder, dem Zählen bis eins und dem abschließenden »... Arme fest, tief Luft holen, Augen auf« ließen jedoch bei sorgfältigem Vergleichen keinen Unterschied zwischen beiden Arten des Zurücknehmens erkennen.

Abschließend sei eine 66jährige Hausfrau zitiert, die den Wert der vertikalen Richtungsvorstellung bei den Bilderlebnissen anschaulich schildert:

»... In die Tiefe oder auf die Bergeshöhe gelange ich mit einer ungeheueren Kraft; es ist wie ein Drängen nach oben oder unten, je nachdem welche Richtung ich wünsche. Es ist, als ob ich in die Höhe bzw. in die Tiefe gezogen würde; der Atem wird ganz tief, und nach einer langen oder kurzen Zeit fühle ich mich geistig ›in eine höhere Lage‹ gehoben, in der ich eine Totenstille oder tiefstes Schweigen erlebte. Alles Leben ist nur ganz leise und wie von ferne wahrnehmbar. Ein direktes Bemühen, in diesen Zustand hineinzugelangen, ist eher wie ein Hindernis; aber wenn man ihn einmal erreicht hat, dann kann man beliebig lange in ihm verweilen.

In der Tiefe bin ich »der Perle« begegnet und in der Höhe dem ›alten Weisen‹. Das bedeutet, ich möchte im Alltag die Perle, das Kostbarste in uns entdecken und entwickeln und durch die Begegnung mit dem alten Weisen in meinem Leben die Weisheit erkennen und realisieren, also zwei Aufgaben, für die ein Leben wahrscheinlich nicht ausreicht.«

Für die wissenschaftliche Erforschung der autogenen und hypnotischen Imagogik wären das Vorliegen einheitlich ausgefüllter Fragebogen und Protokolle sowie eine ausreichende Nachbeobachtung eine unerläßliche Voraussetzung, die uns besonders bei den Kursusteilnehmern fehlt. Über ein Jahr hindurch haben zwei Diplompsychologen mit Zustimmung der Teilnehmer zehn volle Oberstufenkurse auf Tonband aufgenommen und in Klarschrift übertragen. Der begrenzte Umfang dieses Büchleins verbietet es, das reichhaltige Material dieser Protokolle mit heranzuziehen; es ergänzt und bestätigt die hier veröffentlichten Tatsachen und Beispiele, ändert sie aber nirgends.

Nach 24 Jahren fast täglicher Erfahrung aber steht fest: Die autogene Imagogik in Verbindung mit der Richtungsvorstellung nach unten und oben bietet einen der wichtigsten psychotherapeutischen Wege, in unserer Praxis den wichtigsten, zur Selbstverwirklichung und innersten Harmonisierung der Patienten, unabhängig von einer fortdauernden Leitung durch den Arzt (vgl. Fragebogen S. 207 f.).

≡ Siebente Doppelstunde: Freie und gesteuerte Bilderlebnisse mit bestimmter Zielsetzung

Auf der Grundlage der autogenen Imagogik der ersten sechs Übungen, die die Teilnehmer völlig frei nach individuellen Bedürfnissen auswählen können, lassen sich, der jeweiligen Lage oder Störung entsprechend, bestimmte hilfreiche Bilder herbeirufen. Schon die Psychokatharsis von LUDWIG FRANK und die alte Hypnoseforschung von BORIS SIDIS, OSKAR VOGT u. a. haben auf die grundlegende Bedeutung solcher Bilderlebnisse hingewiesen. GERARD in Los Angeles hat dazu eine Reihe von Erfahrungen mitgeteilt.

≡ Völlig freie Bilder

Diese Bilder lassen sich in sechs Gruppen einteilen:

Eine bestimmte *Zeit* läßt sich vergegenwärtigen, wenn z. B. der Verdacht besteht, daß zu jener Zeit eine seelische Verletzung sich ereignete, die nachträglich verarbeitet werden muß.

»Vor meinem inneren Auge entwickelt sich ein Bild,
ein Bild aus meinem ... Lebensjahr –
Das Bild wird deutlicher –
Das Bild steht klar vor mir«

Praktisch ist es ratsam, sich besonders schwierigen oder heiklen Erlebnissen so allmählich zu nähern, daß die Formel erst eine um etwa zwei Jahre spätere Zahl nennt, von der aus in den Bildern die Erlebnisse bei jeder neuen Übung weiter zurückschreiten.

Die Zeit kann auch völlig offen bleiben, etwa bei der Formel:

>»Vor meinem inneren Auge entwickelt sich ein Bild; ein Bild aus der Zeit, als meine Störungen (Schwierigkeiten, Symptome u. a. m.) begannen«

Ein 30jähriger Dipl.-Ing. übte nach der Formel:

>»Vor meinem inneren Auge entwickelt sich ein Bild. Das Bild zeigt mir ein wichtiges Erlebnis meiner Kindheit.
> Ich sehe mich an der Brust meiner Mutter; ich will nicht trinken und schlage mit meinem Kopf und meinen Armen um mich.
> Im folgenden Bild war ich schon etwas älter und schlage wieder wild um mich nach meiner Mutter.
> Seither habe ich ständig Träume von Aggressionen gegen meine Mutter, aber ich fühle mich viel freier«.

Hier läßt sich die Oberstufe des Autogenen Trainings zu einer systematischen und umfassenden Selbstanalyse erweitern. Das gegenwärtige Lebensjahr läßt sich dann als oberstes Stockwerk eines Wolkenkratzers bildhaft erleben, von dem ein Fahrstuhl (oder Treppen) in die früheren Lebensjahre zurück- und hinunterführen.

Dann mögen in jedem Stockwerk 12 Wohnungen (für jeden Monat eine) zu entdecken sein. Besonders Krisenzeiten werden besser behutsam eingekreist als unmittelbar eingestellt.

Andere bevorzugen, da leichter vorzustellen, Bilder von den Schauplätzen wichtiger Ereignisse.

Auch ein beliebiger *Ort* läßt sich in der Bilderwelt einstellen. Entsprechende Formeln lauten:

>»Vor meinem inneren Auge entwickelt sich ein Bild . . .
> Ich sehe das Haus meiner Eltern«
> oder
> ». . . ich sehe den Ort, an dem ich beleidigt wurde«
> oder
> ». . . ich sehe den Raum, in dem ich zum erstenmal Platzangst spürte«

Solchen Ortsangaben kann jede Versuchsperson nach eigenem Bedürfnis (ebenso wie bei vielen anderen der hier genannten Formeln) den Satz
hinzufügen:

>Ich beobachte, was dort geschieht«

Gar nicht selten erscheinen bei solchen Szenen dann verletzende Erlebnisse in Erinnerung, die in der Psychoanalyse aus dem Traummaterial
erst nach einer vielfach längeren Zeit auftauchen.

Fragen über Körperzustände können eine bildhafte Antwort finden:

>Vor meinem inneren Auge entwickelt sich ein Bild:
Das Bild zeigt die Gründe meiner Spannungen«

Das Wort »Spannungen« läßt sich durch alle anderen etwa geforderten
Bezeichnungen ersetzen, z.B. ».. . meiner Krämpfe, meines Asthmas,
meiner Schmerzen« usw.

Bei den sog. »psychosomatischen Erkrankungen« erteilen solche Bilder
oft wichtige Auskünfte über die tieferen Krankheitsursachen. Die natur-
wissenschaftlichen Methoden diagnostischer Technik werden damit
nicht überflüssig oder ersetzt, sondern gelegentlich fruchtbar ergänzt.

Auch der Ursprung seelischer Krankheitszustände oder Störungen läßt
sich oft entdecken.

>Vor meinem inneren Auge entwickelt sich ein Bild:
Das Bild zeigt die Ursachen meiner Angst«

(oder: »meines Ärgers, meiner Depression, meines Hasses, meiner Eifer-
sucht« usw. Auch kann der Übende die ersten Worte abwandeln: »Das
Bild zeigt die *tieferen* Ursachen . . .«).

Fragen aus Träumen oder Tagträumen verlangen oft eine Antwort:

>Vor meinem inneren Auge entwickelt sich ein Bild:
Das Bild zeigt mir die Bedeutung des ... aus meinem letzten
Traum«

Da die Symbolwelt der Träume und der Bilderschau einander gleichen,
lassen sich auch Träume in der Bilderschau fortsetzen und verstehen.

Inhalte projektiver Tests vermitteln vertiefte Aufschlüsse, wenn z. B. wichtige Antworten aus dem RORSCHACH- oder dem TAT-Test als Bilder oder Szenen erscheinen. Sie lassen sich dann gleichsam weiterspielen.

»Vor meinem inneren Auge entwickelt sich das ... bild aus dem ... test –
Ich beobachte, was sich aus dem Bild entwickelt«

=== Teilweise freie Bilder vertiefen Selbst- und Zielerkenntnis

Diese Bilder werden schon durch ihre Formeln erläutert:

»Vor meinem inneren Auge entwickelt sich jetzt ein Bild«
»Ich sehe ein großes Herz.
Ich trete in das Herz ein.
Was sehe ich?«
»Ich sehe eine Tür mit der Aufschrift ...«

(Hier können verschiedene Worte folgen; z. B.: der Ursprung meiner Angst, mein wahres Ziel, meine Hoffnung, meine tiefste Liebe usw.)

»Ich öffne die Tür. Was finde ich?«
»Ich sehe eine tiefe Höhle.
Sie trägt die Aufschrift ...«

(z. B. »meine Hoffnung« oder jeder andere Begriff)

»Ich trete in die Höhle ein.
Was sehe ich?«

LEUNER empfiehlt für sein »experimentelles katathymes Bilderleben« ein Sumpfloch einzustellen und zu beobachten, was aus diesem Loch emporsteigt.

Besonders häufig sind es Schlangen, Würmer, andere Tiere oder Menschen, die zumeist verdrängte Sexualität symbolisieren.

Für das Autogene Training lautet die Formel:

> »Vor meinem inneren Auge entwickelt sich ein Bild:
> Ich sehe ein tiefes Loch in einem Sumpf.
> Die Bilder zeigen mir, was aus diesem Loch aufsteigt.«

Zwei ähnliche Bilder von LEUNER lauten:

> »Ich stehe vor einer Höhle und beobachte, was herauskommt...«
> »Ich stehe am Rande eines dunklen Waldes und beobachte, was
> aus dem Wald hervortritt...«
> »Ich sehe eine Kiste in einem Keller.
> Ich öffne sie. Was finde ich?«
> »Ich sehe einen tiefen Kerker.
> Ich öffne die Tür.
> Wer (oder: was) kommt heraus?«

Die Erfahrung der Grundrichtung des Lebens:

> »Ich sehe einen großen Kompaß.
> Ich erklimme die Nadel und beobachte, wohin sie sich wendet«

Am 17. 10. 1969 schreibt ein 45jähriger Arzt zu dieser Übung das folgende Protokoll:

»Als ich die Kompaßnadel besteige, stellt sie eine neue Richtung ein, aber ich kann die Ferne nicht deutlich erkennen. Ein Fernrohr hilft mir dabei, und ich sehe an einem schwarzen Himmel die Erde immer näher rücken, ähnlich wie die Astronauten sie fotografiert haben. Mir drängt sich das Faustwort auf:

> »... daß ich erkenne, was die Welt
> im Innersten zusammenhält?«

Da erblicke ich – wie mit einem Teleobjektiv immer näher – den Vorderen Orient und hier die Stadt Jerusalem als Mittelpunkt der Welt.
Von Jerusalem aus schweift der Blick über die trostlose Öde der umgebenden Wüste, bis ich eine Oase (sie ähnelte der von Gabes) erspähe und dort beginne, Bäume und Blumen zu pflanzen und die Wüste zu bewässern.
Dann wandelt sich das Bild; ich stehe auf einer Felsenhöhe des Berges Athos und schaue von dort auf die unendliche Weite des Meeres hinaus, wo Himmel und Erde einander berühren; auf der anderen, der Landseite, erkenne ich ein weites, goldenes Ährenfeld, das auf die Ernte wartet.
Diese Bilderfolge lehrt mich meine Aufgaben und Ziele: dem (himmlischen) Jerusalem entgegen, zu pflanzen und zu ernten.«

Versuchspersonen, die zielgerichtet eine allgemeine Klärung ihres Glaubens suchen und etwa klagen: »Ich weiß selbst nicht, was ich glaube« empfehlen wir einzustellen

> »Ich sehe einen großen Dom.
> Ich trete ein, schaue mich um und lausche.
> Was bemerke ich?«

Teilweise freie Schau von Bildern ästhetischer Werte

Die oft vernachlässigten Beziehungen zwischen Gesundheit, Harmonie und dem Schauen echter Werte ästhetischer Schönheit, auf die der verstorbene bedeutende Nervenarzt ARMIN MÜLLER nachhaltig hingewiesen hat, erweisen sich auch in der autogenen Imagogik als fruchtbar aus.

> »Ich sehe ein wunderschönes Ornament.
> Ich betrachte es und lasse es auf mich wirken«
> »Ich sehe ein herrliches Gemälde.
> Was stellt es dar, und was bedeutet es für mich?«
> »Ich sehe eine prächtige Statue.
> Wer ist der Bildhauer, und was stellt sie dar?«
> »Ich sehe eine wunderbare Landschaft.
> Wo bin ich, und warum bin ich hier?«
> »Ich sehe eine einzig schöne Frau (einen schönen Mann).
> Was will mir diese Schönheit sagen?«

Diese Übung kann mißverstanden werden. Es erscheint jedoch nicht gerechtfertigt, in einer bionomen Schau das Erleben der Freude an einem schönen Körper aus dem Gesamtbereich der Ästhetik auszuklammern. Freilich gilt es, dabei die notwendigen Grenzen zu sehen. Autogene Imagogik dient in diesen Bereichen vertieftem Werterleben, aber nicht erotisch-sexueller Reizsteigerung. Wer in diesem Feld der Ästhetik nicht ehrfürchtig-dankbare Freude, sondern nur gesteigerte Erregung erleben will, würde solche Übungen besser auslassen.

Ein 27jähriger Medizinstudent aus Westdeutschland verbringt sein Examenssemester in Berlin, von seiner Braut getrennt. Er berichtet:

»Fast allabendlich rufe ich mir in der Oberstufe des Autogenen Trainings das Bild meiner Braut vor Augen. Ich sehe es so deutlich, wie es aus bloßer Erinnerung niemals möglich wäre. Vor allem aber spüre ich ihre Nähe und ihre Zärtlichkeiten so leibhaftig, daß mich ein tiefes Empfinden des Glücks und der Dankbarkeit durchströmt. Sicher wäre es noch viel schöner, wenn wir zusammen sein könnten, aber das Autogene Training hilft mir, die erzwungene Trennung unvergleichlich viel leichter zu ertragen.«

»Ich sehe und erlebe die höchste (die absolute) Schönheit«

Individueller Beratung zwichen dem ärztlichen Versuchsleiter und den Teilnehmern bleibt vorbehalten, wem die eine oder andere dieser Übungen zu empfehlen ist. Keineswegs jeder sollte alle Übungen durchführen. Wohl aber wird die Mannigfaltigkeit der Formeln hier angeführt, um eine Auswahl je nach der Eigenart des Übenden zu erleichtern (vgl. S. 12) (3. Stunde).

═══ Geleitete Bilder allgemeinen Wertes

Symbole der Harmonie und des Gleichgewichtes leisten bei relativ unausgeglichenen Menschen besonders dann gute Dienste, wenn sich eigentliche Bilder schwer oder gar nicht entwickeln. Intensive Vorstellung einfacher geometrischer Figuren, z. B. eines gleichschenkligen Dreiecks, eines Kreises, eines Quadrates usw. ist dagegen solchen Versuchspersonen oft möglich. Sie kann überleiten zu symbolhaften Figuren wie Kreuz oder Stern oder auch zu räumlichen Figuren wie einer Pyramide, einer Kugel usw. Die jeweils einfache Formel lautet:

»Ich stelle mir vor (oder: ich sehe) ein Quadrat« (usw.)

Symbole harmonischer zwischenmenschlicher Beziehungen können zwar nie an die Stelle von Beratung und Konfliktbereinigung treten, wohl aber danach den Zugang der Partner zueinander wesentlich erleichtern. Zwei ineinandergefügte Hände oder zwei Eheringe eignen sich dazu gut.

»Ich sehe zwei Ringe ineinander«

Symbole der Männlichkeit oder der Weiblichkeit, besonders bei Männern ein Schwert oder bei Frauen eine Vase, eignen sich hervorragend zum Klären und Bereinigen innerer Spannungen und Konflikte. So viele Menschen leiden unter einer tiefen Disharmonie zwischen ihren Triebstrebungen und ihren Gewissensansprüchen, daß wir die folgende Übung jedem Teilnehmer anraten.

In Verbindung mit dem Weg auf die Bergeshöhe lauten die Formeln (die für die Frauen in Klammern hinzugefügt sind):

>>Ich nehme mein Schwert (meine Vase) und trage es (sie) ganz ruhig, Schritt für Schritt immer weiter und höher hinauf.
Ich setze es (sie) dem Licht von oben aus und beobachte, was geschieht<<

In diesen Bildern liegt schon ein hoher *diagnostischer* Wert. >>Da kommt eine Frau und stiehlt meine Vase<< berichtet eine Patientin, noch bevor sie von ihren lesbischen Neigungen erzählt hatte. >>Mein Schwert ist aus ganz weichem Gummi, nicht aus Stahl<<, berichtet entsprechend ein Impotenter. Viele aber erlebten etwas von der *therapeutischen* Bedeutung.

Meist zeigt sich das Schwert rostig, schmutzig oder gar (an)gebrochen. Im Licht der Sonne läßt es sich reinigen oder gar neu schmieden.

Entsprechend reinigen manche auch spontan die Vasen, bemalen sie neu, füllen sie mit frischem Wasser und verwandeln sie gar (eine Theologin) in einen heiligen Gralskelch. Unmittelbar erkennt diese Patientin: >>Ich verstehe, ich brauche die Vergebung der Sünden.<< Am folgenden Sonntag nimmt sie an einem Abendmahlsgottesdienst teil, und seither ist ein wesentlicher Teil ihrer persönlichen Probleme gelöst.

Eine 30jährige Krankenschwester versucht zunächst vergeblich, irgendeinen hohen Berg zu sehen und zu besteigen. Endlich entdeckt sie den schneebedeckten Fudschijama, den sie nur aus Bildern kennt. >>Das war der Richtige. Die eisigen Berggipfel ringsumher verwandelten sich erst in Kriegsheere, dann in Injektionsnadeln. Dann sehe ich mich auf einer harmonischen Alm mit einem Freund und sehe das Kreuz Christi. In der Nähe habe ich eine flüchtige Begegnung mit dem Einsiedler. Als ich meine Vase dem Licht entgegentrage, wird mein viel zu enges Gefäß von den ungeheuer starken Strahlen zerbrochen.<<

Wer die analytische Symbolsprache kennt, wundert sich nicht, daß mit diesen Bilderlebnissen die Frigidität der Patientin zu weichen beginnt.

Der Hauptwert dieser Übung besteht in der allmählichen und vertieften Einsicht, daß Sexualität nicht an sich sündhaft ist. Wenn aus einer Vase herrliche Rosen erblühen, wenn ein Schwert mit seinen Diamanten im Sonnenlichte funkelt, so wird nicht zufällig von den Patienten oft in den gleichen Wochen von einem vertieften Erleben der Freude und Harmonie in ihrer Ehe berichtet. Diese wie andere Symbole bedürfen keineswegs einer genauen Analyse ihrer Bedeutung, zumal sie vielfach auch dem Laien offenkundig ist.

LEUNER empfiehlt zur Prüfung der unbewußten Einstellung zum Sexualleben bei weiblichen Patienten das Bild eines nahenden Autos, dessen Fahrer zum Mitfahren einlädt.

Eine Formel dazu lautet:

> »Vor meinem inneren Auge entwickelt sich ein Bild:
> Ich sehe ein Auto auf der Straße näher kommen. Der Wagen hält an, und der Fahrer fordert mich auf einzusteigen. Die Bilder zeigen mir, was ich bei der folgenden Fahrt erlebe ...«

Symbol eines Menschen in einer Welt von Licht.

Im Kursus zeige ich den Teilnehmern einen Leuchtglobus und erzähle gelegentlich von dem großen (etwa 12 Meter Durchmesser) Globus in Boston (Mass.), in dessen Mitte der Mensch die Welt um sich in einem beruhigenden blauen Licht strahlen sieht.

> »Ich bin in der Mitte eines großen leuchtenden Globus.
> Ich sehe um mich eine Welt von Licht«

Ängstliche, depressive und pessimistische Patienten berichteten von besonders günstigen Wirkungen.

Symbole der Reifung erscheinen angezeigt, wenn immer Zeichen der Retardierung und unreifen Verhaltens zu Schwierigkeiten führen.

»Ich sehe eine Rose, die sich aus einer Knospe zu voller Blüte entfaltet«

»Ich sehe ein Samenkorn, das sich zu einem vollen Baum entwickelt, der den Stürmen trotzt«

Symbole der Wandlung leisten oft einen wichtigen Beitrag zur inneren »Neugeburt« eines Menschen.

»Ich sehe eine Raupe, die sich verpuppt.
Der Puppe entsteigt ein Schmetterling.
Ich betrachte seine Schönheit«

Bei dieser wie bei vielen anderen Formeln fügen wir oft die Frage hinzu: »Was will mir dieses Bild sagen?«

Weit über die intellektuelle Erkenntnis hinaus und doch weiterreichend als eine tiefe Einsicht pflegt regelmäßiges Üben der Oberstufe mit solchen Bildern eine kaum zu überschätzende Arbeit an der Entwicklung der Persönlichkeit zu leisten.

═══ Geleitete Bilder mit bestimmten therapeutischen Zielen

Symbolische Szenen fördern einen Patienten je nach seinen persönlichen Problemen:

Ein neurotisch schüchterner junger Mann übte

»Ich spiele Tischtennis mit einem Mädchen«

Eine frigide Ehefrau, die gut musizieren konnte, erhielt die Formel

»Ich spiele eine vierhändige Sonate mit meinem Mann«

Innerhalb eines »Standardschemas« von »katathymen Bildern« empfiehlt LEUNER mit guten Gründen nicht nur die bereits bekannten Motive einer Wiese oder des Weges auf einen Berg, den Besuch eines Hauses, die Begegnung mit einem Vorbild oder mit Tieren, sondern vor allem das Verfolgen eines Baches von seiner Quelle bis zur Mündung eines großen Stromes. Wasser läßt zahllose, aufschlußreiche Bilder und Symbole erleben: vom kristallklaren Quell bis zu trüben Abwässern, vom reißenden Sturzbach bis zum Stauwehr oder dem trägen Strom, vom lebendigen Bach in blühender Frühlingslandschaft bis zu starren Eisschollen im ewigen Schnee, vom natürlichen Flußlauf bis zum toten, geraden Kanal.

In der Oberstufe des Autogenen Trainings kann die entsprechende Formel lauten:

> »Vor meinem inneren Auge entwickelt sich ein Bild,
> ich sehe einen Bach an seiner Quelle entspringen und folge ihm
> immer weiter und weiter . . .
> . . . bis schließlich zur Mündung ins Meer«

Da Erlebnisse im unteren Teil des Flußlaufes meist weniger ertragreich verlaufen, haben wir die Bilder während der letzten Jahre auf einer Talwiese noch im Gebirge der Quelle enden lassen und dort die meist fruchtbaren Erlebnisse begleiten können, die wohl als erster der Psychiater Karl HAPPICH aus seinen Kursen gleich nach dem zweiten Weltkrieg berichtet.

LEUNER empfiehlt vor allem die umgekehrte Richtung, also ein Wasser bis zu seiner Quelle zu begleiten, bei der nicht selten Patienten spontan ein reinigendes Bad nehmen:

> »Vor meinem inneren Auge entwickelt sich ein Bild,
> ich sehe einen Fluß, verfolge seinen Lauf immer weiter und
> weiter aufwärts . . .
> . . . bis zu seiner Quelle«

Ein symbolischer Hausbau, vielleicht nach dem Aufräumen eines Trümmergrundstückes, abgeschlossen durch die Fertigstellung der Inneneinrichtung, kann wiederum dem Neubau der Persönlichkeit dienen.

> »Ich reinige einen Bauplatz.
> Ich ziehe die Grundmauern usw.
> Ich errichte das Dach.
> Ich möbliere die Zimmer«

Das sind einige Beispiele für die dabei möglichen Formeln. Sie werden zweckmäßig auf einen längeren Zeitraum von Wochen verteilt, wobei die

Erlebnisse und Beobachtungen der Patienten selbst zeigen, ob noch die gleichen oder schon' weitere Arbeiten des Bauens verrichtet werden müssen.

Symbolische Übungen körperlicher Selbstzucht. Der moralistische Mißbrauch von Selbstzucht in gesetzlicher geschlechtlicher Erziehung schließt den hohen Wert strenger Selbstdisziplin nicht aus.

»Ich zähme ein wildes Pferd und reite es ein«

Das ist eine bewährte Übung für Menschen, die sich vernachlässigen.

Symbolische Szenen zur Überwindung allgemeiner Schwierigkeiten tragen zur Lösung von Konflikten bei.

»Ich erwache aus dem Schlaf zu voller Aufmerksamkeit«
»Ich löse einen festen Knoten«

Bei dieser Übung wird noch 22 Jahrhunderte nach Alexander dem Großen ein gordischer Knoten nicht selten durchschlagen.

»Ich entwirre ein Wollknäuel«

Diese Übung liegt manchen Frauen näher.

Symbolische Szenen zur Überwindung gemeinsamer Lebensschwierigkeiten leisten besonders in der Eheberatung gute Dienste.

»Ich bin mit meiner Frau auf einem schmalen, steilen Pfad.
Felsblöcke versperren den Weg.
Wir helfen uns gegenseitig hinüber«

Symbolische Szenen der Sicherheit in Gefahren lassen Zuversicht und Geborgenheit erleben.

»Ich schwimme in stürmischer See,
aber ich finde einen festen Felsen«

━━ Begleitete Bilder mit symbolischer Identifikation

Schon in der psychoanalytischen Verarbeitung der Träume erweist sich die Frage (weit über die symbolhafte Deutung der einzelnen
Personen oder Wesen des Traumes hinaus) als fruchtbar, wie weit der
Träumer selbst in jeder einzelnen Gestalt seines Traumes wiederkehrt.
Nach einem Vorschlag von GERARD* regen wir unsere Patienten dazu an,
sich selbst an die Stelle von Lebewesen oder auch Objekten ihrer Bilderlebnisse zu versetzen.

Das erweist sich oft schon bei leblosen Gegenständen als sinnvoll:

>>Vor meinem inneren Auge entwickelt sich ein Bild ...
Ich sehe noch einmal den Felsen (den Tisch, das Bett o. a.)
aus meinem letzten Traum (aus meiner letzten Bilderschau).
Ich bin jetzt selbst dieser Felsen (der Tisch, das Bett).
Was sehe und erlebe ich?<<

Noch fruchtbarere Ergebnisse zeitigt oft eine Identifikation mit Elemen-
ten der Landschaft oder des Universums:

>>Vor meinem inneren Auge entwickelt sich ein Bild ...
Ich sehe das Meer (den Strand, das Gebirge, den Himmel, die
Sonne, die Sterne usw.)
aus meinem letzten Traum ...
Ich bin jetzt selbst dieses Meer (dieser Strand, Himmel usw.).
Was sehe und erlebe ich?<<

Oft stellen sich dann Erfahrungen innerer Weite ein, die >>engen<<, ge-
ängsteten Menschen wohltun.

Erscheinungen und Elemente der Natur eignen sich nicht minder zu
solcher Identifikation:

---

* Bei einem Vortrag auf der 5. Internationalen Konferenz für Psychosynthese in Rom
  im September 1967.

>... ich sehe das Feuer (den Gletscher, den Blitz, ich fühle den Wind usw.)
aus meinem letzten Traum ...
Ich bin jetzt selbst dieses Feuer (dieser Gletscher usw.)
Was sehe und erlebe ich?«

Vorzüglich eignet sich diese symbolische Identifikation, wenn die Bilder selbst schon Lebewesen darstellen, z. B. Pflanzen:

>... ich bin jetzt selbst dieser Baum (diese Blume, dieser Kaktus usw.)«

Das Hauptgebiet aber stellt die Vielzahl der Tiere, auf dem Meeresgrund vorwiegend der Ungeheuer, dar:

>... ich bin jetzt selbst dieser Drachen, (dieser Tintenfisch, dieses Krokodil usw.)
Was sehe und erlebe ich?«

Nicht nur eine weitreichende Beseitigung von Angst und Spannungen läßt sich dann beobachten, sondern auch ein tieferes Verständnis für jene Menschen und Mächte der Umwelt, die bisher ausschließlich als feindlich erlebt wurden.

Mit symbolischer Identifikation lassen sich auch ganze Szenen von Träumen und Bilderlebnissen zu Ende führen. GERARD berichtet von einer Patientin, die (durchaus abweichend von der Wirklichkeit) von einem verstaubten Klavier im Keller geträumt hatte. Nun führte sie diesen Traum fort:

>... ich selbst bin dieses Klavier ...
mein Mann beginnt zu spielen ...
ich spüre die Resonanz« usw.

Nach 15jähriger Ehe sei mit diesen Übungen zum ersten Mal die Frigidität aufgehoben worden, so teilt er mit.

Nochmals aber betonen wir: Nicht etwa alle die vorstehenden Formeln zur Bilderschau sind zu üben, sondern wie in der Grundstufe braucht der jeweilige Patient eine kundige Beratung durch den Versuchsleiter über die für ihn besten Formeln.

≡ Ergebnisse der »Autogenen Imagogik«

Zusammengefaßt lauten die wesentlichen Ergebnisse dieser Imagogik:

1. Die Patienten erfahren die unbekannte und unermeßliche Weite einer innersten Bilderwelt und ihres Reiches.
2. Überraschend kurzfristig lernen sie »an der tiefsten Stelle des Meeres« ihre eigentlichen, wesentlichen Lebenskonflikte und -aufgaben mindestens bildhaft kennen.
3. Die hypnotische und autogene Imagogik gibt eine vorzügliche Gelegenheit, Aggressionen zu verarbeiten.
4. Die Imagogik ermöglicht gelegentlich eine spontane Auseinandersetzung auch mit Verstorbenen.
5. Die Imagogik macht die Psychotherapie unabhängig von den Träumen.
6. Die Imagogik bietet die Möglichkeit, die unterschwellig belastenden Konflikte zu überwinden.
7. Die Imagogik ermöglicht, spezifische Probleme zielgerichtet anzugreifen.
8. Die Imagogik vermittelt ein Gefühl der inneren Freiheit und Euphorie.
9. Die Richtungsvorstellung nach oben »Ich gehe ganz ruhig, Schritt für Schritt auf einen hohen Berg, immer höher hinauf« führt viele Patienten zu religiösen Erlebnissen und zu fruchtbarer eigener Charakterbildung.
10. Der Imagogik kommt, z. B. durch die Erfahrung des Gewissens, höchste religions-psychologische Bedeutung zu.

In einem Vergleich sei abschließend der Eindruck zusammengefaßt, der sich nach 40 Jahren fast täglicher psychoanalytischer Begleitung von Patienten mit ihren Träumen und nach 24 Jahren ständiger Erfahrungen mit hypnotischer und autogener Imagogik aufdrängt: Wie ein Forschungsschiff auf dem Ozean wieder und wieder die Tiefe auslotet, Proben des Meeresbodens entnimmt, Flora und Fauna jener Stellen zu Tage fördert und erforscht oder gar mit Scheinwerfer, Kameras und Filmgeräten den Meeresgrund ausleuchtet, aufnimmt und beobachtet, so geben auch die Träume Einblick in die tief verborgene Welt versunkener, vergessener und doch fortwirkender Geheimnisse. Wer nur genügend häufig und gar planmäßig Einblick nimmt in diese Tiefen, der wird auch einen zusammenhängenden Überblick gewinnen und dabei gar einen versunkenen, gesuchten Schatz entdecken oder eine besonders aufschlußreiche Untiefe genau kennenlernen.

In hypnotischer und autogener Imagogik aber vergleichen die Patienten selbst ihren Weg nicht selten mit der Entdeckungsfahrt eines Unterseebootes, mit dem sie zielgerichtet, unmittelbar und – nach erster Anleitung – selbständig die tiefsten und wesentlichsten Stellen ansteuern.

Gewiß trifft jeder Vergleich nur in bestimmten Grenzen zu. Zweifellos weisen sehr viele Träume Beziehungen auf zu den zentralen Lebenskonflikten; doch ebenso sicher ergeben sich erhebliche Unterschiede in der Bedeutung und Fruchtbarkeit des Traummaterials für die systematische Arbeit mit dem Patienten. Relativ selten bleiben die Stunden, in denen die Erkenntnisse eines Traumes eine durchgreifend neue Einsicht vermitteln und zu unvergeßlichen Höhepunkten des Lebens werden. Das aber ist in der autogenen und hypnotischen Imagogik häufig.

Aber auch das Autogene Training selbst läßt sich in seinen Wirkungsmöglichkeiten unter dem Bilde eines Weges auf dem Meeresgrund besser verstehen. Wer das Training nur vom Hörensagen kennt, gleicht dem Wanderer, der vom Ufer her die Weiten der Ozeane nicht zu ermessen vermag. Selbst wer die Literatur in ihrer heute schon unübersehbaren Vielfalt erforscht, mag wie ein Seefahrer vorstoßen in die bekannten oder gar unbekannten Gestade der Forschung.

Doch erst wer im Selbstversuch Schritt für Schritt in jener neuen Dimension zurückgelegt, die I. H. SCHULTZ schlicht als eine »Umschaltung in die konzentrative Selbstentspannung« bezeichnet, der erst erlebt gleichsam in naturwissenschaftlich durchschaubarer Klarheit in der Nähe des Ausgangsortes, wie neuartige Körpererlebnisse, aber auch tiefe Ruhe und Gelassenheit ihn umfangen.

Das Autogene Training erschöpft sich aber nicht in jenen Anfangswirkungen, so bedeutsam sie sich für Gesunde und Kranke erwiesen haben. Schwere und Wärme, Entspannung und vegetative Umschaltung, Erholung und vertiefter Schlaf, Resonanzdämpfung der Affekte und Steigerung des Gedächtnisses, Schmerzmilderung und mannigfaltige Heilwirkungen auf psychosomatische und neurotische Leiden sowie eine Unterstützung ärztlicher Therapie auf zahlreichen Gebieten der Medizin – das alles steht am Anfang eines Weges, der noch viel weitere Tiefenbereiche erschließt. Für zwei der bedeutendsten Weltprobleme der psychischen Hygiene, den Alkoholismus und die Selbstmordverhütung, wird im Autogenen Training ein ausschlaggebender Beitrag zur praktischen Lösung (oder mindestens Erleichterung) vermittelt.

Formelhafte Vorsätze für Kranke und Gesunde in allen denkbaren Lebensbereichen lassen erkennen, in wie ungeahntem Ausmaß – nicht in erster Linie der Wille – wohl aber zielbewußte, planmäßige Übung von vertiefter Erkenntnis aus auf das gesamte körperlich-seelische Leben einwirkt. Charakterbildung – Ziel der edelsten Bemühungen großer Männer seit Generationen – rückt hier in den Bereich ernster, sachlicher Selbsterziehung. Wer den Wert der Psychoanalyse für die vertiefte Selbsterkenntnis und den Neubau einer harmonisch in sich selbst ruhenden Persönlichkeit kennt, der muß angesichts der unübersehbaren Zahl neurotisch Kranker und verantwortungsvoller, aber oberflächlicher Menschen dringend wünschen, daß vergleichbare Erfahrungen einem weit größeren Kreis von Leidenden oder aus anderen Gründen analysebedürftigen Menschen zugänglich würden. Die Gruppenarbeit des Autogenen Trainings, besonders der Oberstufe, erscheint angesichts des fast grotesken Mißverhältnisses zwischen der Zahl der Hilfesuchenden einerseits (und ihrer finanziellen Mittel) und der der Analytiker andererseits als einer der wichtigsten Auswege, der sich in unserer Arbeit in über 300 Oberstufenkursen als brauchbar erwiesen hat.

Noch in weiterer Hinsicht gleicht der Weg auf dem Meeresgrund dem Autogenen Training selbst. Schritt für Schritt wird er zurückgelegt, so daß stets fester Grund unter den Füßen bleibt. Wer – gerade auch in der Oberstufe – meint, den sicheren Grund naturwissenschaftlicher und physiologischer Erkenntnisse einschließlich erfahrungsbedingter Symbole und Bilder verlassen zu können zugunsten philosophischer oder gar religiöser Theorien und Spekulationen, der gerät unweigerlich ins Schwimmen, verliert Halt und Orientierung und kommt weder voran noch dringt er in die eigentlichen Tiefen vor.

In diesem Sinn erscheint eine letzte Abgrenzung erforderlich. Niemals, auch in der Oberstufe nicht, nimmt das Autogene Training selbst religiösen Charakter an. Es will und kann gerade nach dem Willen und der Erkenntnis von I. H. SCHULTZ ein echtes Glaubensleben niemals ersetzen oder gar mit Inhalt füllen; wohl aber kann es krankhafte Störungen, verbreitete Selbsttäuschungen und charakterliche Fehlhaltungen beseitigen, die den religiösen Erfahrungen als sonst unüberwindliche Hindernisse im Weg stehen. Es vermag den Menschen zu entspannen und ihn dadurch zu bereiten für die Erfahrungen des Glaubens, die dann in einer anderen, geistlichen Dimension beheimatet sind. Allenfalls könnten wir im Rahmen der bisherigen Vergleiche fragen: Wer nicht in die Tiefe seines eigenen Herzens schauen gelernt hat, wie will der Gott recht erkennen? Wenn schon CALVIN (in der Einleitung zu seinen Constitutiones) lehrte, wie Selbsterkenntnis und Gotteserkenntnis einander gegenseitig fördern, der wird gerade auch von theologischer Seite die Bedeutung des Autogenen Trainings dankbar würdigen, da es die Bahn bereiten hilft zu echtem, besonders auch meditativem religiösem Erleben.*

Vor 60 Jahren wurde das Autogene Training entwickelt. Inzwischen ist diese Methode mindestens unter den Fachleuten in der ganzen Welt bekannt und anerkannt. Das folgende halbe Jahrhundert aber stellt der neuen Arztgeneration die Aufgabe, auch der Praxis des Autogenen Trainings auf breitester Grundlage jene Anwendungsbereiche zu erschließen, die ihr zukommen und es dabei vor dem gefährlichen und unkritischen Mißbrauch durch Unkundige zu schützen. In beständiger Nüchternheit gilt es dabei, die Grenzen zu sehen, die diese Methode davor bewahren, als Zauber- oder Allheilmittel zu gelten, das alle Krankheiten kurieren oder alle Wünsche erfüllen kann. Doch nicht minder verbreitet und bedauerlich ist jene Unterschätzung des Trainings, die seine Anwendungsbereiche nicht kennt und darum nicht ausnutzt.

* Vgl. das Buch des Verfassers »Meditation«, s. S. 22

Wer in einer ärztlichen Lebensmüdenbetreuung seit über 30 Jahren Woche um Woche die Worte hört: »Am meisten geholfen aber hat mir das Autogene Training«, der spürt nicht nur die Verpflichtung, dieses Werk weiterzuführen, sondern auch den Kollegen wie den Patienten die Frage zu beantworten: »Autogenes Training, wie sieht denn das praktisch aus?« Die Worte dieses Büchleins aber sind nur der erste Teil der Antwort, der zweite ist wichtiger: die eigene praktische Erfahrung:

Fragebogen
zum Autogenen Training (Oberstufe)

Dr. med. Klaus Thomas   Glockenstraße 17
(I. H. SCHULTZ-Institut)   1000 Berlin 37 (Zehlendorf)

Name/Vorname: (braucht nicht angegeben zu werden)   Datum:
Geburtstag und -jahr: Beruf:
Anschrift: (Angabe ebenfalls freiwillig)

Für die Beantwortung folgender Fragen wäre ich Ihnen dankbar:

A.   1.   Wann hatten Sie an einem Kursus für die Grundstufe des Autogenen Trainings teilgenommen?
      2.   Wie würden Sie dessen Gesamtergebnis bezeichnen?
           a) sehr gut?
           b) gut?
           c) gering?
           d) ohne Einwirkungen?
      3.   Wer hatte Ihnen seinerzeit das Autogene Training empfohlen?
      4.   a) Welche besonderen Beschwerden hatten Sie veranlaßt, das Autogene Training zu erlernen?
           b) Wie hat sich das Autogene Training bei diesen Beschwerden ausgewirkt?
      5.   Wie oft pflegen Sie das Autogene Training zu üben?
           a) Grundstufe?
           b) Oberstufe?
      6.   Welche Körperhaltung bevorzugen Sie beim Üben?

B. 1. Haben sich bei Ihnen Farberlebnisse eingestellt?
   a) Wann und wie oft haben Sie sie beobachtet?
   b) Haben Sie Ihre Eigenfarbe erlebt?
   c) Konnten (können) Sie sich jede Farbe des Spektrums vergegenwärtigen?
   d) Haben Sie besondere Beobachtungen bei den Farberlebnissen zu berichten?*

2. Haben Sie *konkrete Gegenstände* innerlich wahrnehmen können?
   a) Wann und wie oft geschah das?
   b) Welche Gegenstände haben Sie gewählt?
   c) Haben Sie dabei besondere Beobachtungen sammeln können?*
   d) Welche Wirkungen konnten Sie verzeichnen?*

3. Haben Sie *abstrakte Begriffe* erleben können?
   a) Wann und wie oft geschah das?
   b) Welche Begriffe haben Sie gewählt?
   c) Haben Sie dabei besondere Beobachtungen sammeln können?*
   d) Welche Wirkungen konnten Sie verzeichnen?*

C. 1. Ist Ihnen ein »Weg auf den Meeresgrund« möglich gewesen?
   a) Wann und wie oft geschah das?
   b) Haben Sie »die tiefste Stelle« erreicht?
   c) Wie lange dauerte es, bis Sie dort waren?
   d) Haben Sie Hilfsmittel benutzt, um hinunter zu gelangen?
   e) Wen oder was haben Sie unterwegs dorthin gesehen?
   f) Wollen und können Sie eine Zeichnung oder Karte von Ihrem Weg anfertigen?*
   g) Wen oder was haben Sie an der tiefsten Stelle beobachtet?*
   h) Haben Sie sich in einer unangenehmen Lage befunden oder sich geängstigt gefühlt?
   i) Haben Sie Ihren »Zauberstab« benutzt und wozu?
   k) Hatten Sie Kämpfe oder andere gefährliche Situationen zu bestehen? (Bitte gegebenenfalls schildern!)
   l) Sind Sie der »Hexe« begegnet?

2. Ist Ihnen der »Weg auf die Bergeshöhe« gelungen?
   a) Wann und wie oft sind Sie ihn gegangen?

b) Haben Sie den Gipfel erreicht?

c) Wie lange dauerte es, bis Sie dort waren?

d) Haben Sie die »Ballontechnik« bevorzugt und mit welchen Ergebnissen?

e) Wen oder was haben Sie auf dem Berg beobachtet?*

f) Haben Sie den »Einsiedler« gesehen und gesprochen?*

3. Haben Sie Bilderlebnisse mit bestimmter Zielsetzung geübt (vgl. siebente Doppelstunde)?

a) Welche Formeln haben Sie dabei benutzt?

b) Was konnten Sie beobachten?*

c) Welche Ergebnisse konnten Sie feststellen?*

* Bei Bedarf bitte ein zusätzliches Blatt beifügen und besonders Schwierigkeiten und Gefahren schildern!

Die Oberstufe des Autogenen Trainings im Vergleich zu anderen Methoden des Bilderlebens

Das Autogene Training bietet nicht den einzigen und nicht den ersten Weg zu inneren Bilderlebnissen, wohl aber weist es einzigartige Merkmale auf, die der folgende Vergleich erkennen läßt. Die verschiedenen, vielfach mit einander verwandten Methoden folgen alphabetisch geordnet, damit die Zusammenstellung auch zum Nachschlagen dienen kann.

Cristal vision: A. BINET u. P. JANET entwickelten 1922 eine Technik, nämlich längere Zeit hindurch einen glänzenden Gegenstand zu fixieren, z. B. ein Wasserglas, ein Kristall oder ähnliches. Unwillkürlich erscheinen dann oft kleine, recht genaue, häufig farbige Bilder.

Eidetische Begabung nennt JAENSCH (1926) die Fähigkeit, einen Gegenstand, der objektiv nicht mehr vorhanden ist, doch als »Anschauungsbild« vorwiegend optisch (viel seltener durch andere Sinne, z. B. akustisch) wahrzunehmen. Diese Anschauungsbilder liegen nach einem Schema von JASPERS, das JAENSCH zitiert, zwischen den Wahrnehmungen und Vorstellungen, doch näher bei den Wahrnehmungen.

Im Unterschied zu physiologischen Nachbildern, die bei jedem Menschen nach dem Fixieren eines Gegenstandes auftreten, sind bei den Anschauungsbildern vorwiegend Gemüt und Affekt beteiligt. Auch können diese Anschauungsbilder zu eigenständigen Handlungen aktiviert werden. Im Unterschied zu den physiologischen Nachbildern pflegen die Anschauungsbilder mehrere Minuten lang bestehen zu bleiben.

Experimentelles, katathymes Bilderleben *(guided affective Imagery)*: Nach H. LEUNER (1954) erwachsen aus experimentellen Phantasievorstellungen bewegte oder fixierte Bilder, deren bewußte Gestaltung therapeutischen Zielen dient und zu einem »regieführenden Symboldrama« erweitert werden kann. Auch ohne psychoanalytisches Durcharbeiten wirken solche Bilder heilend; Psychoanalyse wird dadurch erleichtert.

Fraktionierte Aktivhypnose: E. Kretschmer hat im Anschluß an das Autogene Training 1949 ein systematisches »Bildstreifendenken« in einem selbsthypnotischen Zustand beschrieben.

Eine verlängerte, intensive Konvergenzhaltung der Augen soll dabei stärker noch als beim Autogenen Training den hypnoiden Zustand vertiefen und sowohl Bilderlebnisse ermöglichen als auch »wandspruchartige Leitsätze« (die formelhaften Vorsatzbildungen nach I. H. Schultz) verwirklichen.

Hypnoanalyse: M. Nachmansohn hat 1925 und 1928 (zum Teil auf Oskar Vogts Kausalanalyse, 1895, und auf Kohnstamms hypnotischer Selbstbesinnung fußend) empfohlen, Träume in hypnotischem Zustand bildhaft nachzuerleben, wobei sich nicht nur wesentliche weitere Einzelheiten, sondern auch Zusammenhänge und Bedeutungen erkennen lassen. Auch Tuczek hat eine Psychokatharsis im Anschluß an Hoches »leibhaftige wahrnehmungsähnliche Bilderlebnisse« beschrieben, die durch geistige Aktivität herbeigerufen werden können. Hoche schilderte »phantastische Bilder auf dunklem Hintergrund«, die er als »Phosphene« bezeichnete. Sie entstehen ohne adäquaten Reiz, im Unterschied zu den »entoptischen Erscheinungen« (Hoche), die durch Druck auf die Augäpfel ausgelöst werden.

Imagerie mentale (*mental Imagery*): F. Galton hat 1883 allen Methoden der Psychologie und Psychotherapie diesen Namen gegeben, in denen eine Versuchsperson oder ein Patient in einem entspannten oder hypnotischen (schlafähnlichen) Zustand spontan oder unter suggestiven Einflüssen Bilder sieht, über die er dem Versuchsleiter bzw. dem Arzt berichtet.

Unter dem Titel »Imagerie mentale« erschien 1968 ein hervorragendes Sammelwerk von R. Fretigny u. A. Virel mit dem Untertitel »Introduction à l'onirothérapie« (Editions Du Mont-Blanc, Genève), das eine geschichtliche und systematische Übersicht über die heute bekannten und verbreiteten Methoden der Bilderlebnisse enthält. Zahlreiche Angaben der Seiten 212 ff. fußen auf diesem verdienstvollen Werk.

Imagination active: E. CASLANT – ein Okkultist, mit einem starken Einfluß auf R. DESOILLE (vgl. S. 216) und schließlich auch auf die Psychotherapie – beschrieb 1921 eine Methode des aktiven Lenkens von Traumgedanken (»pensée onirique«) auf bestimmte Gegenstände oder Gebiete. Davon unterscheidet CASLANT ein passives Bilderleben (imagination passive), bei dem keine Kontrolle oder Leitung stattfinden.

Später hat C. G. JUNG den Ausdruck »imagination active« für eine analytische Behandlungsart übernommen, bei der ein Patient angeleitet wird, sich einem ärztlich gesteuerten Bilderleben zu überlassen.

Image hyparique und Image onirique: Zahlreiche Autoren, u. a. R. FRETIGNY u. A. VIREL, unterscheiden mit diesen Bezeichnungen die wachbewußten Zustände und Bilderlebnisse (hyparique) mit den Wahrnehmungen, den Illusionen, den eidetischen Bildern, den Phantasien und Halluzinationen von den Bildern im unterwachen Bewußtseinszustand (onirique) – also den Träumen – bis zu den verschiedenen hypnagogen Bilderlebnissen und dem rêve éveillé dirigé (vgl. S. 216) oder bloßen »Träumereien«. Diese Bezeichnungen sind also nicht einer bestimmten Methode vorbehalten, sondern wollen den Wachheitsgrad des Erlebenden angeben.

Introspection provoquée: A. BINET hat diese Bezeichnung 1922 seiner Methode des geleiteten Bilderlebens gegeben.

Kausalanalyse: O. VOGT bezeichnete mit diesem Ausdruck 1894 eine hypnotische Bewußtseinseinengung und Selbstbeobachtung, die die »unbewußten« Ursachen und Zusammenhänge einer neurotischen Erkrankung offenbaren sollte.

Méthode des images: M. GUILLEREY legte 1943 und 1945 bei seinem Bilderleben besonderen Wert auf die Wahrnehmung des »Moi corporel«, des »körperlichen Ich«, aus der sich wesentliche Erkenntnisse für die psychosomatische Behandlung eines Patienten ergeben. A. VIREL stellt diesem reellen »Moi corporel« das »Moi corporel imaginaire« gegenüber, das die symbolhafte Bilder erlebt und dabei Konflikte lösen lernt.

Onirothérapie: Im weiteren Sinne trägt jede Psychotherapie mit Bilderschau diesen Namen, im engeren Sinne haben FRETIGNY u. VIREL unter dieser Bezeichnung eine Methode in drei Phasen beschrieben (besonders 1968): die »phase maïeutique« ist nach der Geburtshilfeähnlichen Ausfragekunst des Sokrates genannt, die »phase onirique« lehrt traumähnliche Bilder nach Entspannungsübungen und die »phase de maturation« ordnet die gewonnenen Erkenntnisse in das praktische und soziale Leben des Patienten ein.

Onirodrame: FRETIGNY u. VIREL haben mit diesem Namen (1968) einen dramatischen, bildhaft erlebten spontanen, szenischen Ablauf von Ereignissen und Erfahrungen des »Moi corporel imaginaire« bezeichnet, der innerhalb der obengenannten »phase onirique« dem Patienten zu befreienden »Abreaktionen« verhilft.

Pseudohalluzinationen: Im Anschluß an E. JAENSCH (1926) haben M. TRAMER u. F. BEYME (1947) hypnotisch klärende und entspannende Bilder vermittelt, die sie als Pseudohalluzinationen bezeichneten und als psychotherapeutische Methode vorwiegend für eidetisch begabte Patienten anwandten.

Psychokatharsis: L. FRANK sah die therapeutische Anwendung von Bildern abhängig von der »optischen Begabung«, von der Affektlage und von dem Ursprung der Neurose. Bei geeigneten Voraussetzungen erkannte er klärenden Bilderlebnissen als »Psychokatharsis« einen hohen therapeutischen Wert zu.

Psycholyse: Halluzinogene Drogen (besonders LSD 25 und Psilocybin) können klärende Bilder auslösen, Hemmungszustände auflockern, zum freien Assoziieren und Mitteilen sonst verdrängter und verschwiegener psychischer Träumen und zum befreienden Nacherleben und Äußern angestauter Affekte anregen. Dafür schlug H. LEUNER (1963) die Bezeichnung »Psycholyse« vor. BERTA hat für die gleiche Methodik, die er in seiner Klinik schon früher (auch ambulant) einsetzte, die Bezeichnung »Rêve éveillé dirigé mit LSD« beibehalten.

Rêve éveillé: L. DAUDET kennzeichnete 1926 einen Zustand der inneren Befreiung und heiteren Gelöstheit, der durch freiwillige und systematische einsame Träumereien erreicht wird.

Rêve éveillé dirigé: R. Desoille bezeichnete mit diesem Namen eine Technik der Bilderschau, in der die vertikale Richtungsvorstellung (der Weg auf den Meeresgrund und der Weg auf die Bergeshöhe) im Vordergrund steht. In einem ersten Abschnitt seiner Arbeit löste er seine Methode von dem okkultistischen Ursprung bei Caslant; in einem zweiten Abschnitt entwickelte er daraus eine Heilmethode, die von zahlreichen namhaften Psychiatern übernommen und zum Teil weiterentwickelt wurde. In einem dritten Arbeitsabschnitt veröffentlichte Desoille seine Methode und seine Erfahrungen (1945–1954) und begründete sie mit den Lehren Pawlows (vgl. S. 12 f.).

Die Bezeichnung »rêve éveillé dirigé« ist von bedeutenden Autoren als fest geprägter Begriff übernommen worden (z. B. Berta), andere kritisierten die Bezeichnung, weil weder ein echter Traum noch ein Wachzustand und nur teilweise eine aktive Leitung durch den Therapeuten vorliegt.

Die vorliegende Zusammenstellung will die Vielfalt der Bezeichnungen vergleichend ordnen.

Rêve éveillé libre: A. Arthus legt bei seiner sogenannten Methode (1956) Wert darauf, daß der Patient ohne jede Beeinflussung und Anleitung völlig freie Bilder entwickelt.

Rêve vécu: M. Guillerey wollte mit dieser Bezeichnung (1945) den Wert der Methode von Desoille treffender zum Ausdruck bringen (siehe oben).

Rêverie dirigée: Unter dem Einfluß von P. Janet und De Vittoz beschrieb 1925 M. Guillery eine Technik der Bilderschau, deren Namen er nach den Veröffentlichungen von Desoille aufgab, ihn aber 1942 aufs neue einführte, wobei er besonderes Gewicht auf die Bedeutung des »Moi corporel« legte (vgl. S. 172 f.).

Sophrologie: J. Donnars hat das Wort vom griechischen Sophrosyne abgeleitet, um jene innerste Ruhe und Gelassenheit zu kennzeichnen, in der Leiden und Schmerzen vermindert empfunden oder gar aufgehoben werden. Besonders in der Zahnheilkunde bewirkt die bildhafte Vorstellung, das Kinn würde in Schnee getaucht, eine wirksame Kälteanästhesie (Quelle: Vortrag beim Ersten Internationalen Kongreß für Imagerie mentale).

In den letzten Jahren hat die »Sophrologie« besonders in Südamerika zahlreiche Anhänger gefunden. In vielen Ländern spanischer Zunge bevorzugen Ärzte den Ausdruck Sophrologie, um damit die seriöse Hypnosewissenschaft und -praxis von dem verbreiteten kurpfuscherischen Mißbrauch abzugrenzen.

Substitution des images (Bildverschiebung und -austausch): P. JANET hat schon 1898 unter diesem Namen eine Methode beschrieben, mit der zwangsweise auftretende, besonders quälende Bilder ganz oder teilweise durch andere Bilder ersetzt oder verwandelt werden. Diese Technik bildet einen Teil der von ihm als »dissociation des idées« bezeichneten Therapieart.

Symbolic Visualization: R. GERARD (Los Angeles) hat in enger Anlehnung an die »Psychosynthese« von R. ASSAGOIOLI (Florenz) eine psychotherapeutische Methode entwickelt, bei der er in bestimmten Konfliktsituationen lösende und heilende symbolische Vorgänge bildhaft nacherleben oder vollziehen läßt (vgl. S. 204).

Wer bin ich (Who am I, Qui suis-je): MARTHA CRAMPTON faßt (1968) unter dieser Bezeichnung eine Methode zusammen, bei der sie den Patienten in symbolischer Bilderschau seine Konflikte und seine eigenen Abwehrhaltungen nacherleben läßt, damit er sich besser verstehen und angemessener zu reagieren lernt.

Die vorstehende Übersicht beschränkt sich auf medizinische und psychologische Methoden des Bilderlebens. Den religiösen, besonders den christlichen und buddhistischen Wegen der Meditation ist ein eigenes Buch »Meditation« (Stuttgart 1973) vorbehalten. Auch Bücher über Träume und über halluzinogene Drogen sind erschienen (vgl. S. 225).

Als I. H. SCHULTZ 1932 die erste Auflage des Werkes »Das autogene Training« erscheinen ließ, war die systematische Verwendung

Bilderschau und Erlebnisse in seelischen Sonderzuständen

Funktion		Schizophrenie	Halluzinogene			Traum
Voraussetzung oder Ursache		unbekannt	LSD	Psilo-cybin	Meska-lin u. a.	Schlaf
Erlebnisse		nicht religiös und »religiös«	nicht religiös und »religiös«			nicht religiös und »religiös«
Bewußtseinsrichtung		»außerwach« pathologisch	vorwiegend überwach und »außerwach«			unterwach
Bewußtseinslage		klar	ausgeweitet			Schlafzustand
Sinneswahrnehmung	**Grundcharakter**	echte Halluzinationen	Pseudohalluzinationen			frei steigende Bilder
	Optisch	meist ungestört	intensives Farberleben, Bilderjagen und Szenen			meist blasse Szenen, vergangenheits- oder gegenwartsbezogen
	Akustisch	häufige Täuschungen	meist nicht betroffen, doch oft Geräuschempfindlichkeit			gelegentlich
	Berührung	häufig starke Täuschungen	gelegentlich mäßige Täuschungen			kaum beobachtet
	Geruch	gelegentliche Täuschungen	nicht betroffen			äußerst selten
	Geschmack	gelegentliche Täuschungen	selten			äußerst selten
	Bedeutungs-Charakter	als objektive Wirklichkeit empfunden	meist nur als subjektive Wirklichkeit empfunden, Ausnahmen bei hoher Dosierung			im Schlaf meist als objektive Wirklichkeit empfunden
Orientierung	**Raum**	meist ungestört	Perspektiven, Distanzen und Dimensionen verändert			gelegentlich kritiklos leicht verändert erlebt
	Zeit	meist ungestört	oft verlangsamt, bei höheren Dosen aufgehoben			gelegentlich etwas verändert
	Körperschema	gelegentlich gestört	häufig grotesk entstellt bzw. Depersonalisation			unverändert
	Schwerkrafterlebnis	meist ungestört	oft aufgehoben			gelegentliches kurzes Fallen oder Fliegen
Bildsymbolik	**Einfühlbar**	gelegentlich	schwer			meist
	Deutbar	oft	gelegentlich			meist
Denken		meist gestört, perseverierend oder »zerfahren«	meist nur wenige gestört, geringer Gedankenzustrom oder Ideenflucht			Logik der Bilderfolgen meist aufgehoben
Mitteilungsdrang		gesteigert oder gehemmt	meist gesteigert			selten, gering

Neurotische Pseudo-halluzinationen	Rêve éveillé dirigé, katathymes Bild-erleben	Autogenes Training Oberstufe	Meditation	Religiöse Vision
hysterischer Dämmerzustand	Suggestion	Hypnotische Umschaltung	vertieftes Gebet	Offenbarungs-erlebnis
oft sexuell oder religiös	vorwiegend nicht religiös	meist nicht religiös	religiös	religiös
»außerwach«	»außerwach« physiologisch			überwach
eingeengt	meist klar		meist klar und psycho-gen eingeschränkt	meist klar
Pseudohalluzinationen	anfangs aktivierte Vorstellungen	**Katathyme Bilderlebnisse**		spontane Sinnes-erlebnisse
oft deutliche »Einbildungen«	meist deutliche Bilder oder Szenen aus der Vergangenheit	meist deutliche Bilder oder Szenen, oft vergangenheits-, selten zukunftsbezogen		deutliche Bilder oder Szenen, oft zukunftsbezogen
selten	selten		relativ häufig und subjektiv deutlich	oft subjektiv deutlich
oft sexuelle Wunsch-erfüllung mit Verzückungscharakter	sehr selten			selten
selten	äußerst selten			
selten	äußerst selten			selten
als subjektive oder objektive Wirklichkeit empfunden	als subjektive Wirklichkeit empfunden			als objektive Wirk-lichkeit empfunden
meist ungestört	Entfernungen verkürzt, vorherrschend vertikale Richtungsvorstellung		vorwiegend Rich-tungsvorstellung nach oben	vorwiegend Rich-tungsvorstellung von oben
meist unverändert	ungestört		gelegentlich Ewigkeitsahnung	gelegentlich Ewigkeitsahnung
unverändert, doch oft erheblich übersteigerte Körpersensationen	unverändert			unverändert
meist ungestört	oft erst vermehrt erlebt, dann gelegentlich vermindert		oft vermindert »leicht« oder auf-gehoben, »schwe-ben«, »Levitation«	oft aufgehoben
meist	oft	oft	gelegentlich und nicht leicht	gelegentlich
meist rasch und klar	oft	oft	meist	oft
meist ungestört	klar	erschwert, aber klar	klar	erhalten, klar auf das Erleben konzentriert
meist erheblich gesteigert	je nach Erlebnisinhalt unverändert, leicht vermindert oder gesteigert		wegen innerer Scheu meist erheblich vermindert	nur bei Sendungs-bewußtsein gesteigert

Funktion	Schizophrenie	Halluzinogene	Traum
Erinnerungs- und Mitteilungsfähigkeit	oft gehemmt	durch Geschwindigkeit der Bildfolge erschwert	durch schnelles Vergessen erschert
Willenskraft	gesteigert oder vermindert	mit steigender Dosis fortschreitend vermindert	fehlt fast völlig
Persönlichkeits- und Ich-Bewußtsein	oft Einengung, Spaltung, abnorme Zentrierung	gelegentlich Depersonalisation, Ich-Veränderung, gelegentlich Ich-Auflösung	selten und wenig verändert
Kontaktfähigkeit	meist erheblich gestört	eingeschränkt	erloschen
Kritikfähigkeit	Krankheitseinsicht meist aufgehoben	eingeschränkt, doch Einsichten erhalten	stark vermindert
Stimmungslage	jegliche Verstimmungsart möglich	meist euphorisch, zeitweise depressiv oder ängstlich	unterschiedlich
Erregbarkeit	meist (erheblich) gesteigert	meist gesteigert	selten gesteigert
Angst	oft quälend empfunden	als hoffnungsloses Verlorensein (bes. anfangs) häufig	als Alptraum gelegentlich belastend

von Bilderlebnissen in der Psychotherapie selbst ein Zustand hypnotischer Umschaltung nicht neu, wie die vorstehende Übersicht erkennen läßt. Dennoch haben gerade die maßgebenden Vertreter der »Mental Imagery« von ihren Methoden her eine Verbindung zum Autogenen Training gesucht und durch sachliche Kombination der therapeutischen Wege, die einander keineswegs widersprechen, eine Verbesserung der Ergebnisse erhofft.

Schon im deutschen Bereich hat ein so bedeutender Gelehrter wie E. KRETSCHMER seine »fraktionierte Aktivhypnose« nicht zufällig auf dem Autogenen Training aufgebaut.

Doch auch BENOIT, BERTA, DESOILLE, GERARD u. a. haben sich um eine gegenseitige Ergänzung der Methoden bemüht, die der Verfasser im Einvernehmen mit I. H. SCHULTZ in persönlichem Austausch bei mehreren Weltreisen einleitete.

Neurotische Pseudohalluzinationen	Rêve éveillé dirigé, katathymes Bilderleben	Autogenes Training Oberstufe	Meditation	Religiöse Vision
Erinnerung oft verzerrt, Mitteilung ungestört	voll erhalten			durch Erlebnisintensität gesteigert
vermindert oder einseitig ausgerichtet	meist erheblich eingeschränkt		gleichzeitig vermindert, anschließend oft gesteigert	gleichzeitig stark vermindert, danach meist erheblich gesteigert
oft gesteigert	meist unverändert			oft gesteigert
vermindert bei gesteigertem Kontaktbedürfnis	meist auf den Arzt beschränkt	aufgehoben oder auf den Arzt beschränkt	meist aufgehoben	meist aufgehoben
meist erheblich vermindert	eingeschränkt		nur selten eingeschränkt	unterschiedlich
unterschiedlich	unterschiedlich	unterschiedlich, oft leicht euphorisch	meist (etwas) gehoben	oft stark gehoben
oft erheblich gesteigert	meist etwas vermindert	stark vermindert		unterschiedlich
gelegentlich	nicht häufig, dann meist mit drohenden Bildern verbunden	selten	meist nur bei negativem Inhalt, z. B. Hölle, daher zu vermeiden	selten, dann als Schrecken, »Tremendum«

Bei mancher Übereinstimmung der Oberstufe des Autogenen Trainings mit anderen Methoden ist doch dieser Form der Selbsthypnose eine Anzahl von einzigartigen Vorzügen eigen:

Die Bilderschau der Oberstufe des Autogenen Trainings, die wir abgekürzt als »Autogene Imagogik« bezeichnen, fußt auf einer besonders systematischen und wirksamen (Selbst-)Entspannung (der Unterstufe des Autogenen Trainings), die die Bilderlebnisse wesentlich erleichtert.

I. H. SCHULTZ hat das Bilderleben von einer zufälligen oder erstrebten mehr oder minder spontanen Reaktion zu einer stufenweise fortschreitenden, lehrbaren und übungsfähigen Reaktion erhoben, und der Verfasser hat gemeinsam mit I. H. SCHULTZ auch die Oberstufe zu einem systematischen »Lehrgang« ausgebaut.

Unter allen Verfahren, die dem Verfasser bekannt wurden, läßt sich die autogene Imagogik als einzige in Gruppen lehren und von den Patienten nach individuellen Anforderungen allein zu Hause als »Selbstanalyse« üben und/oder gemeinsam mit dem Arzt als »hypnotische Imagogik« vertiefen.

≡ Die Abgrenzung der Oberstufe des Autogenen Trainings von anderen Arten der Bilderlebnisse

Aus der Vielfalt der möglichen und wissenschaftlich beschriebenen Bilderlebnisse hebt sich die Oberstufe des Autogenen Trainings durch eine Reihe von Kennzeichen heraus, die aus der vergleichenden Übersicht Seite 218 ff. deutlich werden. Im Unterschied zu allen Formen krankhafter und drogen-bedingter Bilderlebnisse oder religiöser Schauungen gibt nur das Autogene Training die hypnotische Umschaltung, die das Auftreten der Bilderlebnisse entscheidend fördert. Der Inhalt trägt in der Regel nur dann religiösen Charakter, wenn die Versuchsperson selbst in diesen Lebensbereichen zentral gebunden und verwurzelt ist.

Im Unterschied zu den unterwachen Bewußtseinszuständen des Schlafes und den überwachen der Visionen sprechen wir beim Autogenen Training von einem »außerwach physiologischen« Bewußtseinszustand im Unterschied zu den »außerwach pathologischen« z. B. bei der Schizophrenie, oder den hysterischen Zustandsbildern.

Die wichtigsten Bilderlebnisse, die LEUNER als katathym bezeichnet, liegen in relativ deutlichen, meist vergangenheitsbezogenen Szenen und Bildabläufen, die meist deutlich als subjektive Wirklichkeit empfunden werden. Bei ungestörtem Zeiterleben verkürzen sich oft die räumlichen Ausdehnungen, d. h. auch weite Wege, z. B. auf den fernen Meeresgrund oder auf die Höhe des Gebirges, lassen sich in Minuten oder höchstens Viertelstunden zurücklegen.

Dabei wird die vertikale Richtungsvorstellung bewußt eingestellt, während sie bei der religiösen Vision spontan als eine Offenbarung von oben erlebt – und in der Meditation als eine Gebetshaltung nach oben (ohne beabsichtigte Richtungsstellung) erfahren wird.

Zeiterleben und Körperschema bleiben im Unterschied zu manchen durch Krankheit oder Drogen bedingten Sonderzuständen meist unverändert. Die Schwerkraft wird anfangs in den Gliedmaßen intensiv erfahren, danach aber – ähnlich wie bei religiösen Erfahrungen – nicht selten vermindert. Dieser Zustand läßt sich im Autogenen Training durch die bloße Vorstellung des Zusammenziehens einzelner Muskeln oder Muskelgruppen auch im Experiment herbeiführen. Eine solche Vorstellung bewirkt dann mit der Kontraktion einzelner Muskelfasern ein ausgesprochenes Gefühl der Leichtigkeit, des passiven Schwebens oder aktiven Fliegens. Die »Levitationsphänomene«, die von den Heiligen oder über sie berichtet werden, dürften solche natürlichen Gründe haben. Psychoanalytische oder parapsychologische Überlegungen zum Levitationserleben, die diese (selbst)hypnotischen Erscheinungen nicht einbeziehen, können daher nicht überzeugen.

In der klar einfühlbaren Symbolik der Bilderlebnisse des Autogenen Trainings liegt ihr hoher therapeutischer Wert. Dadurch wird die psychotherapeutische Arbeit von dem weniger zuverlässig zu gewinnenden Traummaterial unabhängig. Ein weiterer Vergleich von Einzelheiten mag dem Überblick über die Tabellen Seite 218 ff. überlassen bleiben; jedenfalls aber kommt den Bilderlebnissen des Trainings, trotz mancher Gemeinsamkeit mit anderen Methoden, eine Reihe von Sonderkennzeichen zu, die ihr in Verbindung mit der einzigartigen Möglichkeit selbständigen Übens und der eigenen Arbeit an der seelischen Gesundheit einen hohen Wert verleihen.

Das Autogene Training
(nach Prof. Dr. I. H. Schultz)

Das Training heißt hier »autogen«.
Es geht »von selbst«, das werd' ich sehn.
Ich übe dreimal alle Tage,
Das eine Mal in Rückenlage.

Als Droschkenkutscher sitz' ich nieder
Und schließe meine Augenlider . . .
»Ich bin ganz ruhig«, denk' ich dann,
»Geräusche gehn mich gar nichts an«.

»Der rechte Arm ist schwer« wie Blei,
»Der linke Arm ist schwer« dabei.
»Die Beine sind ganz schwer« im Nu,
»Die Glieder alle schwer« dazu.

»Der rechte Arm ist strömend warm«,
Genauso folgt »der linke Arm . . .«
»Beide Arme . . .«, »jedes Bein
Muß schwer und warm und ruhig sein.«

»Das Herz schlägt ruhig«, ganz allein,
»Der Atem fließt ganz frei und rein«,
»Ganz strömend warm ist jetzt der Bauch«,
»Die Stirn spürt einen kühlen Hauch«.

»Die Arme fest, der Atem tief,
Die Augen auf!« – Das Training lief
In vier Minuten fließend ab,
So daß ich Kraft und Ruh' jetzt hab'.

Dr. Klaus Thomas

Literatur

Der begrenzten Aufgabe dieser Arbeit entsprechend soll hier nicht wiederholt werden, was bereits in den vielen hundert Schrifttumshinweisen der englischen Ausgabe in 2000 Zitaten alphabetisch geordnet ist.
In das folgende Verzeichnis wurden jedoch einige neuere Arbeiten aufgenommen, die in den genannten Verzeichnissen noch nicht enthalten sind, sowie Untersuchungen, die die fünfte und sechste Stunde des Oberstufenkursus betreffen.

Altmann, H.: Sozialisierung eines psychopathischen Jugendlichen durch autogenes Training und spezielle formelhafte Vorsatzbildungen. Psychotherapie 3 (1958) 133–142.

Benoit, J.-C.: La méthode du «rêve éveillé dirigé» de Robert Desoille. *Entretiens Psychiatriques* 8 (1962).

Berta, M.: Rêve éveillé. Lisergico Dirigido. V. Congreso medico del Uruguay 1962.

Berta, M.: Psicoterapia por «rêve éveillé dirigé», V. Congreso medico del Uruguay 1962.

Busemann, A.: Stil und Charakter. Meisenheim 1948.

Clauser, G.: Die Kopfuhr. Enke, Stuttgart 1954.

Desoille, R.: Théorie et pratique du «rêve éveillé dirigé». Information Psychologiques (1961).

Desoille, R.: Psychoanalyse et rêve éveillé dirigé. *Information Psychologique*. 8 (1962).

Desoille, R.: La méthode du rêve éveillé. *Information Psychologique*. 10 (1963).

Dogs, W.: Konzentrative Entspannungstherapie. Braun, Duisburg 1972.

Eberlein, Gisela: Autogenes Training für Fortgeschrittene. Econ Verlag, Düsseldorf 1974.

Garcia, J.: Autogenes Training und Biokybernetik, Hippokrates, Stuttgart 1983.

Garfield, C. A. u. H. Z. Bennett: Peak Performance, Warner Books, New York 1985.

Gerard, R.: Symbolic Visualization – a Method of Psychosynthesis. 5th internat. Congr. of Psychotherapy. Wien 1961.

Haring, C.: Lehrbuch des Autogenen Trainings, Enke, Stuttgart 1979.

Hoffmann, B.: Handbuch des Autogenen Trainings, dtv, München 1977.

Hoppe, K. D.: Relaxation through Concentration – Concentration through Relaxation. Autogenic Training with Neurotic and Psychotic Patients. Beverly Hills 1961.

Kraft, H.: Autogenes Training, Hippokrates, Stuttgart 1982.

Kroger, W. u. W. D. Fezler: Hypnosis and Behavior Modification: Imagery Conditioning, Lippincott, Philadelphia 1976.

Kruse, W.: Entspannung. Autogenes Training für Kinder, 2. Aufl. Deutscher Ärzte-Verlag, Köln 1975.

Langen, D.: Die gestufte Aktivhypnose. 3. Aufl. Thieme, Stuttgart 1969.

Leuner, H.: L'hallucinose optique et l'interprétation de son contenu. *Psychopathologie de l'expression* (1963).

Leuner, H.: Die Psycholytische Therapie: Klinische Psychotherapie mit Hilfe von LSD-25 und verwandten Substanzen. *Psychother. Med. Psychol.* 13 (1963) 57.

Leuner, H.: Effects of Psychotomimetic Drugs. *International Psychiatry Clinics*. 2 (1965).

Leuner, H.: Die Bedeutung der experimentellen Psychose für die psychiatrische Forschung. *Spectrum* (V, 2).

Leuner, H.: The Use for Initiated Projection in Psycho-Therapy. Princeton N. J. (1966).

Leuner, H.: Leuner's Symbolic Drama. Amer. J. Hypnosis. 9 (1966).

Leuner, H.: Kathathymes Bilderleben. Thieme, Stuttgart 1970.

Leuner, H., K. Nerenz: Das musikalische Symboldrama und seine psychotherapeutische Wirkung. *Heilkunst.* 12 (1964).

Leuner, H., E. Schroeter: Indikationen und spezifische Applikationen der Hypnosebehandlung. Huber, Bern 1975.

Lindemann, H.: Überleben im Streß. Autogenes Training. Bertelsmann Ratgeberverlag, München 1973.

Mensen, H.: ABC des Autogenen Trainings. Goldmann, München o. J. (Goldmann Taschenbuch Nr. 9049).

Mentz, O.: Psychotherapie in der Augenheilkunde. Psychotherapie I (1956).

Prokop. H.: Autogenes Training, Perlinger, Wörgl 1969.

Pszywyj, A.: Autogenes Training in Klinik, Praxis und Erziehung, dbv, Graz 1982.

Rosa, K. R.: Das ist Autogenes Training. Kindler, München 1973.

Rosa, K. R.: Das ist die Oberstufe des Autogenen Trainings. Kindler, München 1975.

Schmidt, L.: Bedeutung des Autogenen Trainings und der Hypnose in der Behandlung Alkoholkranker, in: Alcoholism, Zagreb, Vol. VII, 1971.

Schultz, I. H.: Übungsheft für das autogene Training, 17. Aufl., bearbeitet von D. Langen, Thieme, Stuttgart 1974.

Schultz, I. H.: Vertrauen zum Arzt. Kohlhammer, Stuttgart 1944.

Schultz, I. H.: Bionome Psychotherapie. Thieme, Stuttgart 1951.

Schultz, I. H.: Geschlecht, Liebe, Ehe, 5. Aufl. Reinhardt, München 1951.

Schultz, I. H.: Organstörungen und Perversionen im Liebesleben. Reinhardt. München 1952.

Schultz, I. H.: Die seelische Krankenbehandlung (Psychotherapie), 6. Aufl. Piscator-Verlag, Stuttgart, 1952.

Schultz, I. H.: Grundfragen der Neurosenlehre, Aufbau und Sinn-Bild. Thieme, Stuttgart 1952.

Schultz, I. H.: Psychotherapie. Hippokrates-Verlag, Stuttgart 1952.

Schultz, I. H.: Arzt und Neurose, 2. Aufl. Thieme, Stuttgart 1953.

Schultz, I. H.: Gesundheitsschädigungen nach Hypnose, 2. Aufl. Marhold, Berlin 1954.

Schultz, I. H.: Selbstbericht der hypnotischen Alkohol-Abusus-Kupierung bei einem psychotherapeutisch erfahrenen Kollegen. Psychotherapie 1 (1956) 232.

Schultz, I. H.: Neurosenlehre und die Biologie des Menschen. In: Handbuch der Neurosenlehre und Psychotherapie, Bd. I, Hrsg. von Frankl, V. E., E. Frh. von Gebsattel, I. H. Schultz. Urban & Schwarzenberg, München 1959.

Schultz, I. H.: Das Autogene Training. In: Handbuch der Neurosenlehre und Psychotherapie, Bd. IV, hrsg. Frankl, V. E., E. Frh. v. Gebsattel, I. H. Schultz. Urban & Schwarzenberg, München 1959.

Schultz, I. H.: Leistungssteigernde Verfahren. In: Handbuch der Neurosenlehre und Psychotherapie, Bd. IV, hrsg. von Frankl, V. E., Frh. v. Gebsattel, I. H. Schultz. Urban & Schwarzenberg, München 1959.

Schultz, I. H.: Hypnose und Entspannung. Acta psychother. 8 (1960).

Schultz, I. H.: Selbsthypnose und Persönlichkeitsentwicklung. In: Festschrift f. Charl. Bühler, Hogrefe, Göttingen 1960.

Schultz, I. H.: Psyche und Parafunktionen. Dtsch. zahnärztl. Z. 16 (1961).

Schultz, I. H.: Bedenklicher Mißbrauch des autogenen Trainings. Med. Welt 22 (1961).

Schultz, I. H.: Erschöpfung und Erschöpftsein. Nervenarzt 32 (1961).

Schultz, I. H.: Zur medizinischen Psychologie autogener Bilderschau. Acta psychother. 8 (1961) 111–116.

Schultz, I. H.: Formelhafte Vorsatzbildungen. Acta psychother. 10 (1962).

Schultz, I. H.: Zum Problem des »Leerwerdens« autogener Formeln. Prax. Psychother. 8 (1963).

Schultz, I. H.: Die Bedeutung der organischen Verfahren in der Psychiatrie. Ärztl. Prax. 15 (1963).

Schultz, I. H.: Hypnotherapy with Alcoholics. Brit. med. Hypnotism 2 (1964).

Schultz, I. H.: Lebensbilderbuch eines Nervenarztes. Thieme, Stuttgart 1964.

Schultz, I. H.: Entwicklung und Persönlichkeit. In: Werden und Handeln. Hrsg. von E. Wiesenhütter, Hippokrates-Verlag, Stuttgart 1965.

Schultz, I. H.: Hypnose-Technik. Praktische Anleitung zum Hypnotisieren für Ärzte, 5. Aufl. Fischer, Stuttgart 1965.

Schultz, I. H.: Autogenes Training bei psychochirurgisch behandelter schwerer Zwangs-neurose. Prax. Psychother. 11 (1966).

Schultz, I. H.: Das autogene Training (Konzentrative Selbstentspannung), Versuch einer klinisch-praktischen Darstellung. 13. Aufl. Thieme, Stuttgart 1966.

Schultz, I. H.: Wie entstand das autogene Training? Med. Klin. (1970).

Schultz, I. H.: Übungsheft für das autogene Training (Konzentrative Selbstentspannung), Thieme, Stuttgart.

Schultz, I. H., W. Luthe: Autogenic Training – a Psychophysiologic Approach in Psycho-therapy. Grune & Stratton, New York 1959.

Schultz, I. H., W. Luthe: Formelhafte Vorsatzhafte Vorsatzbildung. Acta. psychother. 10 (1962) 419–427.

Stévenin, L., J.-C. Benoit: L'utilisation des médicaments psychotropes en psychotherapie. *Encephale* (1962).

Thomas, K.: Das autogene Training. In: Almanach Lebensordnung und Gesundheit. 1954.

Thomas, K.: Neurose, Ermüdung. Schlaf. Ärztl. Prax. 6 (1954).

Thomas, K.: Prof. Dr. (med.) I. H. Schultz – The Leader of German Medical Hypnotism. Brit. J. med. Hypnotism (1956).

Thomas, K.: Autogenes Training bei Blinden. Z. Psychother. 3 (1957).

Thomas, K.: Autogenes Training, Gebet, Meditation. Wege zum Menschen 7 (1958).

Thomas, K.: Autogenes Training in der Lebensmüdenbetreuung. Prax. Psychother. 4 (1958).

Thomas, K.: Das Autogene Training in der ärztlichen Lenbensmüdenbetreuung. Prax. Psychother. 5 (1960).

Thomas, K.: Handbuch der Selbstmordverhütung. Enke, Stuttgart 1964.

Thomas, K.: Zur Anwendung des Autogenen Trainings bei der Behandlung »ekklesiogener Neurosen«. In: Autogenes Training (Correlationes psychosomaticae), hrsg. von W. Lu-the. Thieme, Stuttgart 1965.

Thomas, K.: 10 Jahre ärztliche Lebensmüdenbetreuung. Berl. Ärztebl. 79 (1966).

Thomas, K.: Die Bedeutung der »hypnotischen und autogenen Imagogik« für die Religions-psychologie. Arch. Religionspsychol. 9 (1967).

Thomas, K.: Sexualerziehung. Thieme, Stuttgart, und Diesterweg, Frankfurt a. M. 1970.
Thomas, K.: Die künstlich gesteuerte Seele. Enke, Stuttgart 1970.
Thomas, K.: Das Autogene Training, Tonkassette, Trias, Stuttgart, 4. Aufl. 1989
Vahia, N. S.: Therapeutic Value of Some Neurophysiological Concepts: Impressions of a Pilot Study. Neurology (Bombay) (1966).
Wallnöfer, H.: Gesund durch Autogenes Training, Pinguin, Innsbruck 1979.
Wallnöfer, H.: Seele ohne Angst, Müller, Zürich/Stuttgart 1986.
Wolff, U.: Johannes Heinrich Schultz – Altmeister der Berliner Psychotherapeuten, Schöpfer des Autogenen Trainings. Thieme, Stuttgart 1964.

≡ Namenverzeichnis

☰ Sachverzeichnis